JN161192

キリストにある真実を求めて

出会い・教会・人間像

塩野和夫

新教出版社

はしがき

すでに私は脳梗塞の後遺症による身体障害者である。したがって、脳血管障害を繰り返すことがないように相応の注意は払ってきたつもりである。ところが、二〇一四（平成二六）年一月八日（水）の診察でF病院の主治医（内科）は「すまない！」と切り出し、次のように告げられた。

昨年一一月に受けてもらったMRI検査の結果だけれど、あの時は「動脈硬化も進んでおらず問題はない」と診断した。ところが、検査技師の「右の椎骨動脈に狭窄した箇所がある」というコメントを見落としていた。大丈夫だとは思うが、脳神経外科医にMRI検査の結果を診てもらってほしい。

そこで、脳神経外科の専門医にMRI検査の画像を診察してもらった。

右椎骨動脈に狭窄部分が見られる。大丈夫だとは思うが、小脳や脳幹に影響の出る場合もある。それで、S病院に検査入院をして造影剤を入れながら行うCT検査を受けて下さい。

その上で、狭窄部分の詰まりを取り除くことになると思う。

紹介状を持ってS病院へ行き、点滴で造影剤を入れながらCT検査を受けた。その結果、狭窄部分にはまだ血液の流れていることが分かった。「心配することはありません。今まで通りに仕事をしても大丈夫です」と言った上で、医師は問題点を指摘した。

ただし、MRI検査が五年ぶりというのは気になる。つまり、今回の詰まりは五年かけて少しずつ進行したのか、この一年間で起こったのかが分からない点です。もし、一年間で起こったのなら、今後に注意が必要となります。要するに要観察です。

一連の検査と診察を終えて、勤務校の産業医と面談したのは二月二五日（火）である。

これまでは脳の毛細血管の梗塞が問題だった。しかし、今回は右の椎骨動脈に生じた狭窄である。これまでになかった新たな事態の発生となる。そこでこの事態に対応した職務制限が必要となる。これまでは禁止事項のボーダーラインになる仕事を認めてきたが、今後はそれら一切を禁止にする。

思いもかけなかった主治医の告知から産業医との面談まで二か月近くかかった。その間、新たに発生した問題に脅威を感じながら、新年度が始まる四月以降の生活に不安を覚える日々を送っていた。

*

新たな脳血管障害の発生によって影響を受けた一つに、学生と取り組んできた出版計画がある。二〇一三（平成二五）年六月より学生二人の協力を得てこれまでに発表してきた四つの作品を一冊の本、すなわち『キリストにある真実を求めて――出会い・教会・人間像』にまとめる作業を進めていた。計画によると、ある程度整えた原稿を用意して一四年一月から三月にかけて出版社と交渉を始める予定であった。ところが、出版社と交渉を始めるべき時期になって予想もしなかった事態が発生した。脳血管に生じた狭窄という深刻な結果をもたらす可能性のある問題によって、自らの存在を脅かされるという事態である。しかも、この不安な状態は一応の結果が出るまで二か月近く続いた。

その間、「『キリストにある真実を求めて』は出版できるのだろうか」という問いを繰り返していた。そのように出版の可能性について反復するなかから、思いがけない着想は出現した。それが「生きている証し」である。存在の不安におびえている者が、それにもかかわらず一冊の本を出版する。それは一体何なのか。そのように思い巡らす日々に与えられた答えが、「生きている証し」という発想である。

この考えに新たなアイデアは続いた。すなわち、出版作業が「生きている証し」としての性格を帯びるのであれば、四つの作品にもそれに対応する特質があるに違いない。それが「生きてきた証し」という性格である。

＊

四つの作品を「生きてきた証し」という観点から紹介する。

「第一章　真実への目覚め――私の恋愛論・教育論」の原点は執筆者の中学生・高校生時代にさかのぼる。思春期という自我に目覚める時期である。あの頃、教会学校で時を忘れて語りあった話題の一つに恋愛論がある。あれから四五年が経った。そこで四五年前の中高生はどんな恋愛論を語りあっていたのか、それを今の大学生に提示し読んでほしいと願っている。教育論は、自らが受けた中学校・高等学校におけるキリスト教教育に根ざしている。

「第二章　聖書との出会い――苦悩の道を辿る」は、同志社大学大学院で野本真也先生の指導を受けて仕上げた修士論文を書き改めたものである。考察の対象としたのは同志社大学経済学部三年生から神学部四年生まで、つまり二〇歳から二四歳までの経験である。あの時に打ち込んだボランティア活動とその挫折、失意と病床の日々、そしてそこにおける聖書との出会いを考察対象としている。

「第三章　分かち合う真実――倉敷教会の歴史的基層研究」は、日本キリスト教団倉敷教会が日本組合教会に所属していた時期の研究である。著者は二〇〇四（平成一六）年以来倉敷教会百年史委員会の助言者として関わりを持っていた。そのために貴重な資料を手にして分析し考察する機会に恵まれた。一連の研究を通じて旧組合教会の伝統は意外に深く倉敷教会の現在に根付いている事実に気づかされた。この事実に着想を得て、旧組合教会時代における伝統や交流をまとめたのが第三章である。

「第四章　歴史に記憶される人間像――松原武夫・栄の生涯を読み解く」は松原夫妻に関する考察である。筆者は一九七九（昭和五四）年四月から八一年三月まで大津教会で伝道師として働いた。わずか二年である。彼らと親しく関わり得る機会を得たのはこの二年間だけである。しかし、第四章の執筆作業を通してこの間にいかに深く二人と関わらせていただいたのかを知らされた。人と人との関わりは長さではなく深さに違いない。そこで、二年間にわたる深い交流に導かれて松原夫妻の生涯を考察した。

*

第一章と第二章はいずれも自らの若い日の経験に基づいて書いている。文字通り、これらは「生きてきた証し」である。それに対して、第三章は直接には倉敷教会の経験であり、第四章は松原武夫・栄夫妻の経験である。したがって、第三章は「倉敷教会の生きてきた証し」であり、第四章は「松原夫妻が生きてきた証し」である。

しかし、ここでは著者の「生きてきた証し」と並べてそれらを置いている。どのような意味において、それらを「生きてきた証し」と並列できるのか。ここで課題となるのは歴史的出来事に対する認識の可能性に違いない。筆者は、第三章にしても第四章にしても、「深い共感性」をもって事柄を受け止め、分析し考察した。歴史研究においてこのような「共感性」は、その深さによって歴史的出来事への「追体験」をもたらすとされる。そこで、自らの追体験を根拠として第一章・第二章と並べて「生きてきた証し」として第三章・第四章を紹介した次第である。

このようにして、病に脅かされながらも「生きている証し」として『キリストにある真実を求めて——出会い・教会・人間像』を出版する。読み手との対話において四つの作品はそれぞれに持つ豊かさを「生きてきた証し」として語り始める。賢明な読者が共感性をもってこれらの証しに耳を傾けてくださることを願っている。

キリストにある真実を求めて——出会い・教会・人間像——目　次

目次

第一章　真実への目覚め——私の恋愛論・教育論（1）

第一節　私の恋愛論

序――雅歌の主題

雅歌の題材は若い男女の恋愛です。雅歌では第二章八節から第三章四節までが「第二の歌」とされています。その中にある第二章一〇―一三節を一つの歌と見ることができます。(2)

一〇 恋しい人は言います。
「恋人よ、美しいひとよ
　さあ、立って出ておいで。
一一 ごらん、冬は去り、雨の季節は終った。
一二 花は地に咲きいで、小鳥の歌うときが来た。
この里にも山鳩の声が聞こえる。
一三 いちじくの実は熟し、ぶどうの花は香る。
恋人よ、美しいひとよ
さあ、立って出ておいで。
……」

これは「おとめの歌」です。乙女が恋人を思い、いとしい恋人は彼女に歌いかけている。恋人の歌声に心を踊らせながら乙女が歌っています。

一〇節「恋人よ、美しいひとよ。さあ、立って出ておいで」は、愛への呼びかけです。これを「a」とします。すると、一一節「ごらん、冬は去り、雨の季節は終った」は「b」で、愛の時節の到来を告げています。一二節「花は地に咲きいで、小鳥の歌うときが来た。この里にも山鳩の声が聞こえる」は「c」で、花が、小鳥が、山鳩が、愛の世界を生きていると歌っています。つまり、一〇節から一二節は「a・b・c」と続きます。それに対して、一三節前半「いちじくの実は熟し、ぶどうの花は香る」は一一節に対応する「′b」で、愛の時節は熟していると歌います。一三節後半「恋人よ、美しいひとよ。さあ、立って出ておいで」は一〇節と同じ言葉を使う「′a」で、恋人に愛への応答を呼びかけています。このように「おとめの歌」は詩的な構造を整えて恋する心を歌っています。

みなさんはこのような歌を心に響かせたことがあるでしょうか。花や小鳥、山鳩にたとえられる愛の世界を知っているでしょうか。

高校生の時に教会学校の先生から言われました。

塩野はまだ本気で恋愛をしたことがないからいかん。自分を賭けてラブレターを書いたことがないから本当のことは分からない。ラブレターを書く真剣さ、あの真剣さを経験しないと人生も信仰も分かりようがない。

恋愛がすべてではありません。人生を教えてくれるものは他にもいろいろとあります。しかし、様々な経験を経て「恋愛は青年をして輝いて生きる青春へと招いてくれる」と考えています。そこで、「私の恋愛論」と題して恋愛についてしばらくご一緒に考えてみたいのです。

初恋論

皆さんはそれぞれに大切な初恋の思い出を持っておられると思います。ところで、初恋とは何なのでしょうか。

私の経験を紹介しましょう。高校一年生の梅雨に入った頃でした。ふとした出会いからある少女と文通を始めていました。月に一回くらいのやり取りでしたが、だんだんと手紙はたまっていきます。宝物がたまっていきます。手紙を思うと、心と体の中に何かがうごめいている。今まで知らなかったエネルギーが燃えている。ところが、このうごめいているものは何なのか。体の中のエネルギーは何なのかが、全く分からない。だから、一二月も終わろうとするある夜に庭に出て、送られてきた大切な手紙の全てを焼いてしまったのです。焼くしか仕方がなかったのです。その時に書いた詩です。

寒い夜にそっとマッチをすった。
燃えていく。君の手紙が燃えていく。
ぼくの心が燃えている。

小さな経験を手がかりにして、初恋について三つのことを申し上げます。

第一に人は何時初恋をするのかについてです。私の考えでは人は少年少女の日から青年期へと移って行く時に初恋をします。逆に言うと、初恋というのはその人が青春に入りつつあるしるしです。もちろん、もっと小さい時に誰かを好きになります。しかし、それを初恋とは私は考えません。青年期へと移行する時に、人は心と体の深い所にうごめく何かに気づきます。それは自分を動かすほどのエネルギーなのですけれども、コントロールするのはとても難しい。そのようなエネルギーに突き動かされながら青年は異性をいとおしく思う。だから、初恋とは青年期の入口にある人が経験する恋なのです。

第二に初恋は生まれて初めて経験する恋です。ですから、世界の輝いて見える喜びが一体何なのかは分からない。自分を突き動かすエネルギーを一体どうすればよいのかも全く分からない。だから、どうしようもないのです。その時に、私であれば文通を断って、手紙を焼くしかなかったのです。

そこで第三に、もう少し違った側面から初恋について考えます。愛とは相手との対話を通して育てられるものです。豊かな対話によって相手を知り、お互いの喜びを大きくしていきます。ところが、初恋において人は愛することに未熟です。燃えるような思いはあるけれども、それをどのようにして対話へと展開していけばいいのかが分からない。だから、自分の中に相手のイメージだけを美しく育ててしまいます。しかし、そのイメージは現実の相手とは全く違います。そこで、初恋は破れるのです。

愛を育てる

恋愛における重要な課題は愛を育てることです。どれほど人をいとおしく思っても、その思いだけでは愛は育ちません。それでは何によって愛を育てることができるのでしょうか。そこで、E・フロムが『愛するということ』[3]という著書で語っている愛の習熟から考えていきます。

フロムはまず「愛は技術であろうか、それとも快い感じに過ぎないのか」と問います。[4]皆さんは「愛は技術なのか、快い感じなのか」と聞かれたら、どのように答えられるでしょうか。彼はもし「愛が技術」だとすると、「愛するためには、知識と努力が必要となる」と主張します。他方もし、「愛が快い感じ」だとしたら、「そこに落ち込む必要」があるので、人はいつまでもその幸運を待たなければなりません。そのように仮定した上で、フロムは「愛は技術」という立場を採ります。この判断について、私は愛には「技術」という側面と「快い感じ」という側面の両方があると考えます。けれども、彼は愛の大切な一面を見事に捉えているとも思います。そこで、フロムの主張をさらに紹介します。

フロムは愛の技術を学ぶために三つの過程があると指摘します。[5]第一の段階は「生きることが技術であるのと全く同じように、愛が技術であることを知ること」です。第二に技術を学ぶ過程は二つあって、「一つは技術に習熟すること、もう一つは実践の習熟である」と言います。第三に「名人となるために必要な要素として、その技術に習熟することが究極の関心となっていなければならない」と主張します。要するに、フロムによると「愛が技術だ」と知り、「技術と実践に習熟」し、「技術の習熟を究極的関心」とすることによって、人は愛を生きる名人となるのです。

フロムの提言によって皆さんは愛を生きる名人となれるでしょうか。彼が愛を育てる重要な一面を教えていることは間違いありません。けれども、「愛は技術」が全てだとすると、愛は単なるテクニックに終わってしまいかねません。しかし、愛を単なる技術としていいのでしょうか。「そうではない」と私は考えます。愛を育てる技術は大切だけれども、同時に「愛は技術」と言うだけでは理解できない大切な要素がある。恋愛には人生の豊かさを教えてくれる精神的要素もあるからです。

そこで、「恋愛における愛とは何なのか」を考えてみる必要があります。この愛については倉田百三が『出家とその弟子』[6]で語っている言葉をいくつか紹介します。恋について尋ねる若い僧、唯円に向かって親鸞は答えています[7]。

> 苦しいものだよ。……罪にからまったものだ。この世では罪をつくらずに恋をすることはできないのだ。

このように恋の苦しさを語った上で、親鸞は説いています。

> いけなくてもだれも一生に一度は恋をするものだ。……この関所の越え方のいかんで多くの人の生涯は決まると言ってもいいくらいだ。……まじめにこの関所にぶつかれば人間は運

命を知る。愛を知る。すべての知恵の芽が一時に目ざめる。魂はものの深い本質を見ることができるようになる。

恋のやり取りで、語り手である親鸞も聞き手である唯円も僧です。けれども、僧という立場にもかかわらず、彼らは真剣に正直に恋について語り合っています。それは人間である現実から逃げていない証しです。恋から逃げていては、深く人間を生きることにはならないからです。あるいは、いい加減に恋を遊び事としていても豊かな人間性を育てることにはなりません。だから、親鸞は「恋をすればするでよい。ただまじめにひとすじにやれ」と教えるのです。

これまでに恋をして輝いている人を何人も見て来ました。好きというエネルギーを生きることによって、彼らは心も体も言葉も輝かせていました。その時にまた、彼らは真剣に悩んでいました。恋をすることによって、他者の持つ悲しみや悩みがあたかも自分の問題のようになるからです。なぜなら、人は恋をする時に内面の深みから生きるようになっています。そして、深く生きる時に人は他者の悲しみをこれまで以上に共感するものです。だから、恋は人をして人間らしい生き方へと招き、育ててくれると言えるのです。

恋愛と結婚

ずいぶん前から、私の知る限りでは一九七〇年代から「結婚や家庭が揺れている」と言われてきました。そもそも戸籍制度に認められる男性中心主義に対する抵抗、家庭における過重な女性への役割負担とそれに対する男性の無責任さ、女性の経済的自立に伴って増えてきた離婚が指摘されていました。最近では同性愛者の結婚生活への主張などもあり、結婚と家庭の在り方は揺れ続けています。しかしそれにもかかわらず、家庭は私たちの基本的なそして最も強い所属意識を寄せる共同体です。人は家庭に生を受け、家庭の中で人間として育てられ、やがて家庭に責任を負うという、人と家庭の関係に大きな変化は認められません。

そこで、とりわけ若い皆さんが恋愛と結婚そして家庭をどのように考えるのかは重要なテーマとなります。

恋愛と結婚は連続するのか、しないのか?
恋愛と結婚は同質と考えてよいのか、異質なのか?

西南学院の学生にこのような質問を投げかけています。すると「突き詰めて考えたことはない」と前置きをした上で、ほぼ半々の答えが返ってきます。一方の学生は「恋愛と結婚は連続する」と考えたいし、「連続させたい」と希望しています。それに対してもう一方の学生は「恋愛と結婚は異質なので、相手は別に考えた方がいい」と答えます。ある女子学生は恋人に結婚について聞いたところ、「あまりに無責任だったので、相手を考え直したい」と語っていました。それから女子学生から多く聞かれた答えなのですが、「結婚相手は同棲生活をしてみて、相手を確かめてから結婚したい」という意見もあります。

いずれにしても恋愛と結婚について尋ねてみると、学生の意見は二つに分かれるのです。これらを総合的に分析してみると、恋愛と結婚にはある種の連続性と非連続性があると分かります。ここで浮かび上がってくるのが、結婚する大人に必要な条件として指摘されている「成熟性」です。オルポート(8)という心理学者は「たえず自分が自分になっていく形成」や「長期にわたって不安を克服していく力」を成熟性の特色としてあげています。そこで問題は形成力や不安の克服に認められる成熟性、それを人はどこで手に入れるのかです。答えは青年期にあります。青年はまだ安定した自己や長期にわたる不安を担い続けていく力を持っていません。彼らが持ち合わせているのはむしろ時々の関心に大きなエネルギーを注ぎ、不安があるとそれを深刻に悩む力です。恋愛や失恋においては特にそうです。青年期は人生において最もエネルギーに満ちた時期であり、だからその時の課題に全力で取り組み、複雑な人間関係を経験しては深く悩むのです。

このような青年期に特有の真剣な取り組みを通して、人は次第に成熟性を獲得していきます。だから、恋愛の経験と結婚生活には成熟性という観点から見ると連続性があります。けれども、この連続性は恋愛と結婚の相手が同じという意味ではありません。恋愛で経験した愛することの現実と訓練、それらによって獲得した人間としての成熟性が結婚生活への責任を負うだけの人格を育てていたのです。

他方、恋愛と結婚生活に異質な愛の側面があることも明らかです。事例として、私の両親の場合を紹介しましょう(9)。彼らは若い日に恋に落ちて、駆け落ち結婚をしました。それから四〇年余り続いた結婚生活の後に、一九九一（平成三）年三月に父は亡くなります。その二日前の夕方です。その時、病室には父と母しかいませんでした。看病で疲れ切っていた母は何を思ったのか、父の耳元で何回となく聞いたのです。

お父ちゃんは、お母ちゃんが好きか?
お父ちゃんは、お母ちゃんが好きか?

父は闘病生活でやせ衰えていました。その上、癌の痛み止めで意識ももうろうとしていたのです。だから「もう、お父ちゃんは何も分からないだろう」と思って、それでも母は父に語りかけたのでした。すると、声の聞こえてきた方向に父はやせ衰えた手を伸ばします。そして、両手で母のほおを暫くなでて、こういう意味のことを言ったのです。

お母ちゃん、大好きや!

これが父の最後の言葉となりました。父は「真面目の上に何かがつく」と言われた男でした。そんな父と母が恋に落ちた時に、それはコントロールのきかない何かすごい力で二人を押し出す力を持っていたのでしょう。それから、必ずしも順調とはいえない苦労の多い四〇年余りを二人は共に暮らしました。「お母ちゃん、大好きや!」という父の最後の言葉には、四〇年余りの結婚生活の全てが込められていると思います。そこには恋愛だけでは理解しようのない、もっと深くもっと優しくもっと強い愛に満ちた二人の関係があると思います。だから、彼らの最後の愛は初めの愛とは異質であり、結婚生活とはこのような愛を育てていく場だと考えるのです。

結——好きというエネルギー

結びとして三つのことを申し上げます。

まず第一に、好きというエネルギーについてです。好きというエネルギー、これは神が私たちに与えて下さった最も素晴らしい賜物の一つに違いありません。このエネルギーによって、人は若い時も、成人の日々も、年老いた後も、輝いて生きることができます。

第二は、好きというエネルギーが最も満ち満ちているのは青年期だという事実です。広瀬善順という尼僧が、青年期について書き残した言葉を紹介しましょう。善順さんは京都にある女性の駆け込み寺の住職でした。失恋や離婚、人生に行き詰った多くの女性が駆け込んで来て、彼女に話を聞いてもらったのです。

　解けようにも解けんものに取り組むのが若さのええところです。
　若さというのは「ワアー！」という意気が心情、無茶が唯一の取柄どっせ。
　ええな、血の騒ぎを大切にしなはれ！

要するに善順さんは「好きというエネルギーを存分に生きなさい！」と勧めておられたのです。

第三は、今回なぜ「私の恋愛論」という講話をしたのか、その理由です。学問はその本質に「自分で納得のいく生き方を探し求める」作業があります。ところで、大学生という年齢を考えると、納得のいく生き方を求めるための基本的なテーマは二つあります。その一つが「恋愛・結婚・家庭」で、これに対する自分の考えを持つことです。もう一つは「仕事、あるいは社会参加」で、つまり働くことに対する考えを持つことです。これら二つの課題に対して青年期にある皆さんが自分の考えを持つことは、人間としてふさわしく生きるためにとても大切です。今回はその一つである愛について「私の恋愛論」というテーマでお話ししました。現在は恋愛にしても結婚にしても家庭にしても、様々な問題を抱えて揺れています。しかしだからこそ、そのような時代の中にあって皆さんは自分にふさわしい生き方を、学生の間にしっかり考えておいてほしいのです。

第二節　私の教育論

序――テーマについて

今回のテーマは「私の教育論」です。初めに、この主題について二つのことを申し上げておきます。

一つは「私の」についてです。「恋愛論」にしても「教育論」にしても、その前に「私の」と付けるのは「個人的な」とか「経験に基づく」といった意味があります。ですから、講演内容は必ずしも専門的な研究を重ねてきた結果ではありません。けれども、個人的な経験を通して人生の先輩として語る、そこには皆さんにとって身近な内容があると考えます。

もう一つは「教育論」です。福岡女学院大学は私立の大学、それもキリスト教の私立大学です。私立にもいろいろあると聞きます。そのような中にあってキリスト教系学校の多くは教育そのものに夢を持っています。人を育てる事業に使命を感じています。私もそのようなキリスト教の学校で育てられました。そこで、キリスト教教育で育てられた者として聖書に聞きながら、皆さんが福岡女学院で学んでおられる意味を考えてみたいのです。

知恵と分別を獲得する

箴言第四章一―九節を読みます。

一 子らよ、父の諭しを聞け
　分別をわきまえるために、耳を傾けよ。
二 わたしは幸いを説いているのだ。
　わたしの教えを捨ててはならない。
三 わたしも父にとっては息子であり
　母のもとでは、いとけない独り子であった。
四 父はわたしに教えて言った。

「わたしの言葉をお前の心に保ち
わたしの戒めを守って、命を得よ。
五 わたしの口が言いきかせることを
忘れるな、離れ去るな。
知恵を獲得せよ、分別を獲得せよ。
六 知恵を捨てるな
　彼女はあなたを見守ってくれる。
分別を愛せよ
　彼女はあなたを守ってくれる。
七 知恵の初めとして
　知恵を獲得せよ。
これまでに得たものすべてに代えても
　分別を獲得せよ。
八 知恵をふところに抱け
　彼女はあなたを高めてくれる。
分別を抱きしめよ
　彼女はあなたに名誉を与えてくれる。
九 あなたの頭に優雅な冠を戴かせ

栄冠となってあなたを飾る。」

箴言第四章一―九節から三つの要素を抜き出して、そこから教育について話します。第一の要素は一―三節で前文に当る部分ですが、ここは最後に触れます。本文は四―九節ですが、ここからは二つの要素を抜き出します。一つは五節後半と七節で繰り返されている言葉、すなわち「知恵を獲得せよ、分別を獲得せよ」という強い奨めです。もう一つは六節と八・九節の内容で、知恵と分別の獲得によって何を身に付けることができるのかが書かれています。

そこでまず、「知恵を獲得せよ、分別を獲得せよ」という奨めです。ここで繰り返し強調されている「知恵」とは何でしょうか。「分別」とは何なのでしょうか。原語を調べてみますと、「知恵」と訳されているのは「ホックマー」というヘブル語です。この言葉は「物事を秩序づけ、統御する能力」を意味します。「分別」と訳されているのは「ベィファー」というヘブル語で、「物事を識別し、分析し、見抜いて統御する能力」を意味します。ですから、「知恵」にしても「分別」にしても、それらは知識や技術そのものを意味するのではありません。むしろ、学校で学んで身につける知識や技術は、知恵や分別以前の事柄なのです。知恵や分別が課題になるのはそれからです。つまり、身に付けた知識や技術をどのように用いて生きるのか、どのように用いて社会に貢献するのか。ここで必要となる価値観や生き方、それらを真剣に考えるためになくてならないのが知恵であり分別なのです。

現在の教育制度で、「知恵」や「分別」を養えるのは現実的には受験勉強以降でしょう。しかし、日本の大学生がこの貴重な機会を有効に用いているとは思えません。この春に西南学院大学に勤務しておられた中国人の研究者から「大学教育現場で見た日本の大学生」という話を聞きました。概要はこのようなものでした。

西南学院大学の学生は社会的概念を受け入れることが難しい。
彼らは研究に必要な抽象的・論理的・構造的理解ができない。
考えることを習慣としていないので、考えることもあまりできない。
ディスカッションもできない。

率直に話して下さった内容から、西南学院大学で学ぶ学生の姿が浮かび上がってきます。彼らに知識はあるのです。けれども、身に付けた知識を分析し、考察し、他者に向けて表現することができない。「知恵」や「分別」が働いていないからです。何故でしょうか。一つの大きな原因は受験勉強でしょう。知識の詰め込みに精一杯だった勉強では、知識をどのように用いるのかを考える知恵や分別は身に付けようがありません。影響は大学生にまで残っていて、よほど自覚的に取り組まないと大学生活においても人間にとって本当に大切なものを身につける機会を失ってしまいます。

ここにキリスト教学校の重要な役割があります。キリスト教学校では知識や技術も大切ですが、それらを教育の最終目標とはしません。知識や技術に知恵と分別を加え、全人格的な人間を大きく育てることを目指すからです。そのために人間を育てる教育への視点と情熱を持っているのがキリスト教学校です。

私の場合で具体的に紹介しましょう。(10) 私は大阪にあるキリスト教系中学校を受験しました。そのために小学校五年生から受験勉強に取り組みます。ところが、中学二年生の夏にある経験をきっかけにして、「勉強するとはどういうことか?」「点数なんかで人間は分からない!」と考えるようになります。それで、二学期になると次々と先生方に「何故、点数のために勉強をしなければならないのですか?」と聞いたのです。

ある若手の先生は正直に答えて下さいました。

私にも分からない。しかし、幅広く学べる時は今しかない。これも大事なことだよ。だから、しっかり勉強しなさい。

中学三年生の担任だった先生は、卒業式の日に山陰地方で漁師さんが地引網を引く時に皆で声を合わせる歌を大きな声で歌い、励まして下さいました。

諸君は中学校を卒業して高等学校に進む。しかし、中学校を出ると働く仲間もいる。彼らの労働は尊い。だから、働いている人たちに恥ずかしくないように、高校に行ったら汗を流して勉強しなさい！

高等学校の校長は繰り返し教えて下さいました。

塩野君、今の教育で生徒たちが点数で評価されることには仕方のない一面もある。しかし、人間には点数では計れないものがいっぱいある。塩野君はこの事実を忘れてはいけない。

もっといろいろ聞いたと思います。いずれにしても、キリスト教学校で学んだことは勉強を点数の魔力[11]から解放することでした。点数のための勉強から解放された私は、もっと自由に伸び伸びと、そして真剣に勉強しました。そのような学びの日々に「知恵と分別を身につける」、すなわち人生をいかに生きるのかを考える時間はたっぷりとあったのです。振り返ってみて、そのような勉強ができたのはキリスト教学校を学びの場としていたからだと分かります。そこでは日常的に「知恵と分別を身に付ける」ことが奨められていました。しかも、それを指導してくださった先生方はいつも身近におられました。事情は福岡女学院も同じでしょう。だから、皆さんはこの大学で「知恵と分別を身につけて」ふさわしく生きることを探してほしいのです。

知恵と分別は守ってくれる

次に学びたいのは、本文の六節と八節で語られているもう一つの要素です。

六 彼女（知恵）はあなたを見守ってくれる。
彼女（分別）はあなたを守ってくれる。

八 彼女（知恵）はあなたを高めてくれる。
彼女（分別）はあなたに名誉を与えてくれる。

六節と八節で語られていることは本当でしょうか。私たちを守ってくれるもの、高めてくれるものは、本当に「知恵」と「分別」なのでしょうか。もしそうだとしたら、知恵と分別を身につけることはとても重要な課題になります。

やはり私の経験を紹介しましょう[12]。私は一〇年間キリスト教会の牧師をしました。一筋でした。とても順調で、目に見える成果も上がっていました。何よりもイエスの福音によって救われる人が毎年与えられ、喜びを共にしていました。ところが、突然この幸いな日々が音を立てて崩れていったのです。それは初め、妻の心身の不調となって現れました。医師からは「このまま留まっていては、奥様もあなたも命にかかわる事態になる」と警告されました。その上で、妻に対しては「少なくとも半年は宇和島を離れるように」と助言を受けます。大阪の実家へ妻を送る朝、私は彼女の手を取って慟哭しました。教会の仕事に一途だった私は、彼女の心身に何が起こっているのか気づこうともしていなかったからです。それから、難しい事態が次々と教会に起こりました。そんなある日、宇和島の教会で私から最後に洗礼を受けた人からアドバイスされたのです。

塩野先生は宇和島で実によくされた。しかし、このまま宇和島に留まっていたら、塩野先生は自分の可能性を芽生えさせることもなく終わってしまう。先生はこれまでにすべきことは十分にされた。だから、今は自分を守り、奥様を大切にしなければならない。そして、これからは神様が塩野先生に与えておられる可能性を芽生えさせ、花咲かせ、実らせなければならない。

このアドバイスを「本当にそうだ！」と納得できたので、宇和島を後にしました。悲しいことが山のようにあった時に、私たちを理解し、味方となり、悲しみを分かち合って下さる方々がおられました。彼らを生涯忘れることはないでしょう。

大阪に帰った私は同志社大学でもう一度研究を始めました。しばらくして西宮にあった教会の牧師と、当時松永晋一先生が学長であられた聖和大学で非常勤講師をしました。その間ずっと持ち続けていたのは、「私の可能性、神が与えて下さっている可能性とは何なのか」という問いでした。答えは思いがけない所から与えられます。手がかりとなったのは聖和大学の学生でした。初めて大学生を教える際に思い出したのは、自分が教えられた日々のことです。かつて教えられた日々を思い出しながら、そのように教えました。こういうことです。

一人ひとりを大切にする。
一人ひとりに期待する。

百名ほどのクラスでしたが、一人ひとりと真向かいになって教えました。そうすると、一年間に彼らは学力においても人間性においても確かな成長を示してくれました。何人かの学生から相談を受けたこともあります。問題を乗り越えた時にある女子学生は、きれいな便箋に課題を克服していった経過と感謝の言葉を記してくれました。一人ひとりの学生を大切にし期待して教えた時に、彼らの成長と困難を克服していく喜びを共有できました。そのような日々から、「そうか、ここに私の可能性があった」と気づかされました。

そこで、皆さんに申し上げたいのです。私たちを見守ってくれるものとは何なのか。私たちを高めてくれるものとは何なのか。それは何よりもまず知恵であり、分別です。その上で、知恵と分別を大切にして生きる時に育てられる思いやりの心です。宇和島で途方に暮れていた時に受けた言葉「これからは自分を守り、奥様を大切にしなければならない。そして、自分の可能性を花咲かせなければならない」というアドバイス、あれはまさに知恵の言葉でした。物事を的確に理解して、そこから最もふさわしい道を探し出す。それは知恵と分別によってこそなされるのです。山のように悲しみがあった時に、慰めとなり生きる勇気を与えてくれたのは、悲しみを共感しながら励ましてくれた仲間でした。人の思いと悲しみを察し、共感しながら慰め励ます。もちろんそこには愛もあるのですが、それは鋭く洞察する知恵と分別を伴なった愛なのです。さらに幸いなことに私は聖和大学の学生と喜びを共有できました。それは彼ら一人ひとりを大切にし期待する姿勢から与えられたものです。いうまでもなくそのような姿勢、生き方はかつてキリスト教学校で私自身も教えられた知恵でした。

人生は長く、しばしば難しい事態に遭遇するものです。難しい事態の中には、自分の力では解決しようのない困難があるものです。どうしようもない困難に遮られる時、そのような中にあっても私たちを守ってくれるものとは何なのでしょうか。しばしば遭遇する難しさにあって、それでも人間としてふさわしく生きることへと導いてくれるものとは何でしょうか。箴言はそれが知恵であり、分別だと語っています。

時を超えて伝えられるもの

最後に第四章一―三節からもう一つのメッセージを聞きます。

一 子らよ、父の諭しを聞け
　分別をわきまえるために、耳を傾けよ。
二 わたしは幸いを説いているのだ。
　わたしの教えを捨ててはならない。
三 わたしも父にとっては息子であり
　母のもとでは、いとけない独り子であった。

一—三節は面白いことを言っています。この箇所の語り手は父であり、聞き手は子です。ところが、語られている内容は父が子供であった時に彼の父から聞かされた、つまり現在の聞き手からするとおじいさんから父に語られたものと同じだというのです。つまり、今ここで語られている事柄は祖父から父へ、父から子へと語り継がれてきたという体裁をとっています。このような体裁を取る理由は何なのでしょうか。それは語り継がれてきた内容が時代を越えているという主張です。

人間の歴史を五百年、千年単位で見ると、ほとんどの事象は変化しています。しかし、その中に変わっていないものもあります。このように、人間の社会は変わりゆくものと変わらないものによって構成されています。キリスト教学校も同じです。校舎や教師と学生、それに教科内容は時代と共に変わっていきます。そのように多くは変わっていく中にあって、キリスト教学校には変わらないものがあります。しかも、それは学校で最も大切な精神性としてあります。なぜ、この精神性が大切なのか。それはこの精神性にキリスト教学校の存在理由があるからです。だから、語り手から聞き手へ、新たな語り手から聞き手へと、キリスト教学校の精神性は時代を越えて伝えられていきます。

私の経験を紹介しましょう。キリスト教教育で大きな影響を受けた一人に生島吉造先生がおられます。生島先生は高等学校三年間の校長でした。高校の卒業式を数日後に控えた日でした。先生から招かれて校長室でいろいろ伺った後に、「塩野君には三つのことを言っておきたい」と切り出されました。第一は「大学に入ったならば、人間を見る眼を養いなさい」という助言でした。

第二は「同志社大学を卒業したならば、それで研究を終わらないでイギリスかアメリカの大学で研究を続けるように」という希望でした。その上で、生島先生は少し間をおいて、私をじっと見つめながらこういうことを言われたのです。

塩野君！
塩野君は私が同志社香里で打ち込んできたキリスト教教育をよく分かってくれたと私は信じている。そこで、塩野君にお願いがあるのだ。……ひとつ、私の志を引き継いで同志社のキリスト教教育に携わってもらえないかね。

さきほど、聖和大学の学生が確かな成長を示し喜びを共有できた時に、「自分の可能性が分かった」と言いました。実はあの時に同時に思い起こしていたもう一つの言葉があったのです。それが生島先生の「ひとつ、私の志を引き継いで同志社のキリスト教教育に携わってもらえないかね」というあの志を託された言葉なのです。二〇年余前に聞いて以来、恩師の言葉を忘れた日はありません。しかし、分からなかったのです。あの言葉は何を意味しているのかが分からなかったのです。ところが、聖和大学での経験によって新たな可能性が開けた時に、生島先生の言葉が二〇年の時を越えて生き生きと甦ってきたのです。(13)

結――教育精神を継承する

キリスト教教育は「人を育てることに夢を持ち、使命感を抱いている」と言いました。それをもう一歩進めて言うと、このようになります。キリスト教教育の現場ではそれを担っている教員が自らの夢や使命を学生に託します。託された学生はいつの日かその精神性をいろいろな場でそれぞれの仕方で担うことになります。だから、キリスト教教育の精神性は歴史を貫いて生き続けるのです。

皆さんは福岡女学院で知識や技術を身につけられるでしょう。しかし、それだけではありません。その上に、キリスト教から来る知恵と分別を受けて、人間らしく生きるすべを学ばれる。やがて学校を卒業してそれぞれの場で働き生活する時に、皆さんはきっと女学院の精神性を生きておられます。女学院で学んだ日々にこの精神性を先生方から託されていたからです。いつの日か、職場にあって、家庭にあって、社会にあって、女学院の精神を持って豊かに生きてほしいと託されていたからです。

私がこの事実に気づいたのは四〇歳の時でした。すでに生島先生は地上においではありませんでした。それでも、あの時に先生が向けて下さった鋭い眼差しと訥々とした言葉は、まるで昨日の出来事のように生き生きと甦ってきました。だから二〇年の時を越えて、先生の志を新鮮な決意と共に受け止めることができたのです。皆さんも変わることのない福岡女学院の教育精神を受け止めて、それを生きる人となっていただきたいと希望します。

注

(1) 第一章は一九九八(平成一〇)年五月六日と七日に福岡女学院大学で行った二回の講演、すなわち「私の恋愛論」と「私の教育論」を一つにまとめたものである。講演会場の雰囲気を伝えるために語り口調や講演における話題を残している。
(2) この歌を、第二章一〇—一四節と解釈することもできる。ここでは第二章一〇—一三節という立場を採る。
(3) E・フロム、懸田克躬訳『愛するということ』紀伊國屋書店、一九五九年
(4) E・フロム、懸田克躬訳、前掲書、一頁
(5) E・フロム、懸田克躬訳、前掲書、七—八頁
(6) 倉田百三『出家とその弟子』角川文庫、一九五一年
(7) 倉田百三、前掲書、八六—八七頁
(8) G・W・オルポート、豊沢登訳『人間の形成』理想社、一九五九年
(9) 参照、塩野和夫『好きが一番』ヨルダン社、一九九五年
(10) 参照、塩野和夫『キリスト教教育と私　前篇』教文館、二〇一三年
(11) 参照、「点数の魔力」(塩野和夫『一人の人間に』五七—五九頁)
(12) 参照、「キリスト教主義教育と私」(塩野和夫『問う私、問われている私』三六—五六頁)
(13) 参照、塩野和夫「よみがえる言葉の輝き」(『福音と世界』十二月号、新教出版社、一九九四年、一頁)

第二章　聖書との出会い——苦悩の道を辿る

序　問題の所在

(一) 動機

同志社大学神学部三年次編入試験を目前にひかえて、一九七五（昭和五〇）年一月一五日に京都市南区に下宿した。地域で一年余りボランティア活動を続けていた者にとって、非差別・貧困の現実を避けて神学をすることはできなかったからである。さいわい、神学部への編入学を許可された私は、神学作業の中心に礼拝の必要を痛感し、有志に呼びかけて「イエスの言を聞く集い」を開始した。ところが、集会は反対者による妨害を執拗に受け、身体の不調を覚えていた私は急性腎炎と診断された。それでも礼拝を放棄しないで交渉を継続したが、ついに「絶対、安静にするように」と申し渡されるにいたった。来る日も来る日も一人で下宿に横たわり天井を見あげていた。神を疑いはしなかった。歩み出したばかりの道を悔やむこともなかった。しかし、心の動揺を抑えることはできず、悶々とした日々を送らなければならなかった。

詩篇第四二―四三篇と出会ったのはそのような時である。いつの間にかむさぼるようにこの詩篇を読んでいた。

わが魂よ　何ゆえうなだれるのか。
何ゆえわたしのうちに思いみだれるのか。

神を待ち望め。
わたしはなおわが助け、
わが神なる主をほめたたえるであろう。

失意と病床の中にあって、不思議と心が安らぐのを感じた。詩篇を口にした時、ありのままの自分に落ち着いていたからである。

あの安らぎは何だったのか。後にそう問わざるをえなくなった。そして、それは詩篇第四二―四三篇に秘められた真実の追体験から来ていたに違いないと直感した。そうであるならば、詩篇に秘められた真実とは何なのか。本稿は詩篇第四二―四三篇の真実探求を目的とする。

(二) 方法

詩篇第四二―四三篇の真実を探求するにあたって、どのような方法を取らなければならないのか。旧約聖書の解釈に向けた問いに関しては、旧約聖書が語っている事柄、あるいは事柄の性質にまず手掛かりを求めねばならない。旧約聖書自体に即することなくして適切な理解は得られないからである。(1)

そこで、M・ノートの「旧約聖書の現在化」を注目すべき旧約聖書の性質として示すことができる。(2)「旧約聖書の現在化」に認められる著しい特色は、テキストに記されている出来事が単に過去に生起した事柄としてだけでなく、聞く者を今その出来事の中に投げ入れる事柄としても語られていることである。[3]さらに語られたテキストと聞く者とのこのような関わりの中心に、イスラエルと契約を結び、イスラエルに命令を下すヤハウェへの聴従があった。ヤハウェが今何を命じ、今何を語っておられるのかが、「旧約聖書の現在化」における中心課題だったからである。A・J・ヘシェルはギリシャ思想との対比でこのことを明確に述べている。「プラトンはソクラテスに語らせています。『善とは何か』と。しかし、モーセの疑問は『主があなたに求めておられる事は何であるか』ということでした[4]」。

それでは、旧約聖書に即するためにどのような方法が最もふさわしいのだろうか。それは伝承史的方法であると思われる。伝承史的方法は基本的概念として、「伝えられた事柄」と「受け止め伝えていく過程」を設定している。[5]しかも、この二概念が旧約聖書の成立と解釈の歴史に見られるとする。すなわち、旧約聖書は伝承され展開されることによって成立したという認識に立って、テキスト自体が解釈される。その際に、解釈者はテキストの示す過去の状況に自らを投じながら解釈することを要求される。そのようにして解釈されたテキストに対して、伝承史的方法はさらに解釈者が置かれている現実状況の中で、今「伝えられ」、今「受け止めていく過程」における解釈を試みる。[6]したがって、伝承史的方法による解釈は過去に記され伝承され展開された旧約聖書テキストに限定されず、現在の状況における解釈にまで拡大される。

旧約聖書に即し、しかも現在との対話をも可能にする伝承史的方法を用いて、詩篇第四二―四三篇の解明作業に取り掛かる。

（三）課題

詩篇第四二―四三篇の研究は、今日まで一貫して「元来、これらは一つの詩篇であった」という前提に基づいて取り組まれてきた。このような前提のほとんど疑うことのできない理由として、次の点があげられている。

（一）韻律が共通である。
（二）三回の繰り返し句が類似している。
（三）第四二編一〇節と第四三篇二節が類似している。
（四）第四三篇に表題がない。
（五）内容に連続性が見られる。

そこで、この詩篇が「いつ」「どこで」「誰によって」執筆されたのかをめぐって、論争されてきた。ところが、主張された多くの学説で、「成立年代・成立場所・執筆者」のいずれについても定説に至っていない。むしろそれらについては「分からない」という意見が優勢である。このような研究状況の行き詰まりは、「元来詩篇第四二―四三篇は一つの詩篇であった」という前提の限界を語っていると思われる。そこで、「いかなる意味で詩篇第四二―四三篇は一つの詩篇であるのか」と問うことによって、先行研究の限界を越え新たな可能性が生まれてくるのではないか。

バウマンはすでに詩篇第四二—四三篇に明らかに異なった二つの資料が含まれていることを指摘している(7)。バウマンの指摘を手掛かりとして、それぞれの資料を様式史的方法によって分析し、伝承史的方法を用いて「どのような伝承の道を通って詩篇第四二—四三篇は成立したのか」とその成立過程を解明したい(8)。

さらに、詩篇第四二—四三篇が「いつ」「どこで」「誰によって」執筆されたのかを伝承史の一断面に限定して問うのではなく、伝承過程の全体を問うことによって、詩篇の持つ深い意味内容を歴史的・神学的な共感をもって理解することも課題となる。

注（序）

（1）ヴェスターマンは近代以降の旧約聖書解釈学が事柄に即するための営みであったことを示唆している。C・ヴェスターマン編、時田光彦訳『旧約聖書解釈学の諸問題』

（2）C・ヴェスターマン編、時田光彦訳、前掲書、三五頁以下

（3）F・アルメン、土居真俊・片山寿昭訳『聖餐論』三三頁

（4）A・J・ヘシェル、中村匡克訳『人間とは誰か』一八〇頁

（5）野本真也「伝承史的方法の諸問題」『基督教研究』三七巻二号、一八二頁

（6）野本真也、前掲書、二九七頁

（7）H. Gunkel, *Die Psalmen*, S.180.

（8）ミットマンは旧約聖書文学と同様に詩篇も編集過程を通ることによって純粋な様式を失ったので、詩篇解釈もその事実を十分踏まえて行わなければならないと主張している。S. Mittmann, Komposition und Redaktion von Psalm 29, *Vet. Test.* 28（1978）, S.172–194.

第一節　「個人の嘆きの歌」研究史

（一）グンケルの様式史的方法

「個人の嘆きの歌」研究史の検討から始めよう。現在取り組まれている詩篇研究の方向を決定づけたのはH・グンケルである。[1] グンケルの画期的意義は、「型をつけられたものが存在するからには、何か型を与えたものがあったに違いない」という単純な原則に基づいている様式史的方法を詩篇研究に適用した点にある。[2] 彼は詩篇の文学類型を次の通り区分した。

詩篇の文学類型

讃歌・ヤハウェ即位式の歌・民の嘆きの歌・王の詩篇・個人の嘆きの歌・個人の感謝の歌

小類型

祝福と呪いの言葉・巡礼の歌・戦勝歌・イスラエルの感謝の歌・伝説・トーラー・知恵の詩篇

詩篇にこのような様式が刻印されているからにはそれぞれの刻印に対応するもの、つまり「生活の座」（Sitz in Leben）が存在したに違いないとグンケルは推測した。彼によると詩篇の生活の座は祭儀である。ただし、詩篇の様式と生活の座との具体的な関係の規定は未解決のままになっている。

詩篇第四二—四三篇は「個人の嘆きの歌」に分類される。グンケルは「個人の嘆きの歌」をどのように考察したのだろうか。グンケル『詩篇序説』に彼の詳細な分析を見ることができる。(3) ここではベッカーに従って、その要約をみておきたい。

（a）ヤハウェという名の呼びかけ

呼びかけは詩篇の初めあるいは新しい連の初めに置かれる。旧約聖書で名前は呼ばれた者の実在であった。したがって、「私の神」という呼びかけはヤハウェへの所属及び信頼を表現した。

（b）嘆き

嘆きはヤハウェに呼びかけ、ヤハウェを行動へと駆り立てた。その際、嘆きがほとんど漠然としている事実に注意すべきである。苦境の具体的記述も多くの場合たとえだと考えられる。嘆きでは不安・困惑・心痛などを表現している。嘆きの典型的な言語様式は「なぜ」「いつまで」という語で始まる。

（c）願い

願いは嘆きの歌のかなりの部分を占めている。「聞いて下さい」「私の言葉を、私の涙を聞きとってください」「顔をそむけないでください」「私を憐れんで下さい」などである。罪の許しを求める願いもこの要素に属する。「私の罪を消し去ってください」などである。祈禱者が無罪を主張し、敵から守ってくれるように願う時もある。この願いは敵への呪いへと変化することもある。その上で、ヤハウェが救済へと向かう理由を述べている。「ヤハウェの真実」「ヤハウェの正義」「祈禱者の信頼」「かつてのヤハウェの行動」「人間のむなしさ」などである。

(d) 聞き届けられる確かさと感謝の誓い

「個人の嘆きの歌」の終局部に急激な気分の変化が見られる。そこで詩人は聞き届けられる確かさと感謝の誓いを語る。

グンケル以降、様式史的方法の継承者は「個人の嘆きの歌」の「生活の座」をめぐる研究へと進んでいった。したがって、グンケルが様式の分析を踏まえて「個人の嘆きの歌」と「生活の座」との関わりを追求しながらも、それぞれの相関の規定は容易でないという見解を保持した事実に注意しなければならない。

(二)「生活の座」の探究

詩篇研究に新しい時をもたらした様式史的方法は、どのように展開されたか。グンケル以降の研究史を跡付けておきたい。

1　祭儀的詩篇解釈

様式史的方法を継承とした立場としてまず祭儀的詩篇解釈（Die kultisch Psalmendeutung）を挙げることができる。祭儀的詩篇解釈の開拓者はモーヴィンケルで、祭儀に否定的なプロテスタントの風潮の中にあって、彼は祭儀に関して積極的な見解を提出した。[4] モーヴィンケルによると祭儀こそイスラエルの中心的出来事であり、そこにイスラエルの現実すべてが包括され表現されている。さらに、重要な儀式としてモーヴィンケルは秋に新年を祝う「ヤハウェ即位式の祝祭」を想定し、それに詩篇を関係づけた。このようにモーヴィンケルが詩篇と生活の座を関わらせたことによって、彼の祭儀的方法を様式史の展開と位置づけられる。

ところで、モーヴィンケルの祭儀的方法をグンケルはどのように評価したのか。グンケルによると「個人の嘆きの歌」には、神殿から遠く離れて作られた詩篇が少なからずある。しかも、シオンへの渇望を歌うことによってヤハウェに呼びかける詩篇もある。その場合、詩人は聖なる神殿の近くにいることができないことを嘆いている。このような状況は詩人の敵に関する描写からも推定される。さらに犠牲に対する嫌悪から歌われた詩篇や、病床で歌われたと考えられる詩篇も「個人の嘆きの歌」に見いだされる。そこで、グンケルはモーヴィンケルを批判し、人々は祭儀の場以外でも「個人の嘆きの歌」を歌ったと考えた。[5]

モーヴィンケルは祭儀的方法によって様式史的方法を展開し、詩篇研究に新しい一面を切り開いた。けれども、グンケルも指摘したようにすべての詩篇を「ヤハウェ即位式の祝祭」と関係づけることはできない。

2　病人と被告人の祈り

シュミットは病人と被告人の祈りに「個人の嘆きの歌」の生活の座を求めた。[6] 確かに「個人の嘆きの歌」の背景に病人や被告人の状況を考えられるし、彼らが具体的に描写されている場合もある。[7] しかし、内面的な困窮が「個人の嘆きの歌」の主要な動機を形成した事実を強調しなければならない。そこで具体的状況は背景に退いていくのである。[8]
シュミットに対してはグンケルと共に祈禱者の状況は知りがたいと指摘しなければならない。

3　判決を待望する者の祈り

バイヤリン[9]は宗教上の正しい判決を待望する者の祈りとして「個人の嘆きの歌」に検討を加えている。[10] しかし、バイヤリンには「個人の嘆きの歌」の全体像をテキスト解釈に先立って構成し、それを強引にテキストにあてはめようとする傾向がある。このような傾向は正当に批判されねばならない。生活の座をテキストに対して設定する作業が、バイヤリンのようにテキストの分析を十分踏まえないで行われる場合、テキストの解釈を混乱させてしまうからである。

4　記念碑に刻みつけられた祈り

デレカート[11]によると、人間が日常生活で私的な嘆きを叫ぶことはあり得ないので、「個人の嘆きの歌」は記念碑に刻みつける碑銘文として作成されたとみなすべきである。さらに、碑銘文は避難所を探し求め避難所に隠れることを承認する過程から解明される。

デレカートの理論は具体的根拠に基づいて構成されている点では注目に値する。しかし、特定祈禱者の状況が細部に至るまで詩篇に反映しているとする前提に対しては疑問を投げかけざるを得ない。

5　王の祈り

ビルケラント[12]や後期モーヴィンケルは、王が祭儀の場で「個人の嘆きの歌」を歌ったと想定する。彼らによると、王は祭儀の場では神と民族との仲介者であり、民族の「集合人格」として存在する。したがって、祈禱者の敵は民族の敵とみなされる。

この理論によると、「個人の嘆きの歌」は「民の嘆きの歌」に組み入れられ、両者の相違が抹消される。したがって、様式史的方法が「個人の嘆きの歌」と「民の嘆きの歌」を区別したことは不適当だとされる。そこで、「個人の嘆きの歌」を祭儀における王の祈禱とするのであれば、様式史的方法による分類そのものに立ち戻って検討しなければならない。

6　神王イデオロギーによる解釈

よく整理された祭儀的解釈に神王イデオロギーによるものがある(13)。この立場によると神王の祈禱が神話的混沌の力に対して祭儀ドラマの中で祈られた。その際に祭儀形式のモデルが想定される。すなわち、「儀式上の神の死、復活、混沌の力に対する闘争、神の即位式、聖なる祝祭」という内容と順序で祭儀は行われた。フック・エングルネ・ベンツェン・ヴィデングレンなどは、このような祭儀形式や思想がバビロニアの影響によってイスラエルにも存在したと考える。しかし、それらが詩篇において確認されたわけではない。詩篇が沈黙している事柄を語ることはできない。

7　契約祭における神顕現

ヴァイザー(14)は、神王イデオロギーによる解釈が想定した祭儀形式のモデルに代わるものとして、シナイにおける神顕現に原型を持つ契約祭での神顕現を想定する。この解釈は詩篇ではなくモーセ五書に詩篇解釈の視点をおいている。その妥当性が詩篇テキストで検証されなければならない。

8　結論

検討したように、グンケルの様式史的方法は様々な方向に展開されてきた。これらをどのように評価できるのか。

まず、一連の研究は詩篇の様式に対する生活の座を探究する試みであった。そこでは詩篇テキストに内在する様式と外在的に設定される生活の座との係わりが多彩な仕方で追及された。これらの研究が詩篇研究を豊かなものとした点は高い評価に値する。半面、ややもすれば生活の座の追及を自己目的化したために、テキストに語られていない事柄を前提とし、それをテキストにあてはめようとする強引な傾向が見られた。ここに、生活の座を探求する方法論的限界とそれを見失った時の危険性がある。確かに詩篇研究への様式史的方法の適用によって、生活の座探究は不可欠とされた。けれども、外在的な生活の座の規定を急いではならない。生活の座の規定はテキストとの対話を通じてたえず修正され、その作業によってテキストの解釈は豊かにされるからである。

次に様式史以外の研究方法を跡付けることによって、詩篇研究史の全体像に迫りたい。

(三)　その他の詩篇研究の方法

グンケル以降、様式史的・祭儀的詩篇研究を中心に進んできたが、それ以外にどのような詩篇研究の方法があったのか。敬虔な信仰的詩篇解釈・集合的詩篇解釈・歴史化による詩篇解釈・ヴェスターマンによる「嘆きの構造と歴史」研究、及び構造主義を取り上げて検討する。

1　敬虔な信仰的詩篇解釈

敬虔な信仰的詩篇解釈（Frömmigkeitliche Psalmendeutung）[15]は成立の背景を神殿や祭儀にではなく、捕囚後のユダヤ律法学者に求め、詩歌選的方法（anthologischen Psalmendichtung）を詩篇分析に用いる。この立場では詩篇の成立背景を捕囚後とするため、「生活の座」（祭儀）を持つのではなく律法学者による「文学の場」を持つと考える。詩歌選的方法は、動機の図式的使用・古代的詩歌解釈・文学様式・古代聖書文学などを顧慮し、特に「アルファベット詩篇」[16]に適用できるとする。ただし、アルファベット構成を持たない多くの詩篇に適用するには限界がある。また、詩歌分析の際に内面的敬虔に注意を向けるため、様式や状況との関わりに無関心となってしまう。

いずれにしても、敬虔な信仰的詩篇解釈に様式史及び祭儀的詩篇解釈方法と対照的な立場を認めることができる。

2　集合的詩篇解釈

集合的詩篇解釈（Kollektive Psalmendeutung）[17]は、イスラエル民族が集合人格として「個人の嘆きの歌」の「私」に表現されていると理解し、詩篇の編集史に注目する。様式史や祭儀的研究は詩篇の過去に関心を示したが、旧約聖書自体の立場は詩篇編集史に求めるからである。したがって、詩篇編集の場は捕囚及び捕囚後の救済を告知する礼拝にある。その礼拝で詩篇の「私」はイスラエル民族の集合人格として解釈された。そこで、詩篇は集合人格の視点から理解されなければならない。

ところで、様式史などの立場に立って成立当初の詩篇解釈を重視するか、あるいは集合的詩篇解釈に従って旧約聖書の詩篇解釈を取るかという選択が問題とされる。しかし、伝承史的方法においてはどちらの立場も固定化しないで、双方の主張が詩篇解釈上、補完しあうと考える。さらに、もし様式史などの方法が自己の立場を絶対化しようとすれば集合的立場によってそれを相対化し、集合的解釈が自己絶対化を試みるのであれば伝承されてきた事柄を問う必要を主張する。様式史などの方法によって探究されてきた事柄は伝承として存在してきたのであり、集合的詩篇解釈の主張する捕囚期及び捕囚後の礼拝も伝承の重要な場の一つだからである。ただし、それが唯一の場ではない。たとえば、新約聖書も初期キリスト教団という場において詩篇を受容し解釈しているし、現代人も現代という状況において詩篇を受容し解釈しているからである。

3　歴史化による詩篇解釈

歴史化による詩篇解釈（Historisierende Psalmendeutung）[18]は、多くの詩篇が「いつ」「誰によって」「どのような動機で」ダビデに帰されたのかを問う。詩篇表題にあるように多くの詩篇がダビデに帰するという素朴な考えは、歴史批評学によって打破された。しかし、新しい問いがそれと共に生じた。ダビデの作品でない多くの詩篇がなぜダビデの作とされたのか。ダビデに帰せられていった背後にどのような解釈意図があったのか。この解釈意図を歴史化による詩篇解釈は追及した。そこで、集合的詩篇解釈と共に歴史化による詩篇解釈は詩篇編集史を問う方法の一つに加えられる。

4　嘆きの構造と歴史

ヴェスターマンの「旧約聖書における嘆きの構造と歴史[19]」は、「個人の嘆きの歌」研究史における興味深い試みの一つである。ヴェスターマンによると「嘆き」というモチーフは構造をもち、歴史と共に変化した。初期の「嘆き」は散文テキストに見い出される神への独立した叫びである。この叫びには願いを含んでいるので、初期の嘆きは願いを必要としない。構造は「呼びかけ・疑問・問い」という三つの要素からなり、内容は神への告発である。中期の「嘆き」は嘆きの詩篇に見い出される。構成は「呼びかけ（初めの願い）・嘆き・神への転換（確信の認識）・願い・賛美の願い」である。後期に嘆きの詩篇は四つのタイプへと分かれ、詩篇から嘆きの要素が失われていく。第一のタイプは変化を受けながらも嘆きの詩篇の構造を保っている。ただし、このタイプの詩篇には純粋な形では神への告発がないために、厳密な嘆きは存在しない。後期に主流となった第二のタイプは嘆きのない願いの祈禱である。第三のタイプはざんげの祈禱である。第四のタイプは祈りから独立した嘆きであり、ここに本質的な神への告発が見られ、嘆きを再生している。ヴェスターマンは構造か歴史かと問うのではなく両者を総合することによって、旧約聖書の中に存在する嘆きの構造の大きな流れを指摘している。「個人の嘆きの歌」をその中に位置づけることができよう。

5　構造主義

構造主義は様式史及び祭儀的方法を通時的方法として批判し、共時的な現存テキストを構造分析する必要を主張している。通時的方法への警告を伴いつつ、構造主義は詩篇解釈に新しい可能性を秘めているかもしれない。

6　方法論考察の帰結

詩篇研究史に構造主義はどのように位置づけられるだろうか。様式史的方法をすべて通時的方法と捉える構造主義の共時的な視点からの批判は正当なのだろうか。

グンケルの「個人の嘆きの歌」の分析や敬虔な信仰的詩篇解釈、ヴェスターマンの研究などが、詩篇の内在的要素の分析を行っていたことを見てきた。これらの分析は共時的立場からの分析と見ることができる。つまり、構造主義以前に共時的立場と通時的立場を組み合わせる方法は成立していた。ただし、構造主義は通時的方法に対して共時的方法を先行させる必要を明確にした。そこで、詩篇テキストの構造分析の重要性に注目し、詩篇研究に応用したい。しかし、通時的方法による豊かな詩篇解釈の成果を見過ごしにするわけにはいかない。通時的方法の正当性も正しく位置付けられなければならない。

伝承史的方法を総合的な手法として、構造主義と通時的方法との対話を試みたい。この対話によって、詩篇研究は神学的検討にまで至るであろう。

注（第一節）

（1）グンケル（Hermann Gunkel）の詩篇研究には次の主要著作がある。
H. Gunkel, *Die Psalmen*, Göttingen, 1926[4].
H. Gunkel, *Einleitung in die Psalmen*, Göttingen, 1933.

（2）J. Wecker, *Wege der Psalmenexegese*, S.13.

（3）H. Gunkel, *Einleitung in die Psalmen*, S.172-265.

（4）グンケル『詩篇序説』における「個人の嘆きの歌」の三〇項目における特色の概説は次の通りである。

1　「個人の嘆き歌」に属する詩篇は次の通りである。三篇、五篇、六篇、七篇、一三篇、一七篇、二二篇、二五篇、二六篇、二七篇七―一四節、二八篇、三一篇、三五篇、三八篇、三九篇、四二篇、四三篇、五一篇、五四篇、五五篇、五六篇、五七篇、五九篇、六一篇、六三篇、六四篇、六九篇、七〇篇、七一篇、八六篇、八八篇、一〇二篇、一〇九篇、一二〇篇、一三〇篇、一四〇篇、一四一篇、一四二篇、一四三篇。

2　「個人の嘆きの歌」は詩篇の基本を形成している。

3　従来、嘆きの歌の「私」を共同体に関連させた類比的解釈が行われてきた。

4　「個人の嘆きの歌」から「生活の座」との様々な関係を想定しうるが、それは容易ではない。

5　祈禱者の個人的な立場と状況について語ることは困難である。

6　「個人の嘆きの歌」で多く認められる動機は病気である。

7　「個人の嘆きの歌」の動機には、しばしば詩人に生じている内的困窮や魂の苦痛がある。

8　「個人の嘆きの歌」で、さらに大きな割合を占めている困窮は敵によるものである。

9　敵が原因となって生じている嘆きと並んで、慰めを与えてくれる味方である近親者・友人・知人が関係を断つことによる嘆きもある。

10　「個人の嘆きの歌」は、「ヤハウェ」「主なるヤハウェ」「イスラエルの神」「神」「私の神」「ヤハウェ、私の神」「主」といった呼びかけで始まっている。

11　呼びかけに次いで、祈禱者がヤハウェの前に魂を注ぎ出し、悲しみ落胆している内面像を描く嘆きが来る。嘆きはヤハウェに働きかける目的を持つ。

12 嘆きの歌の重要な要素に願い（Bitte）があり、神が祈禱者に聞いてくださるように命令形で願われる。

13 願いの中で、懺悔する者の願い・罪の回避あるいは罪の消滅についての願い・無罪の願いなどはそれぞれの特異性から際立っている。

14 願いと並んで願望（Wunsch）の要素が認められる。願望はヤハウェの恩恵を賞賛し、ヤハウェに感謝の歌を歌い、友人に及ばせることを願望することで「願い」と区別されている。

15 祈禱者の敵に向けた願いと願望が、「個人の嘆きの歌」で大きな割合を占めている。

16 困窮より解放されるための格闘から、短い非難を込めた願望の問いが現れる。問いの様式は願望だが、内容は嘆きに属している。

17 嘆きの歌の目的は、ヤハウェから何かを獲得することである。

18 「神による干渉への動機」がある。これはヤハウェの本性から待望されるもので、ヤハウェの恵み・真実・正義・ヤハウェの名あるいは格言に言及している。

19 嘆きの歌の詩人が重要な事柄として願望をおいた根拠は、ヤハウェへの信頼である。確かな信頼の表現は嘆きの歌のクライマックスとなる。

20 イスラエルの民の驚くべき歴史や無神論者がヤハウェの元に何の場も見いだしえないことは、詩篇記者に慰めの根拠の一つとなっている。

21 罪を犯したことがないと確信する祈禱者は、無罪をヤハウェに賞賛される根拠としてヤハウェの前に提出する。自分が悪人であると認識する人は、無罪も正しさも良い行いの主張もしないで、神の正しい怒りのもとにあってヤハウェの免罪を期待する。

22 嘆きの歌はヤハウェへの呼びかけで始まり、嘆きが続く。願いは嘆きに続き、そこにはヤハウェの関わりを求める動機がある。最後にはヤハウェに留まるようにという自己への訓戒がしばしば見られる。

23 嘆きの歌の最後に、たびたび急激な気分の変化がみられる。嘆き祈っていた祈禱者が落ち着き、もはや願うこともなく聞き届けられたことを確信している。

24 嘆きの歌は聞き届けられる確信で終わる。しかし、特別な祈願の続く場合もある。

25 ヤハウェの名を三人称で呼ぶことが、信頼のゆえに聞き届けられる確信と見られる場合もある。

26 「個人の嘆きの歌」の亜種に、無罪の主張が目立つ無罪の詩篇、罪を犯しヤハウェから罰を受けて当然であるという認識を持つ悪人の詩篇、あるいは呪いの詩篇、報復の詩篇がある。

27 最も印象的な亜種に信頼の歌がある。この歌には祈りの内容に信頼の確かさを持ち、嘆きの歌の特色は放棄されている。

28 信頼の歌は嘆きの歌を越えている。

29 「個人の嘆きの歌」の用語は תפלה である。

30 イスラエルの「個人の嘆きの歌」の古い型は単純なものであった。バビロンの様式にイスラエルの様式が依存したことは確かである。「個人の嘆きの歌」は内的には次第に祭儀から離れていき、神との関わりに歩むための祭儀行為を祈禱者は必要としなくなった。このような内的離反と並行して外的解放が進み、捕囚前から聖所からの外的離反は始まっている。「個人の嘆きの歌」は精神的に成長して内容的に豊かになると、無罪の歌・悪人の歌・呪いと罰の歌・信頼の歌が形成される。元来の「生活の座」から離れると、拘束はなくなり混合が起こる。マカベヤ時代は古い類型の終わりを意味した。

（4）モーヴィンケルの詩篇に関する主要な著作は次の通りである。

Sigmund Mowinckel, *Psalmenstudien*, Kristiania（= Oslo), 1921–24.

Sigmund Mowinckel, *The Psalms in Israel's Worship*, 2 vols.,Oxford, 1962.

（5） H. Gunkel, a.a.O., S.180–183, S.260–265.

（6） シュミットの詩篇に関する主要な著作は次の通りである。
H. Schmidt, *Das Gebet des Anklagten im Alten Testament*（ZAW 49）.
H. Schmidt, *Die Psalmen*, 1934.

（7） シュミットによると被告人の詩篇は次の通りである。
三篇、四篇、五篇、七篇、（一一篇）、一七篇、二六篇、二七篇、三一篇A、三五篇、四二篇F、五四篇、五五篇、五六篇、五七篇、五九篇、六二篇、（六四篇）、六九篇、七〇篇、八六篇、一〇九篇、一四〇篇、一四二篇、一四三篇。

病人の詩篇は次の通りである。

六篇、一三篇、二八篇、三一篇B、三八篇、五一篇、六一篇、七一篇、八八篇、一〇二篇、一三〇篇。

（8） H. Gunkel, a.a.O.,S.184.

（9） バイヤリンの詩篇に関する主要な著作は次の通りである。
W. Beyerlin, *Die Rettung des Bedrängten in den Feindpsalmen des Rinzelnen auf institutionelle Zusammenhänge untersucht*, Göttingen, 1970.

（10） バイヤリンによると、正しい判決を待つ者の詩篇は次の通りである。
三篇、四篇、五篇、七篇、一一篇、一七篇、二三篇、二六篇、二七篇、五七篇、六三篇。

（11） デレカートの詩篇に関する主要な著作は次の通りである。
L. Delekat, *Asyle und Schutzorakel am Zionheiligtum*, Leiden, 1967.

（12） ビルラケントの詩篇に関する主要な著作は次の通りである。

（13）H. Birkeland, *Die Feinde des Individuums in der israelitischen Psalmenliteratur*, Oslo, 1933.
H. Birkeland, *The Evildoer in the Book of Psalms*, Oslo, 1955.
この立場に立つ研究者に次の者がいる。
S. H. Hooke, K. I. A. Engnell, A. Benthzen, G. Widengren.

（14）ヴァイザーの詩篇に関する主要な著作は次の通りである。
A. Weiser, *Die Psalmen*, Göttingen, 1955.

（15）敬虔な信仰的詩篇解釈の創始者は A. Robert であり、A. Deissler によってドイツに伝えられた。

（16）アルファベット詩篇は次の通りである。
九—一〇篇、二五篇、三四篇、三七篇、一一一篇、一一二篇、一一九篇、一四五篇。

（17）集合的詩篇解釈の開拓者は R. Smend である。

（18）一五〇篇ある詩篇のうち、「ダビデの作」とされるのが七五篇、「アサフの作」が一二篇、「コラの子らの作」が一一（一二）編、「ソロモンの作」が二篇、「ヘマンの作」「エタンの作」「モーセの作」がそれぞれ一篇ある。

（19）C. Westermann, Struktur und Geschichte der Klage im Alten Testament, *ZAW* 66（1954）, S.40–80.

第二節　詩篇第四二―四三篇の分析的考察

(一) 私訳(1)

第四二篇

一 聖歌隊の指揮者[1]による
コラの子たちのマスキール[2]

二 鹿[3]が水の流れ[4]をあえぎ求めるように
神よ、あなたを私の魂もあえぎ求める。

三 私の魂は、
神に　生ける神に　かわいている。
いつ、私は行って
神の御顔を見る[5]ことができるだろうか。

四 私の涙が、昼も夜も私の食物だった。
「おまえの神はどこにいるのか」と
彼らが一日中、
私に向かって言いつづける間は。

五
あの思い出をよみがえらせ
一人、私の魂を注ぎだそう。[6]
ああ、私はすすんで群れを導き、[7]
神の家へと行ったのだった。
祭りに集う多くの人々と共に
喜びの声をあげ、
感謝の歌を歌いながら。

六
なぜ、打ち沈んでいるのか、
私の魂よ。
なにゆえ、うめくのか。
神を待ち望め、
私の助け、私の神を[8]
なお　ほめたたえることもあるだろうから。

七
一人、私の魂は打ち沈んでいる。
それで、あなたを思いおこすのです。
ヨルダンの地から、ヘルモンから、取るに足らぬ山から[9]

八
あなたの激流[10]の響きによって
淵々　呼びとどろき、[11]

あなたの砕け散る波[12]、あなたの大波はことごとく
私の上を越えていった[13]。
九 昼には　ヤハウェがいつくしみを命じられ[14]、
夜には　彼の歌　生命の神への祈りが私と共にある。
一〇 私は、私の岩である神に言う。
「なぜ、私を忘れられたのですか。
なぜ、私は敵のしえたげによって
悲しみ歩くのですか。」
一一 骨までも砕けるばかりに
あだは私をあざけり、
一日中　私に言う。
「おまえの神は、どこにいるのか。」
一二 なぜ、打ち沈んでいるのか
私の魂よ。
なにゆえ　おまえ[15]はうめくのか。
神を待ち望め、
私の助け　私の神を
なお　ほめたたえることもあるだろうから。

第四三篇

一 私を裁いて下さい、
神よ。
あなたを敬わない民に[16]
私の訴えを取り上げてください。
欺きとよこしまの唇から[17]
私を救ってください。

二 あなたは　私のより頼む神なのです。
なぜ、私を捨てられたのですか。
なぜ、私は敵のしえたげによって
悲しみ歩くのですか。

三 あなたの光とあなたのまことを送り、
私を導いてください。
あなたの聖なる山に　あなたのすまいに
私をいたらせてください。

四 そうすれば
私は神の祭壇に

私の大きな喜びである
神のもとへまいります。
そして　神よ、私の神よ、
私は琴をもってあなたをほめたたえます。
五 なぜ、打ち沈んでいるのか
私の魂よ。
なにゆえ　おまえはうめくのか。
神を待ち望め、
私の助け　私の神を
なお　ほめたたえることもあるだろうから。

注釈〔1〕
一一の詩篇の表題に「コラの子たち」が出ている。(2) そのうち、四二篇・四四篇・四五篇・八八篇の詩篇の表題には「マスキール」も載っている。「コラの子たち」はもともとホリ人とエドム人の名称であったが、ユダヤ人も名乗るようになる。職務としては神殿の門番、後に歌い手組合として使われている。

注釈〔2〕
詩篇表題に一三回「マスキール」が使用されている。(3) 旧約聖書では「手柄を立てる」「知恵」

「賢い人」「栄える」「認める」などの意味を持つ。詩篇でも「賢い」「顧みる」「巧みな歌」として使用されているが、表題の意味は不明である。

注釈［3］

水を求めてあえぐ「鹿」という表現がウガリットテキストにあるかどうかが問題となっている。H・ドンナーは否定的な見解を出している。(4)

注釈［4］

אפיקי-מים を「水の流れ」と訳した。従来、「谷川」あるいは「谷川の流れ」と訳されてきたが、近年では「河床」とする見解もある。(5) **אפיקי** は詩篇四二篇二節を除いて旧約聖書に八回用いられている。そのうち六回までが水と関係していて、「海底」「谷」「水の流れ」「泉」と訳されている。(6) これらの箇所で、ヨエル書一章二〇節に注目したい。詩篇テキストと並行しているからである。(7) そこでは、**אפיקי**「水の流れ」と理解される。詩篇四二篇では「水」の欠如、いつもあるべき所に水のない状況が問題なのである。そこで、いつも飲んでいた小川の流れがなくなり、疲れ切っている鹿を想定して「水の流れ」と訳した。

注釈［5］

אראה は受動態で直訳すれば「私は見られる」となる。神を見ることはできないというドグマから、現在のテキストへ修正されたと考えられる。(8)

注釈［6］

אלה-אזכרה を「あの思い出をよみがえらせ」と訳し、**ואשפכה-עלי-נפשי** を「一人、私の魂を注ぎだそう」とした。五節前半に置かれているこの箇所をヘブル語テキスト通り前半に置く訳とשלה（これら）が五節後半を受けていることから前半を後半のあとに置く訳とがある。(9) 私訳では前半と後半の位置を変えず、「これら」が後半の「思い起こす事」を受けているので「あの思い出」と意訳した。עלי も見解が分かれる。(10)「御前に」「わが中に」「わたしの上に」と訳す場合と表現しないものもある。私訳では他者との関係を断ち、集中して心の中に思い出を蘇らせようとしている状況を考え、「一人、私の魂を注ぎだそう」と意訳した。

注釈［7］

בסך-אדדם を「すすんで群れを導き」と訳した。マソラ本文に従って訳する立場と、ヘブル語の少数の写本・七十人訳・シリア写本・ブルガダが בסך-אדיר としているのを採用し「栄光の幕屋」あるいは「輝く幕屋」とする立場がある。(11) 後者の訳だと、次の言葉 בית-אלהים（神の家）とのパラレリズムが成立し、文書も全体として整う。しかし、「幕屋」が「シオンの山」と対立することから、伝承過程で現在のテキストへの修正があったと考え、マソラ本文に従った。

注釈［8］

七節はじめに置かれている単語 אלהי（私の神）が七節初めでよいのか、六節の最後なのかという判断は困難である。マソラ本文はこの単語を区切りとして七節はじめとしているが、単語の位置は六節終わりである。前者を取ると七節冒頭の神への呼びかけとなり、後者だと ישועת-פני（私の顔の助け）とのパラレリズムが成立する。(12) ただし、内容から判断すると七節冒頭の神への呼びかけには無理があるので、後者を採用した。

注釈［9］

「ヨルダンの地、ヘルモン、取るに足らぬ山」から思い出しているとする立場と、「ヨルダンの地、ヘルモン、取るに足らぬ山」を思い出していると考える立場がある。[13] 私訳では最終的な編集段階では前者を採用したと考えられるので、前者にした。

また、מהר-מצער を「取るに足らぬ山」と訳した。日本語訳は一致して音訳し「ミザル」あるいは「ミツァル」としている。[14] מצער は旧約聖書には三回出ていて、[15] 詩篇を除くといずれも「小さい」と訳されている。その場合、ただ量的な問題だけではなく、「貧弱な」「みじめな」「取るに足らぬ」といった意味を持っている。さらに四三篇三節の הר-קדשך（聖なる山）と対応している事実を考慮しなければならない。そこで、「取るに足らぬ山」とした。[16]

注釈［10］

צנוריך を「激流」と訳した。この単語は水が激しく流動する様を表現しているが、旧約聖書ではここだけで使用されていて翻訳も多彩である。すなわち、「大滝」「激流」「竜巻」「落雷」等である。[17] しかし、ヘルモン山のヨルダン川源流の激しい流れのイメージを重ねていると考え、「激流」を採用した。

注釈［11］

תהום-אל-תהום-קורא を「淵々、呼びとどろき」と訳した。תהום「テホーム」は大地の下にあるとヘブル人が考えていた原始の大海で、激流の響きによって原始の大海の波が互いに קורא（呼び合う）様を描いている。この箇所の訳も多様である。[18]

注釈〔12〕

משבריך を「あなたの砕け散る波」と訳した。日本語訳はいずれも「あなたの波」と訳している。この単語はヨナ書に一度、詩篇に二度出ていて、[19] いずれも波が自分のうえを越えていくこと、自分が苦しんでいる様子を表現している。さらに、語根 שבר には、「裂くこと」といった意味があるので、「あなたの波」では十分に表現されない。そこで、「あなたの砕け散る波」とした。

注釈〔13〕

「波は私の上を越えていった」という表現は、詩人の重い病気を表象しているのかもしれない。[20]

注釈〔14〕

צוה を「命じられ」と訳した。日本語訳は「施し」「つかわし」「送り」といずれも穏やかな翻訳をしている。[21] しかし、この単語が旧約聖書で用いられる場合は、いずれも王や主君あるいは主なる神が僕やイスラエルに命令を下す時である。[22] また、前後が厳しい事態を描いているので、その間にあってヤハウエの強い意志を際立たせる訳を試みて、「命じられ」とした。

注釈〔15〕

繰り返し句のうち、四二篇一二節と四三篇五節は全く同じであるが、四二篇六節については二か所で食い違っている。[23] 違いの一点は注釈〔8〕で言及した内容と関わっていて、七節冒頭にある אלהי を六節最後にしたので翻訳上の問題はほとんど残らない。もう一点の違いは מה（なぜ）の繰り返しがあるかないかである。これについては繰り返しのない四二篇六節にはコンテキストから「なぜ」の意味が含まれていて、翻訳でその違いを表現するのは困難である。[24] そこで、「なにゆえ、おまえはうめくのか」（四二篇一二節、四三篇五節）と「おまえ」を加えることにより「なにゆえ、うめくのか」（四二篇六節）と形式的な違いとして表現した。

注釈〔16〕

מגוי-לא-חסיד を「あなたを敬わない民」と訳した。חסיד は詩篇には六回用いられ、この箇所を除いてすべて肯定形である。語根 חסד は「真実な者」という意味であるが、ここでは神との関係で「真実さ」を示している。ところで、否定型はここだけなので訳も「神を恐れない民」「なさけをしらぬ民」「不実な民」などと多様である。[25] 私訳では肯定形「神を敬う神」を否定した訳に留めておいた。

注釈〔17〕

מאיש-מרמה-ועולה を「欺きとよこしまの唇から」と訳した。מרמה（欺き）は詩篇に六回使用されているがこの箇所を除くといずれも「唇」「舌」「口」を修飾している。[26] ועולה（よこしま）も旧約聖書で二回使用されているが、他では「唇」と関係づけられている。しかも四三篇一節は裁判の描写を用いていると考えられるので、איש「イッシュ」を「人」あるいは「民」とはしないで「唇」とし、「欺きとよこしまの唇」と訳した。

注（第二節〔一〕）

（1）次のテキストに基づいて翻訳した。テキストの脚注には三八項目に及ぶ異動が記されているが、私訳上重要な点についてだけ言及する。

（2）H. Bardtke, *Liber Psalmorum, Biblia Hebraica Stuttgartensia*, Stuttgart, 1969.

（3）詩篇四二篇、四四―四九篇、八四篇、八五篇、八七篇、八八篇である。詩篇八八篇を除くといずれも「コラの子たち」が「マスキール」を修飾している。「コラの子たち」については、以下を参照。創世記三六章五節以下、Ⅰ歴代誌二章四三節、Ⅰ歴代誌九章一九節、二六節、一章一九節、Ⅱ歴代誌二〇章一九節。

（4）詩篇三二篇、四二篇、四四篇、四五篇、五二篇、五三篇、五四篇、五五篇、七四篇、七八篇、八八篇、八九篇、一四二篇である。「マスキール」の意味については、以下を参照。Ⅰサムエル記一八章一四節・一五節。箴言一〇章一九節。箴言一〇章一五節、一四章三五節、一七章二節。箴言一六章二〇節。箴言二一章一二節。詩篇一四章二節、五三章三節。詩篇四一章二節。詩篇四七章八節。

（5）H. Donner, *Ugaritismen in der Psalmenforschung, ZAW* 79, 1967. S.333-336.

（6）「谷川の流れ」（日本聖書協会訳）、「谷川の水」（新改訳聖書訳・フランシスコ会訳）、「河床」（関根訳）、「川床」（左近訳）である。

（7）「海底」（Ⅱサムエル記二二章一六節・詩篇一八章一六節）、「谷」（エズラ記三一章二節）、「水の流れ」（ヨエル書四章一八節・一章二〇節）、「泉」（雅歌五章一二節）である。

（8）「野の獣もまたあなたにむかって呼ばわる。水の流れがかれはて、火が荒野の牧草を焼き滅ぼしたからである。」（ヨエル書一章二〇節）

（9）H. J. Kraus, a.a.O., S.472.

（10）前に置くもの（新改訳聖書訳・フランシシコ会訳・左近訳）、後半の後に置くもの（日本聖書協会訳・関根訳）がある。

（11）「御前に」（新改訳聖書訳）、「わが中に」（関根訳）、「わたしの上に」（左近訳）、言葉に表現しない訳（日本聖書協会訳・フランシスコ会訳）がある。

（11）マソラ本文に従って訳す立場（日本聖書協会訳・新改訳聖書訳）、「栄光の幕屋」（関根訳）、「輝く幕屋」（左近訳）がある。

（12）前者を取る立場（新改訳聖書訳）、後者を取る立場（日本聖書協会訳・関根訳・フランシスコ会訳・左近訳）がある。

（13）E. J. Kissane, *The Book of Psalms*. p.189.

（14）「ミザル」（日本聖書協会訳・フランシスコ会訳）、「ミツァル」（新改訳聖書訳・関根訳・左近訳）がある。

（15）創世記一九章二〇節、ヨブ記八章七節、詩篇四二篇七節である。

（16）Luther, "auf dem kleinen Berg", Buber, "vom Geringen Berg", Jerusalem Bible, "humble mountain."

（17）「大滝」（日本聖書協会訳・新改訳聖書訳）、「激流」（関根訳）、「竜巻」（フランシスコ会訳）、「落雷」（左近訳）がある。

（18）コーラー קורא は旧約聖書に一七回用いられている。イザヤ書に七回、エレミヤ書に三回と預言書に多い。詩篇は一回だけである。「淵々、呼びこたえ」（日本聖書協会訳）、「淵が淵を呼びおこし」（新改訳聖書訳）、「淵は淵に呼びかけ」（関根訳・左近訳）、「淵は淵と呼びかわし」（フランシスコ会訳）と訳されている。

（19）ヨナ書二章四節、詩篇四二篇八節・八八篇八節である。

Luther, "Wasserwogen", Buber, "deine Brandungen", The New American Bible, "your breakers."

（20）参照、左近淑『詩篇研究』一九二頁。

（21）「施し」（日本聖書協会訳・新改訳聖書訳）、「つかわし」（フランシスコ会訳）、「送り」（左近訳)、「待ち明かす」(関根訳)である。

(22) 参照、創世記一八章一九節、民数記九章八節、IIサムエル記九章一節、詩篇四二篇九節・九一篇一一節。

(23) ותהמי(四二篇六節)に対し ומה־תהמי(四二篇一二節・四三篇五節)、פניו־אלהי(四二篇六節)に対し פני־ואלהי(四二篇一二節・四三篇五節)である。

(24) 日本聖書協会訳・関根訳・フランシスコ会訳・左近訳は、繰り返し句に同じ訳をしているが、新改訳聖書は四二篇六節に「なぜ」の繰り返し句を省き、七節冒頭の אלהי を呼びかけにしている。

(25) 「神を敬う者」(詩篇四篇四節・一二篇二節・三二篇六節・八六篇二節)、「いつくしみある者」(詩篇一八篇六節)と訳されている。詩篇四三篇一節だけが否定詞を伴なっている。そのために「神を恐れない民」(日本聖書協会訳・新改訳聖書訳)、「なさけをしらぬ民」(関根訳)、「無情な民」(左近訳)、「不実な民」(フランシスコ会訳)と訳されている。

(26) 「唇」(詩篇一七篇一節・三四篇一四節)、「舌」(詩篇五〇篇一九節、五二篇六節)、「口」(詩篇一〇九篇二節)と訳している。

(二) 単語の分析

詩篇第四二—四三篇の私訳をまず試みた。ところで、この詩篇で使用されている単語にはどのような特徴が認められるのか。さらにそれらと旧約聖書、詩篇及び「個人の嘆きの歌」(1)で用いられている単語にはどのような関係があるのか。詩篇四二—四三篇の単語分析を行う。

詩篇四二—四三篇は一七の節から構成されている。[2] 単語数の合計は一九一語で、単語数四の節が一節、一〇の節が五節、一一の節が四節、一二の節が四節、一四の節が二節、一七の節が一節ある。

単語数の合計一九一語のうち、一回しか使われていないのは九六語でほぼ半数である。残りは三二の単語で二回以上使用された合計は九六語である。すなわち、二回使用されている一七語、三回使用されている八語、四回・五回・六回使用されている単語がそれぞれ二語、七回使用されている一語である。したがって、詩篇四二—四三篇で使用されている合計は一二八語である。[3]

語根にさかのぼると、単語の傾向はさらに明瞭になる。詩篇四二—四三篇の単語で、派生する単語が一回しか使用されていない語根は六八ある。これは総単語数に対して約半数、使用単語数の三分の一に該当する。他は派生する単語が二回以上使用されている語根を持つ。すなわち、派生した単語が二回使用されている語根は一三、三回使用されている語根は七、四回使用されている語根は三、五回使用されている語根は二、七回・八回・九回・一〇回・二〇回使用されている語根はそれぞれに一つある。詩篇四二—四三篇で使用されている語根の合計は九八である。[4]

次に詩篇四二—四三篇で使用されている一二八語を、旧約聖書における頻度を基準にして分類し検討を加える。

旧約聖書で百回以上使用され詩篇四二—四三篇でも使われている単語は二九語ある。[5] これらは旧約聖書で使用数が多いといえるが、詩篇での頻度は一般に低い。[6] すなわち、二九のうち二一語は詩篇で頻度の低い単語である。この低さが何を意味しているかという問いは別の機会に譲る。[7]

ただし、詩篇四二―四三篇で三回あるいは五回使用されている単語もある。また、詩篇で平均的に使用されている単語は四語である。そのなかで、旧約聖書で多く使われている単語の一つである יהוה（ヤハウェ、神の名）は詩篇及び「個人の嘆きの歌」における頻度は平均値を示している[8]が、詩篇四二―四三篇では一回しか使われていない。この数値は同様に神の名を表す אלהים（エロヒーム）が、旧約聖書では יהוה の七分の一程度しか使用されていないのに、詩篇四二―四三篇では六回も使われているのと比較して明らかに少ない。詩篇四二―四三篇での יהוה の頻度の少なさは、二〇回使用されているのと比べても極端に低い。詩篇四二―四三篇での אלהים の語根 אל から派生した単語が詩篇第二巻における低さと対応している[9]。詩篇で平均値以上に使用されているのは四語である。その中で、נפשי（私の魂）、עלי（私の上に）は、「個人の嘆きの歌」における頻度が高く、詩篇四二―四三篇でもそれぞれ七回と五回使用されている。

旧約聖書で三〇回から九九回使用され、詩篇四二―四三篇でも使われているのは一四語である[10]。そのうち、平均値より使用数の少ないのは六語、平均的なのは二語、多いのが六語である。平均値を境にしてほぼ等しく分布している。このなかで注目される単語は二つの副詞 איה（どこに）と מתי（いつ）である。これらは「個人の嘆きの歌」で重要な言葉となっている。ほとんどが詩篇で使用されている単語 למנצח（聖歌隊の指揮者に）は、詩篇ではすべて表題で使われている。חסדו（彼のいつくしみ）は詩篇での頻度は高いが、「個人の嘆きの歌」では極端に低くなっている。

旧約聖書で五回から二九回使用され詩篇四二―四三篇で使われているのは三七語ある[11]。その中で詩篇での頻度が低いのはわずかに三語で、平均的に使用されているものが九語、頻度の高いのは二五語である。頻度が高い二五語のうち「個人の嘆きの歌」で頻度の低いのは三語、平均的なものが四語、高いのが一八語ある。これら一八語は詩篇と「個人の嘆きの歌」のいずれにおいても頻度が高く、「個人の嘆きの歌」に特徴的な単語だといえる。その中で、同じ語根を持つ三つの疑問の副詞 מה（なぜ）、למה（なぜ）、ומה（なぜ）が、注目に値する。逆に、詩篇での頻度は高いが「個人の嘆きの歌」においては低い単語に רנה（喜びの叫び）と תודה（感謝の歌）がある。これらは詩篇四二―四三篇に喜びの表現を織り交ぜることによって、嘆きの深さを効果的に表現している。

旧約聖書で二回から四回使用され詩篇四二―四三篇で使われているのは二八語である。[12] 二八語のうち、「個人の嘆きの歌」で一回しか使用されていないのは一六語、二回使用されているのは七語、三回使用されているのは四語、四回使用されているのは一語である。なお、「個人の嘆きの歌」に一回しか使用されていない一六語のうち、一〇語は「個人の嘆きの歌」にだけ使われている。また、二回以上使用されている単語はすべて「個人の嘆きの歌」で使われている。したがって、二回以上使用されている一二語は「個人の嘆きの歌」特有の単語である。

旧約聖書で一回しか使用されていない詩篇四二―四三篇の単語は一八語ある。[13]

詩篇四二―四三篇で用いられている一二八語に関する考察は以上の通りである。これまでの検討から何を指摘できるのか。

まず、四二―四三篇では旧約聖書における頻度が高い単語より低い語の使用が多い。すなわち、旧約聖書で三〇回以上使用されているのが四四語であるのに対し、二九回以下しか使用されていないものは八四語あり、ほぼ倍になっている。

また旧約聖書での使用数に対して詩篇及び「個人の嘆きの歌」における割合は、ほぼ反比例している。つまり、旧約聖書での使用数に対して詩篇における使用数が多い単語は、旧約聖書で一〇〇回以上使用されている二九語のうち五語、三〇回以上使用されている一四語のうち五語、五回以上使用されている三五語のうち二七語、それと四回以下しか使用されていない四六語で、合計八三語である。これら八三の単語が詩篇の特徴を示している。

さらに詩篇における頻度が高い八三語で、旧約聖書で一〇〇回以上使用されている単語のうち二語、三〇回以上使用されている単語のうち二語、五回以上使用されている単語のうち二〇語、二回以上使用されている単語のうち一二語、及び一回しか使用されていない単語の一九語、合計五五語は「個人の嘆きの歌」における頻度が高く、その特徴を示している。

注（第二節［二］）

（1）「個人の嘆きの歌」の分類は H. Gunkel に従う。

（2）詩篇四二篇が一二節、四三篇が五節である。単語数が四語ある節（詩篇四二篇一節）、一〇語の節（詩篇四二篇二節、三節、九節、一〇節、一一節）、一一語の節（詩篇四二篇八節、詩篇四三篇一・二・三節）、一二語の節（詩篇四二篇四節、六節、七節、詩篇四三篇四節）、一四語の節（詩篇四二篇一二節、四三篇五節）、一七語の節（詩篇四二篇五節）がある。

（3）詩篇四二―四三篇で二回以上使用されている単語とその使用箇所である。使用箇所の表示で節の次にくる数字は節において単語が置かれている順序を表す。なお、四三篇三節一〇はוが付いているが、コンコルダンスはוが付いていない単語と同じ項目に入れているので、それに従った。

単語	回数	使用箇所
תערג（かわく）	2	四二篇二節二・八
על（上に）	2	四二篇二節三、七節五
כן（のように）	2	四二篇二節六、七節六
יומם（昼）	2	四二篇四節五、九節一
אלי（私に）	2	四二篇四節八、
היום（一日）	2	四二篇四節一〇、一一節八
איה（どこに）	2	四二篇四節一一、一一節九
אלהיך（あなたの神）	2	四二篇四節一二、一一節一〇
אלהי（私の神）	2	四二篇七節一、四三篇四節二
תהום（原始の海）	2	四二篇八節一・三
בלחץ（しえたげ）	2	四二篇一〇節九、四三篇二節一〇
אויב（敵）	2	四二篇一〇節一〇、四三篇二節一一
ומה（なぜ）	2	四二篇一二節四、四三篇五節四

単語	回数	使用箇所
תהמי（うめく）	2	四二篇一二節五、四三篇五節五
פני（私の顔）	2	四二篇一二節一三、四三篇五節一三
ואלהי（私の神）	2	四二篇一二節一四、四三篇五節一四
קדר（悲しみ）	2	四二篇一〇節七、四三篇二節八
לאל（神に）	3	四二篇三節四、九節九、一〇節二
כל（すべての）	3	四二篇四節九、八節七、一一節七
מה（なぜ）	3	四二篇六節一、一二節一、四三篇五節一
תשתוחחי（打ち沈む）	3	四二篇六節二、一二節二、四三篇五節二
הוחילי（待ち望め）	3	四二篇六節六、一二節七、四三篇五節七
עוד（なお）	3	四二篇六節九、一二節一〇、四三篇五節一〇
אודנו（ほめたたえる）	3	四二篇六節一〇、一二節一一、四三篇五節一一
ישועות（助け）	3	四二篇六節一一、一二節一二、四三篇五節一二
לאלהים（神を）	4	四二篇三節三、六節七、一二節八、四三篇五節八
למה（なぜ）	4	四二篇一〇節四・六、四三篇二節五・七
כי（なぜなら……したことを）	5	四二篇五節六、六節八、一一節九、四三篇二節一、五節九

אל（……に）	5	四二篇八節二、四三篇三節七・一〇、四節二・五
אלהים（神）	6	四二篇二節一〇、三節一〇、五節一二、四三篇一節二、四節四・一一
עלי（私の上に）	6	四二篇五節四、六節五、七節二、八節一〇、一二節六、四三篇五節六
נפשי（私の魂）	7	四二篇二節七、三節二、五節五、六節三、七節三、一二節三、四三篇五節三

（4）詩篇四二—四三篇で派生した単語が二回以上使用されている語根、及びその使用箇所は次の通りである。

語根	回数	使用箇所
צמא（かわく）	2	四二篇二節二・八
הלך（行く）	2	四二篇五節七、八節一一
תהום（原始の大海）	2	四二篇八節一・三
כ（として）	2	四二篇二節六、七節六
לילה（夜）	2	四二篇四節六、九節五
לחץ（しえたげ）	2	四二篇一〇節九、四三篇二節一〇
איה（どこに）	2	四二篇四節一一、一一節九
איב（敵）	2	四二篇一〇節一〇、四三篇二節一一

語根	回数	使用箇所
חסד（いつくしみ）	2	四二篇九節四、四三篇一節七
חיי（いのち）	2	四二篇三節五、九節一〇
הר（山）	2	四二篇七節一一、四三篇三節八
קדר（悲しみ）	2	四二篇一〇節七、四三篇二節八
ריב（訴え）	2	四三篇一節三・四
אמר（言う）	3	四二篇四節七、一〇節一、一一節五
בוא（入る）	3	四二篇三節七、四三篇三節六、四節一
המה（うめく）	3	四二篇六節四、一二節五、四三篇五節五
עוד（なお）	3	四二篇六節九、一二節一〇、四三篇五節一〇
כל（すべて）	3	四二篇四節九、八節七、一一節七
יחל（待ち望む）	3	四二篇六節六、一二節七、四三篇五節七
ישע（助け）	3	四二篇六節一一、一二節一二、四三篇五節一二
יום（日・昼）	4	四二篇四節五・一〇、九節一、一一節八
פנה（顔）	4	四二篇三節九、六節一二、一二節一三、四三篇五節一三
שחח（打ち沈む）	4	四二篇六節二、七節四、一二節二、四三篇五節二
ידה（感謝する）	5	四二篇五節一五、六節一〇、一二節一一、四三篇四節九、五節四

単語	回数	箇所
כי（なぜなら）	5	四二篇五節六、六節八、一二節九、四三篇二節一、五節九
נפש（魂）	7	四二篇二節七、三節三、五節五、六節三、七節三、一二節三、四三篇五節三
על（上に）	8	四二篇二節三、五節四、六節五、七節二・五、八節一〇、一二節六、四三篇五節六
למה（なぜ）	9	四二篇六節一、一〇節四・六、一二節一・四、四三篇二節五・七、五節一・四
אל（に）	10	四二篇二節九、四節八、五節一、七節一、八節二、一二節六、四三篇二節五、五節一・四、一二節七
אל（神）	20	四二篇二節一〇、三節三・四・一〇、四節一二、五節一二、六節七、九節九、一〇節二、一一節一〇、一二節八・一四、四三篇一節二、二節三、四節四・六・一一・一二、五節八・一四

（5）旧約聖書で百回以上使用され詩篇四二—四三篇でも使われている単語の、旧約聖書・詩篇・「個人の嘆きの歌」及び詩篇四二—四三篇における使用回数は次の通りである。なお前置詞 ל を加えると三〇語になる。

単語	旧約聖書	詩篇	個人の嘆きの歌	詩篇四二—四三篇
על（上に）	2514	195	27	2
מים（水）	338	27	6	1

単語	旧約聖書	詩篇	個人の嘆きの歌	詩篇四二—四三篇
כן（のように）	313	16	4	2
חי（生きた）	116	6	2	1
פני（顔）	257	6	1	1
היתה（なる）	114	5	1	1
לחם（食物）	181	13	1	1
אלי（私に）	408	14	9	2
היום（日）	416	30	15	1
כל（すべて）	2496	30	15	1
אלהיך（あなたの神）	289	6	2	2
אלה（これら）	293	6	1	1
כי（なぜなら）	3858	407	137	5
עלי（の中に）	893	58	13	1
בית（家）	535	12	1	1
עוד（なお）	374	15	5	3

מארץ（地から）	157	7	3	1
אין（ない）	2830	189	34	1
אלהי（私の神）	370	27	10	1
המה（彼ら）	204	20	8	1
אל（に）	3035	68	24	5
לבני-（子に）	190	26	3	1
אליך（あなたに）	209	32	22	1
יהוה（ヤハウェ）	4251	612	121	1
אתה（あなた）	491	82	29	1
נפשי（私の魂）	170	91	56	7
אלהים（神）	638	192	45	6
אל（神）	136	46	5	1
עלי（私の上に）	158	55	40	6

（6）詩篇は一五〇篇あり、旧約聖書は一九二九章である。一篇が一章に相当すると考えると、旧約聖書の頻度に対する詩篇でのそれが六分の一程度であれば平均的だと考えられる。

（7）旧約聖書と詩篇における用語の差異が考えられる。
（8）「個人の嘆きの歌」での頻度が、詩篇全体におけるそれの四分の一程度であれば平均的といえる。
（9）יהוה は詩篇における使用回数が六一二回であるのに対し、第二巻（詩篇四二篇―七二篇）では一七回使われているのみである。
（10）旧約聖書で三〇回から九九回使用され、詩篇四二―四三篇でも使われている単語の旧約聖書・詩篇・個人の嘆きの歌、及び詩篇四二―四三篇における使用回数は次の通りである。

単語	旧約聖書	詩篇	個人の嘆きの歌	詩篇四二―四三篇
בקול（声と共に）	75	8	3	1
פניו（彼の顔）	90	7	2	1
עמי（私と共に）	42	2	3	1
פני（私の顔）	72	5	4	2
הר（山）	94	8	1	1
מזבח（祭壇）	67	1	1	1
יומם（昼には）	48	10	5	2
איה（どこに）	31	5	2	2
למנצח（聖歌隊の指揮者に）	56	55	20	1

לאלהים（神に）	78	18	5	4
אלהי（私の神）	96	34	20	2
מתי（いつ）	39	12	2	1
חסדו（彼のいつくしみ）	59	46	3	1
אויב（敵）	39	16	9	2

(11)　旧約聖書で五回から二九回使用され、詩篇四二—四三篇でも使われている単語の旧約聖書・詩篇・「個人の嘆きの歌」及び詩篇四二—四三篇での使用回数は次の通りである。

単語	旧約聖書	詩篇	個人の嘆きの歌	詩篇四二—四三篇
המון（群衆）	11	1	1	1
ירדן（ヨルダン）	9	1	1	1
קורא（叫ぶ）	17	1	1	1
אפיקי（流れ）	9	2	1	1
ולילה（夜も）	20	4	2	1
תהום（原始の大海）	20	3	2	2
לקול（音に）	24	4	3	1

単語	旧約聖書	詩篇	個人の嘆きの歌	詩篇四二―四三篇
בלילה（夜には）	5	1	1	1
מאיש（人）	17	4	3	1
מרמה（いつわり）	26	6	3	1
שלח（送る）	14	3	1	1
שמחת（喜び）	5	1	1	1
קרח（コラ）	29	11	2	1
רנה（喜びの叫び）	14	5	1	1
תודה（感謝の歌）	16	5	1	1
משכיל（マスキール）	26	17	5	1
מגוי（民）	7	3	1	1
חסיד（真実）	9	6	2	1
בכנור（琴）	7	7	2	1
לאל（神に）	10	6	3	3
אבוא（入る）	23	8	4	1
אבואה（入る）	7	2	2	1

(12) 旧約聖書で二回から四回使用され詩篇四二—四三篇で使われている単語の旧約聖書・詩篇・個

מה־（なぜ）	9	4	3	3
ישועות（助け）	12	9	4	3
עברו（越えていく）	28	6	3	1
יצוה（命じる）	5	2	1	1
תפלה（祈り）	17	8	6	1
חיי（いのち）	17	8	5	1
סלעי（岩）	5	4	3	1
למה（なぜ）	19	6	4	4
קדר（悲しみ）	5	4	4	2
אלך（歩く）	25	7	4	1
צוררי（私のあだ）	6	6	5	1
ומה（なぜ）	19	4	3	2
ואלהי（私の神）	6	5	3	2
ריבי（私の訴え）	7	2	1	1
קדשך（あなたの聖なる）	20	8	4	1

人の嘆きの歌及び詩篇四二—四三篇における使用回数は次の通りである。

単語	旧約聖書	詩篇	個人の嘆きの歌	詩篇四二—四三篇
באמר（言う）	3	1	1	1
מהר（山から）	2	1	1	1
מצער（取るに足らぬ）	3	1	1	1
גליך（大波）	2	1	1	1
ברצח（打ち傷）	2	1	1	1
בעצמותי（私の骨を）	3	1	1	1
באמרם（言う）	3	1	1	1
עולה（不義）	2	1	1	1
אורך（光）	3	1	1	1
ואבואה（行く）	4	1	1	1
תפלטני（救い出す）	2	2	1	1
משכנותיך（あなたの住まいに）	3	2	1	1
ואודך（あなたをほめたたえる）	2	2	1	1
אזכרה（思いおこす）	3	3	1	1

אהלך（歩く）	3	3	1	1
ואמתך（神の真実）	3	3	1	1
תערג（かわく）	4	2	2	2
צמאה（したいあえぐ）	2	2	2	2
משבריך（あなたの砕ける波）	3	2	2	2
בלחץ（しえたげに）	3	2	2	2
חרפוני（私をあざける）	3	2	2	1
מעוזי（私の寄り頼む）	3	2	2	1
תהמי（うめく）	3	2	2	2
דמעתי（涙）	4	3	3	1
תשתוחחי（打ち沈む）	3	3	3	3
הוחילי（待ち望む）	3	3	3	3
אודנו（彼をほめたたえる）	3	3	3	3
שפטני（私を裁く）	4	4	4	1

（13）　旧約聖書で一回しか使用されていない詩篇四二—四三篇の単語は次の通りである。
כאיל（鹿が……のように）、ואראה（見る）、ואשפכה（注ぎ出す）、בסך（群衆）、אדדם（導く）、

חוגג（行列）、ותהמי（うなだれる）、תשתוחח（打ち沈む）、וחרמונים（ヘルモン）、צנוריך（激流）、שירה（歌）、אומרה（言う）、שכחתני（私を忘れる）、וריבה（取り上げる）、זנחתני（私を捨てる）、ינחוני（私を導く）、יביאוני（導く）、גילי（喜ぶ）

（三）文の分析

単語に続いて文の分析を行う。詩篇第四二―四三篇を構成する一七の節は単文からなっている節が一、二つの文からなっている節が五、三つの文からなっている節が六、四つの文からなっている節が二、五つの文からなっている節が三である。(1) したがって、合計五二の文によって詩篇四二―四三篇は構成されている。

これら五二の文をどのように分析できるのか。表現方法と内容などの特色から七グループに分け、検討する。すなわち、「疑問文」のグループは問いによって内容に鋭さを加えている。(2)「比喩や神話的表現を用いた文」のグループは視覚的に豊かな色どりを加えている。(3)「固有名詞や地名を含む文(4)」、「行為を表現している文(5)」、「自己を描写している文(6)」はそれぞれのグループ内に対照的な内容を持つ文が緊張関係を生じさせており、そこに詩篇の深層を開示している。その他に、「呼びかけ(7)」と「発言を指示している文(8)」のグループがある。

「疑問文」のグループは「いつ」「どこに」「なぜ(9)」という問いによって三区分される。そのうち「いつ」と「どこに」の疑問文はそれぞれ一回と二回しか使われていないが、「なぜ」の疑問文は一〇回を数える。さらに「疑問文」のグループは送り手と受け手によって三区分できる。送り手も受け手も「私」の文が七つあり、一回使われているだけの文は一つで、他の六つは二つの文が三回ずつ繰り返されている。[10] 送り手は「敵」で受け手が「私」の文は二つあるが、一つの文の繰り返しである。[11] 送り手は「私」で受け手が「神」の文は四つあるが、一つの文が二度繰り返されたものとよく似た二つの文である。[12] したがって、「疑問文」のグループは繰り返しの多さが特徴である。[13][14][15]

「比喩を用いた文」のグループには二つの文がある。[16] 表現したい内容をイメージを用いて伝達するのが比喩であるが、詩篇四二―四三篇では「鹿」と「食物」のイメージを使っている。旧約聖書で鹿のイメージは健康や美しいことであるが、[17] 詩篇四二篇では「水の流れをあえぎ求める鹿」という逆のイメージで描き出している。この意外性によって鹿の比喩は強烈な印象を与える。「食物」のイメージは神の祝福のしるしである。[18] しかし、詩篇四二篇の場合「私の涙が、昼も夜も私の食物であった」となっている。つまり神に祝されたしるしとしての食物ではなく、私の涙しか受け取る食物はない状況である。「食物の比喩」も意外性によって強く印象づけずにはおかなかったであろう。

「神話的表現を用いた文」のグループには二つの文があるが、[19] 原始の大海という神話的世界像によって現在の状況を表している。「裁判の様式を用いて表現された文」もこのグループに入れる。この種類の文は三つあるが、[20] 送り手はいずれも被告人の「私」であり、受け手は裁判官の「神」である。被告人の私は自らの正しさと敵対する者たちの悪を確信するがゆえに裁判によって事態を明らかにし、救出されるのを願っている。

「固有名詞を含む文」は表題だけである。[21]「地名を含む文」のグループには二つの文があって、対照的な内容になっている。[22]すなわち、前者の気分は暗く重いのに対し、後者は明るく軽い。前者は力弱く過去を思い出しているのに対し、後者は希望に満ちて未来を夢見ている。前者の地名は「ヨルダンの地、ヘルモン、取るに足らぬ山」であり、後者は「聖なる山、あなたのすまい」である。

「行為を表現する文」のグループには過去の行為を表現している文、[23]現在の行為を表現している文、[24]未来を表現している文、[25]それと呼びかけや願いを内容とした行為を表現している文[26]の四種類に分けられる。過去の行為を表現した文は二つあって、共に喜び勇んで神の家に行った祭りを述べている。未来の行為を表現した文も二つあって、やはり喜んで神の家に行く行為を語っている。すなわち、過去の行為の再現として未来の行為は描かれていて、内容は一致している。そして、同じ内容を持つ過去と未来の行為を結ぶ要素として、現在の行為及び呼びかけや願いを表現する文が置かれている。現在の行為を表現した文は、送り手と受け手によって三種類に分けることができる。つまり、送り手と受け手が共に「私」である文、その内容は思い出にふけることである。[27]思い出にふける私に向って、送り手が「神」で受け手が「私」である文[28]と、送り手が「あだ」で受け手が「私」である文[29]とが鋭い対立をなしている。すなわち前者では神はいつくしみを命じ、後者ではあだが骨も砕けるばかりに私をあざけっている。両者の間には呼びかけや願いを内容とした行為の文が置かれている。この文も送り手と受け手から、二種類に分けることができる。送り手と受け手が共に「私」である文[30]と送り手が「私」で受け手が「神」である文[31]である。

両者の内容も対照的である。前者があだのあざけりの近くにあるのに対して、後者は神のいつくしみの近くにある。前者がうなだれている「私」にやっとの思いで語りかけるのに対して、後者は強く神への要請をしている。

「自己を描写している文」のグループは、主語によって二種類に分けられる。主語が「私の魂」であるもの[32]と「彼の歌、生命の神への祈り」のものである。[33]両者の内容もまた対照的である。前者が落胆した自己を描き出すのに対し、後者は安らぎに満ちた祈りを描いている。

「呼びかけ」のグループも送り手と受け手によって二種類に分けられる。送り手と受け手が共に「私」である文と、送り手が「私」で受け手が「神」の文である。前者はいずれも「私の魂よ」となっている。[34]ここでは困窮の中でなお自己を見失わず、自己に語りかけている主体を見ることができる。後者は基本的には「神よ」であるが、様々な言葉が付随している。[35]「神よ」がない場合もある。[36]

「発言を指示する文」のグループも、送り手と受け手によって二種類に区分できる。送り手が「敵」で受け手が「私」の文と、[37]送り手が「私」で受け手が「神」の文である。[38]いずれも疑問文を指示している。

注（第二節〔三〕）

（1）単文からなる節は詩篇四二篇一節である。二文からなる節は、詩篇四二篇二節、三節、七節、八節、九節である。三文からなる節は、詩篇四二篇四節、七節、一〇節、一一節、四三篇二節、三節、四節である。四文からなる節は、四二篇五節、四三篇一節である。五文からなる節は詩篇四二篇六節、一二節、四三篇五節である。

（2）「疑問文」のグループに入る一三の文は次の通りである。
詩篇四二篇三節b、四節b、六節a・c、一〇節b・c、一一節c、一二節a・c、四三篇二節b・c、五節a・c

（3）「比喩や神話的表現を用いた文」のグループに入る七つの文は次の通りである。
詩篇四二篇二節a、四節a、八節a・b、四三篇一節a・c・d

（4）「固有名詞や地名を含む文」のグループに入る三つの文は次の通りである。
詩篇四二篇一節、七節b、四三篇三節c

（5）「行為を表現している文」のグループに入る一六の文は次の通りである。
詩篇四二篇五節a・b・c・d、六節d・e、九節a、一一節a、一二節d・e、四三篇三節a・b、四節a・c、五節d・e

（6）「自己を描写している文」のグループに入る三つの文は次の通りである。
詩篇四二篇三節a、七節b、九節b

（7）「呼びかけ」のグループに入る七つの文は次の通りである。
詩篇四二篇二節b、六節b、一二節b、四三篇一節b、二節a、四節b、五節b

（8）「発言を指示している文」のグループに入る三つの文は次の通りである。
詩篇四二篇四節c、一〇節a、一一節b

（9）「いつ」（詩篇四二篇三節b）、「どこに」（詩篇四二篇四節b、一一節c）、「なぜ」（詩篇四二篇六節a・c、一〇節b・c、一二節a・c、四三篇二節b・c、五節a・c）の疑問文である。

（10）詩篇四二篇三節b、六節a・c、一二節a・c、四三篇五節a・c

（11）詩篇四二篇三節ｂ「いつ、私は行って神の御顔を見ることができるだろうか」
（12）詩篇四二篇六節ａ、一二節ａ、四三篇五節ａ「なぜ、打ち沈んでいるのか」
詩篇四二篇六節ｃ、一二節ｃ、四三篇五節ｃ「なにゆえ、うめくのか」
（13）詩篇四二篇四節ｂ、一一節ｃ「おまえの神はどこにいるのか」
（14）詩篇四二篇一〇節ｃ、四三篇二節ｃ「なぜ、私は敵のしえたげによって悲しみ歩くのですか」
（15）詩篇四二篇一〇節ｂ「なぜ、私を忘れられたのですか」
詩篇四三篇二節ｂ「なぜ、私を捨てられたのですか」
（16）詩篇四二篇二節ａ、四節ａ
（17）איל（鹿）は旧約聖書に七回使用されている。複数形は二回、女性形が四回でその複数形は七回である。内容は食物規定（申命記一四章五節、一二章一五節、二二節）、健康のシンボル（イザヤ書三五章六節、Ⅱサムエル記二二章三四節、ハバクク書三章一九節、詩篇一八篇三四節）、美しさの表現（箴言五章一九節）、弱さの表現（哀歌一章六節）などである。
（18）טרף（食物）は旧約聖書に一八一回、詩篇に一三回使われている。詩篇の一三回中、七回は神の祝福のしるしを表し、三回は逆の表現となっている。
（19）詩篇四二篇八節ａ・ｂ
（20）詩篇四三篇一節ａ・ｃ・ｄ
（21）詩篇四二篇一節
（22）詩篇四二篇七節ｂ、四三篇三節ｃ
（23）詩篇四二篇五節ｃ・ｄ
（24）詩篇四二篇五節ａ・ｂ、九節ａ、一一節ａ
（25）詩篇四三篇四節ａ・ｃ

(26) 詩篇四二篇六節d・e、一二節d・e、四三篇三節a・b、五節d・e
(27) 詩篇四二篇五節a「あの思い出をよみがえらせ」
(28) 詩篇四二篇九節a「昼にはヤハウェがいつくしみを命じられ」
(29) 詩篇四二篇一一節a「骨までも砕けるばかりにあだは私をあざけり」
(30) 詩篇四二篇六節d、一二節d、四三篇五節d「神を待ち望め」
(31) 詩篇四二篇六節e、一二節e、四三篇五節e「私の助け、私の神をなおほめたたえることもあるだろうから」
(32) 詩篇四三篇三節a「あなたの光とまことを送り」
(33) 詩篇四三篇三節b「私を導いて下さい」
(34) 詩篇四二篇三節a「私の魂は、神に生ける神にかわいている」
(35) 詩篇四二篇七節a「一人、私の魂は打ち沈んでいる」
(36) 詩篇四二篇九節b「夜には、彼の歌、生命の神への祈りが私と共にある」
(37) 詩篇四二篇六節b、一二節b、四三篇五節b
(38) 詩篇四二篇二節b「神よ、私の魂もあなたをあえぎ求める」。詩篇四三篇一節b「神よ」。詩篇四三篇四節b「神よ、私の神よ」
(36) 詩篇四三篇二節a、内容及びコンテキストから神への呼びかけだと考えることができる。
(37) 詩篇四二篇四節c、一一節b
(38) 詩篇四二篇一〇節a

（四）構成区分の分析

従来、詩篇四二―四三篇の構成に関する研究者の見解はほぼ一致していた。それによればテキストは三回の繰り返し句によって三区分される。ところが、三区分された内容については、見解が分かれる。[1] さらに、W・E・バーンズは内容に即して六区分している。[2] ただし、いずれの場合でも繰り返し句は構成区分上見逃すことができない。

韻律の基本は三×二のリズムである。このリズムが一貫しているわけではない。そこで、グンケルは三×二のリズムに整えようとする。それに対して、H・シュミットはテキストに忠実である。したがって、両者には韻律に関して五か所の食い違いが生じている。[3] この違いについては韻律の性格に立ち戻って検討する必要がある。つまり、韻律は詩の音声上の形式であって、音声の長短や子音・母音等の配列の仕方で表わされる。それゆえに、韻律は単純に単語数で規定されるのではなく、無理に整えなければならないものでもない。これらの事情を考慮して、繰り返し句・一連と三連の初めの句・一連と二連の繰り返し句の前の句・四二篇九節に、三×二以外のリズムがあると考える。この中で鋭く対立する見解が四二篇九節に見られる。従来は韻律を整え、コンテキストを整えるために若干の単語を削除する立場が有力であった。[4] それに対し、四二篇九節を「祈り」あるいは「叫び」とする立場が起こってきた。[5] さらにその内容を過去形と見る立場も出てきた。[6] それでも、現在のテキストを支持する理由を、H・H・ローリイは次の通り述べている。[7]「四二篇九節のように詩篇の中心に位置する節が韻律にしたがわない挿入をされることは、ヘブル詩にとって不自然なことではない」。しかも、この句は繰り返し句と共に独特の働きをしている。[8] つまり、繰り返し句が未来の希望を語っているのに対し、四二篇九節は困窮のただ中における希望を語っている。本稿はローリイに従い現在のテキストを支持する。[9]

表1　一連と三連のパラレリズム

一連		三連	
A	四二篇二―三節	A′	四三篇一節
B	四二篇四節	B′	四三篇二節
C	四二篇五節	C′	四三篇三―四節
D	四二篇六節	D″	四三篇五節

さて、繰り返し句によって区分すると、「表1」のように一連（四二篇二―六節）と三連（四三篇一―五節）にパラレリズムが認められる。A・A′はおもに「比喩を用いた文」とその分類に所属する「裁判の様式を用いた文」及び「呼びかけ」を使用していて、その他に「疑問文」「自己を描写している文」がある。内容はいずれも切実な神への呼びかけと願いを巧みな比喩によって表わしている。しかし、Aが願いにならないまでに悲観的であるのに対し、A′は自己の正しさを確信するために積極的に願いを申したてている。B・B′は「疑問文」が中心で「比喩を用

いた文」「発言を指示する文」「呼びかけ」がある。ここでは「おまえの神はどこにいるのか[10]」や「なぜ私を捨てられたのですか。なぜ私は敵のしえたげによって悲しみ歩くのですか[11]」などの「疑問文」にみられるように、敵のしえたげの中における嘆きがその内容である。C・C′は「行為を表現する文」が中心で「地名を含む文」と「呼びかけ」がある。ここでは、かつての歓喜に満ちた祭りの行列が思い起こされ、あるいはそれを希望として語っている。D・D″は繰り返し句で「疑問文」「呼びかけ」「行為を表現する文」からなり、現実の中で弱り果てそうな自己に語りかけている。

表2　一連・三連と二連の内容的相関

一連・三連	二連
A・A′・C・C′	E（四二篇七―八節）
	F（四二篇九節）
B・B′	G（四二篇一〇―一一節）
D・D″	D′（四二篇一二節）

一連・三連と二連（四二篇七節―一二節）にパラレリズムはないが、「表2」にあるように内容

的な相関は認められる。Eは「自己を描写している文」「地名を含む文」「神話的表現を用いた文」からなり、神の前に立つことのできない苦境を最も悲痛に語っている。「ヤハウェを思いおこす[12]」ことが、詩人にとって神殿への祭りの行列と不可分であったことから、EはC・C'と対応している。また、「打ち沈んで思い起こす[13]」姿に、神に渇きあえぎ求めるAの描写との対応を見ることができる。したがって、EはA・A'及びC・C'と対応している。Gは主に「疑問文」からなっているが、その他に「発言を指示する文」「行為を表現する文」も使用している。ここは敵によるしえたげが集中的に述べられている箇所である。GとB・B'の対応は、同じ「疑問文」が使われている事実から明らかであり、いずれも敵にあざけられている状況を描写している。そこで、二連は一連及び三連との対応関係を保ちながらも、Eで神殿へ行けない自己、Gで敵に嘲笑われている自己と、詩人の嘆きを集中して描いているのが分かる。EとGの間にはFが挿入されている。Fは「行為を表現する文」と「自己を描写している文」からなり、「ヤハウェのいつくしみ[14]」とヤハウェへの「祈り[15]」が記されている。多くの研究者がこの箇所に訂正を加えるのはすでに見た通りであり、その理由はコンテキストが不自然なためであった。けれども、「いつくしみ[16]」が契約と密接に関係した概念である事実に注目しなければならない[17]。すると、四二篇九節の意図は嘆きの苦境のただ中にあってもなおヤハウェとの契約が存続し、それを表現するためであったと理解できる。したがって、コンテキストの乱れよりも現在のテキストに秘められた神学的意味を重んじなければならない。なお、D'とDおよびD''は、繰り返し句として対応している。

これまでの考察により詩篇四二—四三篇について、「表三」にある通り三重の構造を指摘できる。まず、繰り返し句による三連の構造であり、次いで一連と三連のパラレリズムがあり、さらに四二篇九節を中心に置く構造である。ただし、四二篇九節を焦点とするキアスムスは不完全である。[18]

表3　詩篇四二—四三篇の構造

篇	節	区分(一)	区分(二)	リズム	対応関係
四二	二	第一連	A	二×二 二×二	第三連とパラレリズム
	三			三×二 三×二	
	四		B	三×二 三×二	
	五		C	三×二 二×二×二	
	六		D	三×二 四×三	
	七	第二連	E	三×二 三×二	A・A′・C・C′と対応
	八			三×二	

詩篇	節	連	記号	音節	備考
				三×二	
	九		F	二×二	詩篇四二—四三篇の中心
				三×三	
	一〇		G	三×二	B・B′と対応する
				三×二	
	一一			三×二	
				三×二	
	一二		D′	三×三	繰り返し句
				三×四	D・D″と対応する
四三	一	第三連	A′	二×二×二	第一連とパラレリズム
				二×二	
	二		B′	三×二	
				三×二	
	三		C′	三×二	
				三×二	
	四			三×二	
				三×二	
	五		D″	三×三	
				三×四	

注（第二節［四］）

（1）たとえば、E・J・キッセーネは次のように表題を考える。
①幸せな日々　②現在の悲惨　③彼の祈り
A・ワイザーは以下の通りである。
①神への切望と想起　②神からの離反と敵のあざけり　③哀願と希望

（2）W・E・バーンズによる区分は次の通りである。
①四二篇二―四節　神からの隔離　②五―六節　以前の経験　③七―八節　捕囚中の詩人
④九―一二節　詩人は希望へと続く　⑤四三篇一―二節　私の避けどころであるあなた
⑥三―五節　あなたの丘へ導いて下さい

（3）両者の違いは以下の五か所に見いだされる。
詩篇四二篇五節b、九節a、一二節a、四三篇四節a、五節a。

（4）次の研究者がこの立場を取る。
Briggs, Olshausen, Wellhausen, Beer, Cobb, Rothstein, Steerk, Humbert

（5）Kittel, Cales, H. Schmidt

（6）Butterwiesen

（7）H. H. Rowley, The Structure of Psalm 42-43: *Biblica* 21. pp.45-55

（8）J. Ley がこの指摘をしている。

（9）韻律については J. Ley の指摘が説得力を持つ。コンテキストについては第二章第四節「構成区分の分析」で考察している。

（10）詩篇四二篇四節。

（11）詩篇四三篇二節。

(12) 詩篇四二篇七節。
(13) 詩篇四二篇七節。
(14) 詩篇四二篇九節。
(15) 詩篇四二篇九節。
(16) 「いつくしみ」は חסדו であり、語根は חסד である。
(17) N. H. Snaith, "Hymns of the Temple," p.40.
(18) 四二篇九節を焦点とするキアスムスとして次の通り考えられる。
I 四二篇二―五節 II 四二篇六節 III 四二篇七―八節 IV 四二篇九節
III' 四二篇一〇―一一節 II' 四二篇一二節 I' 四三篇一―五節
ただし、I'に入っている繰り返し句がIにはないため不完全である。

第三節 詩篇第四二―四三篇伝承史の考察

(一) 生活の座

「詩篇四二―四三篇は一つの詩篇である」という前提に立って、その構造を分析した。前提について見解は一致していた。理由は韻律が共通であること、三回の繰り返し句が同一であること、四二篇一〇節と四三篇二節が類似していること、四三篇に表題がないこと、内容に連続性が認められることなどである。そこで、現在のように二つの詩篇に分けられたのは、後代の典礼上の目的のためであったと考えられる。それでは、詩篇の「生活の座」はどこにあり、「いつ」「どこで」「誰が」作ったのか。この問題に関しては多くの議論が重ねられてきた[1]。

しかし、従来の論点は十分に鋭いものではない。そこで、いかなる意味で詩篇四二—四三篇が一つなのかをまず問わなければならない。なぜなら、L・デレカートが「生きられた生活のなかでは、直接詩的な嘆きは発せられない」と言ったように[2]、直接体験が詩的表現へ結晶されていくためには時の経過と表現努力が必要だからである。特に、詩篇四二—四三篇のように三連構造・パラレリズム・四二篇九節など、様々な技法が施されている詩篇の場合、成立に至る過程が十分に考慮されねばならない。

ところで、W・O・E・エスタレーは、「あなたの住まわれる所」が複数形であることと「栄光のテント」が非常に古い表現で「聖なる丘」と対立する事実から、詩篇四二—四三篇は紀元前七二一年のサマリア陥落後パレスチナに住んでいた人によって書かれ、後に修正されたとしている[3]。H・J・クラウスは、詩篇四二—四三篇はヨルダン川源流での祈りであると考え、「小屋」として描くことによってイスラエルの古代を理想化し、幕屋の聖所を思い出していると結論している[4]。けれども、なぜ「小屋」でなければならないのかが不明瞭である。詩人がエルサレム神殿を想起しているのであれば擬古的表現をする必要はない。現に四三篇三—四節では明らかに「シオン」を指した表現がある。E・J・キッサーンは詩人がパレスチナからバビロンへ捕囚された人だと考えることで、側面からW・O・E・エスタレー説を補完している[5]。他方、バウマンは四二篇二—五節と七節、四三篇一節と四二篇一〇—一一節、四三篇三—四節とが、まったく別の資

料であると指摘している。(6)

そこで、バウマンの分析を手掛かりとして詩篇四二―四三篇の成立過程をたどってみたい。バウマンによると、詩篇四二―四三篇は二つの詩とそのいずれにも属さない詩Ⅲを元来の資料群として想定できる。「詩Ⅰ」・「詩Ⅱ」・「詩Ⅲ（その他）」を再構成すると、次の通りである。

まず、詩Ⅰである。詩Ⅰはすべて詩篇四二篇から構成されているので節だけ明記する。

詩Ⅰ

二 鹿が水の流れをあえぎ求めるように
神よ、あなたを私の魂もあえぎ求める。
三 私の魂は、
神に　生ける神に　かわいている。
いつ、私は行って
神の御顔を見ることができるだろうか。(7)
四 私の涙が、昼も夜も私の食物だった。
「おまえの神はどこにいるのか」と
彼らが一日中、
私に向かって言いつづける間は。
五 あの思い出をよみがえらせ

一人、私の魂を注ぎだそう。
ああ、私は栄光の幕屋[8]、神の家へと行ったのだった。
祭りに集う多くの人々と共に
喜びの声をあげ、
感謝の歌を歌いながら。
七 一人、私の魂は打ち沈んでいる。
それで、あなたを思いおこすのです。
ヨルダンの地を、ヘルモンを、ミザルの山[9]を。

詩IIは四二篇の一〇——一一節と四三篇の一節・三——四節から構成されている。

詩II

一 私を審いてください、
神よ。
あなたを敬わない民に
私の訴えを取り上げてください。
あざむきとよこしまの唇から
私を救ってください。

一〇 私は、私の岩である神に言う。
「なぜ、私を忘れられたのですか。
なぜ、私は敵のしえたげによって
悲しみ歩くのですか。」
一一 骨までも砕けるばかりに
あだは私をあざけり、
一日中　私に言う。
「おまえの神は、どこにいるのか。」
三 あなたの光とあなたのまこととを送り、
私を導いてください。
あなたの聖なる山に　あなたの住まいに
私をいたらせて下さい。
四 そうすれば、
私は神の祭壇に
私の大きな喜びである
神のもとへまいります。
そして、神よ、私の神よ、
私は琴をもってあなたをほめたたえます。

詩Ⅲ（その他）は、繰り返し句（四二篇六・一二節、四三篇五節）と四二篇八―九節、四三篇二節で構成される。

詩Ⅲ

繰り返し句（四二篇六・一二節、四三篇五節）

なぜ、打ち沈んでいるのか、
私の魂よ。
なにゆえ、おまえはうめくのか。
神を待ち望め、
私の助け、私の神を
なお　ほめたたえることもあるだろうから。

八 あなたの激流の響きによって
淵々　呼びとどろき、
あなたの砕け散る波、あなたの大波はことごとく
私の上を越えていった。
九 昼には、ヤハウェがいつくしみを命じられ、
夜には　彼の歌　生命の神への祈りが私と共にある。
二 あなたは　私のより頼む神なのです。

なぜ、私を捨てられたのですか。
なぜ、私は敵のしえたげによって
悲しみ歩くのですか。

元来、詩Iと詩IIは全く異なった独立した詩であった。詩Iは、すでにかなりの修正を受けていると推定できるが、悲痛な気持ちの吐露に巧みで詩的叙述に優れている。他方、詩IIはよく整った詩である。修正のあとが見られないのは、編集者が詩IIの著者と同じ立場にあったからだと考えられる。しかし、詩IIには詩Iに見られるような詩人の生々しい嘆きの声は隠れてしまっている。詩Iと詩IIの類似点は、詩人が置かれていた状況とそこで思いおこした事柄に見出し得る程度である。「表四」により単語の頻度を旧約聖書全体及び詩篇全体と比較してみると、詩Iが詩IIよりも旧約聖書及び詩篇で頻度の高い単語を用いていることが分かる。

表4　詩I・詩II及び詩III（その他）における単語の旧約聖書と詩篇における頻度

詩I

	旧約					詩篇				
篇・節	100以上	30—99	5—29	1—4	計	10以上	6—10	2—5	1	計
四二・二	6	0	1	3	10	6	0	3	1	10

	四二・三	四二・四	四二・五	四二・七	計
	4	7	7	5	29
	2	2	1	1	6
	2	1	4	1	9
	2	2	5	5	17
	10	12	17	12	61
	4	5	6	5	26
	4	2	2	1	9
	1	4	4	0	12
	1	1	5	6	14
	10	12	17	12	61

詩II

	篇・節	四三・一	四二・一〇	四二・一一	四三・三	四三・四	計
旧約	100以上	2	0	4	3	6	15
	30―99	0	1	1	2	0	4
	5―29	5	6	1	2	2	16
	1―4	4	3	4	4	4	19
	計	11	10	10	11	12	54
詩篇	10以上	2	1	3	3	6	15
	6―10	2	4	2	2	1	11
	2―5	5	3	2	3	1	14
	1	2	2	3	3	4	14
	計	11	10	10	11	12	54

詩III（その他）

篇・節	旧約 100以上	旧約 30—99	旧約 5—29	旧約 1—4	旧約 計	詩篇 10以上	詩篇 6—10	詩篇 2—5	詩篇 1	詩篇 計
四二・六	4	2	2	4	12	5	2	4	1	12
四二・八	3	0	5	3	11	3	1	3	4	11
四二・九	1	3	5	1	10	3	3	2	2	10
四二・一一	4	2	4	4	14	5	1	8	0	14
四三・五	4	2	4	4	14	5	1	8	0	14
四三・二	3	1	3	4	11	4	2	4	1	11
計	19	10	23	20	72	25	10	29	8	72

詩III（その他）で使用されている単語ではどのようなことが言えるのか。「表5」から、詩Iの単語は詩篇四二—四三篇で使われている語と同じ語根を持つものがよく使われていると分かる。詩IIの単語は四二篇一〇—一一節を除くと、同じ語根を持つ語はほとんど使われていない。詩III（その他）の単語は、四二篇九節を除くと、同じ語根を持つ語の詩篇四二—四三篇での使用率が

極めて高い。そこで、詩Ⅲ（その他）の単語と同じ語根を持つ語が使用されている箇所を見ると、詩Ⅰで使われている単語に最も多い。次に詩Ⅲ（その他）で使用されている単語と詩Ⅱの語であるが、それはいずれも「表6」で確認できるように、四二篇一〇節にある。

表5　詩Ⅰ・詩Ⅱ・詩Ⅲ（その他）の単語数と同じ語根から派生した単語が詩篇四二―四三篇で使用されている単語数

詩Ⅰ			詩Ⅱ			詩Ⅲ（その他）		
篇・節	単語数	＊語根単語数	篇・節	単語数	語根単語数	篇・節	単語数	語根単語数
四二・二	10	6	四三・一	11	1	四二・六	12	10
四二・三	10	4	四二・一〇	10	6	四二・八	11	5
四二・四	12	6	四二・一一	10	5	四二・九	10	2
四二・五	17	4	四三・三	11	2	四二・一二	14	14
四二・七	12	5	四三・四	12	4	四三・五	14	14
						四三・二	11	6
計	61	25		54	18		72	51

＊「語根単語数」とは同じ語根から派生し、詩篇四二―四三篇で使用されている単語数のことである。

表六　詩III（その他）で使用されている単語の語根と同じ語根から派生した単語が使われている場所とその言葉

詩I	8回	ידה（感謝の歌）、חיה（生きる）、פי（したことを）、נפש（魂）、על（上に）、הלך（行く）、פנה（顔）、שחח（打ち沈む）
詩II	3回	מה（なぜ）、קדר（悲しみ）、לחץ（しえたげ）いずれも四二篇一〇節
詩III	4回	יחל（待つ）、ישע（助け）、המה（うめく）、עוד（なお）
詩I・詩II	2回	אל（〜に）、יום（日）
詩I・詩II・詩III	1回	אל（神）

そこで、詩III（その他）に関していくつかの推測が成り立つ。詩IIIには詩Iに対する親近性が認められ、ある程度詩Iに属していた可能性もある。また、詩篇四二―四三篇を編集する際に独自の詩である詩Iと詩IIを結び合わせるために詩IIIが修正されて用いられたと推測できる。さらに、最終的な編集者は詩Iを修正せざるを得ない立場にあったが、深く詩Iに傾倒していたので、詩I的な単語を多く用いて編集した。詩IIでは詩I及び詩IIIと結合する際に四二篇一〇―一一節が大きな役割りを果した。しかし、編集者は四二篇九節によって詩Iにも詩IIにも見られなかった新しい世界観を導入した。

これらの検証作業により、詩篇四二—四三篇の成立過程について、以下の推測が成り立つ。詩篇四二—四三篇の最も古い部分は詩Ⅰである。詩Ⅰの著者は北イスラエル王国の住民であったが、何らかの理由で故郷から遠く離れた地にいる。その事情は紀元前七二一年のサマリア陥落なのかもしれない。そうだとすれば、詩Ⅰの著者はアッシリアの捕囚によって故郷から離されていたことになる。いずれにしても、詩Ⅰの原詩は故郷北イスラエル王国から引き離された詩人が故郷を偲び、祭りの行列を思いおこして書いたものである。

詩Ⅱの著者は南ユダ王国の出身者である。彼の信仰はエルサレム神殿と不可分に結びついている。ところが、彼はエルサレム神殿に行けない状況に置かれている。その事情はバビロンへの捕囚だったのかもしれない。けれども、詩人の心境は困難な状況にもかかわらず、主が正しく裁き再びエルサレム神殿へ導かれる日が来るに違いないという望みを捨てていない。この望みの強さから推測すると、詩Ⅱの著者はユダ王国内に囚われていたのかもしれない。

詩Ⅲ（その他）は、詩Ⅰと詩Ⅱを結び合わせるために付加された。ただし、詩Ⅲのいくらかはもともと詩Ⅰに属していた可能性がある。二つの詩を結びつけた編集者は南ユダ王国の出身者である。彼も詩Ⅰや詩Ⅱの著者が置かれていた状況に近い境遇にあった。そのような境遇にあって、彼は詩Ⅰに傾倒した。とりわけ、故郷を偲び、祭りを思いおこす切実な嘆きに、深い共鳴を覚えていた。しかし、彼には詩Ⅰの原詩をそのままに受け入れることのできない事情があった。最たるものはエルサレム神殿への信仰である。そこで彼は詩Ⅰと詩Ⅱを結合する。その際に、詩Ⅰに修正を加えざるを得なかったが、しかし、詩Ⅰの言葉を多く利用した。詩Ⅱには手を加える必要がなかった。ただ、詩篇四二篇九節は彼が苦境の中で悟った新しい真実であった。彼はこの真実を詩篇四二―四三篇の中心に据えた。

（二）伝承の道

これまでの考察によって、詩篇第四二―四三篇の成立過程が明らかになった。すなわち、北イスラエル出身の詩人によって書かれた詩Ｉと南ユダ王国出身の詩人によって書かれた詩IIを、南ユダ王国の第三の詩人が編集することによって現在の詩篇四二―四三篇は成立した。だが、なぜ詩Ｉと詩IIはこのように結合され得たのか。編集者がそれらを結び合わせた動機は何だったのか。あるいは、編集者は詩Ｉと詩IIから何を受容し、どのように展開していったのか。すなわち、「伝承の道」[10]における動機として、何が考えられるのか。これらの課題を次に取り扱う。

個別に成立した詩Ｉと詩IIがなぜ結合されたのかという問いは、二つの側面から検討されなければならない。すなわち、詩Ｉと詩IIに一つにされる要因があったのではないかという側面、それと編集者がどのように詩Ｉと詩IIを受容し展開したのかという側面である。

詩Ｉと詩IIを結合させた要因としては、まず彼らが置かれていた状況の共通性がある。また、祭りの行列やシオン山を思いおこした両者の想起の共通性もあげられる。さらに表七にあるように詩Ｉと詩IIが構成上、同じパラレリズムの技法を用いている事実を指摘できる。詩Ｉの四二篇四節と詩IIの四二篇一一節に共通している「おまえの神はどこにいるのか」が置かれた理由として、次の四通りの可能性がある。

（一）もともと両方にあった。
（二）編集者が詩Ⅰにあった文を詩Ⅱに挿入した。
（三）編集者が詩Ⅱにあった文を詩Ⅰに挿入した。
（四）どちらにもなかった文を編集者が加筆した。

これらの可能性の中で最も蓋然性が高いのは（三）である。なぜなら、編集者は詩Ⅱには手をつけていないし、詩Ⅱの四二篇一一節はあの四二篇一〇節に続く言葉である。逆に詩Ⅰはたびたび修正を受けているうえに、この文以外にはこのような発言内容を記していないのである。

表7　詩Ⅰと詩Ⅱのパラレリズム

詩Ⅰ	A 四二篇二—三節	B 四二篇四節	C 四二篇五節	E 四二篇七節
変換	A 四二篇二—三節	B 四二篇四節	C 四二篇五・七節	
詩Ⅱ	A′ 四三篇一節	G 四二篇一〇—一一節	C′ 四三篇三—四節	
変換	A′ 四三篇一節	B′ 四二篇一〇—一一節	C′ 四三篇三—四節	

すでに見たとおり、EはCと対応し、GはB′と対応しているので、それぞれCとB′に変換できる。したがって、詩IはA・B・C、詩IIは、A′・B′・C′というパラレリズムが成立する。

編集者が詩Iに共鳴した事実はすでに指摘した通りであるが、彼は詩Iを受容したうえで、詩IIIに二種類の展開を行っている。一つは詩I（四二篇七節）から詩III（繰り返し句）への展開である。

四二篇七節　一人、私の魂は打ち沈んでいる。

繰り返し句　なぜ、打ち沈んでいるのか、
私の魂よ。
なにゆえ、おまえはうめくのか。
神を待ち望め、
私の助け、私の神を
なお　ほめたたえることもあるだろうから。

編集者は詩Iの四二篇七節を受容して、「打ち沈んだ」詩人の姿をそのまま自分の姿として認めている。その上で、そのような自分を展開して「なぜ、打ち沈んでいるのか」と問い、神を待

ち望むように言い聞かせるまでに至っている。
第二の展開は詩Ⅰ（四二篇七節）から詩Ⅲ（四二篇八節）に認められる。

四二篇七節　ヨルダンの地を、ヘルモンを、ミザルの山を
四二篇八節　あなたの激流の響きによって
　淵々　呼びとどろき
あなたの砕け散る波、あなたの大波はことごとく
　私の上を越えていった。

第二の展開では、「ヨルダンの地」に含まれるヨルダン川のイメージを拡大することによって、ヨルダン川源流の激流と下界に想像される大海のイメージを重ね合わせている。そうすることによって、あたかもヨルダン川源流の激しい流れを目の前にしながら原始の大海における嵐を見ているかのように描写している。
編集者の詩Ⅰ原詩への修正も認められる。

（一）「神の御顔を見る」を不自然な受動態に修正した。
（二）「栄光の幕屋」を「進んで群衆に導き」に変えた。
（三）「ヨルダンの地を　ヘルモンを　取るに足らぬ山を」を「ヨルダンの地から　ヘルモンか

ら　取るに足らぬ山から」に修正した。
（四）「おまえの神はどこにいるのか」を詩IIから挿入した。
このように詩Iに修正を加えたのは編集にあたって、詩IIと立場を同じくする編集者が詩IIとの矛盾を消去するために行ったことによる。
詩IIの受容から詩IIIへの展開は一か所で認められる。詩II（四二篇一〇節）の受容から詩III（四三篇二節）への展開である。

四二篇一〇節 私は、私の岩なる神にいう。
「なぜ、私を忘れられたのですか。
なぜ、私の敵のしえたげによって
悲しみ歩くのですか。」

四三篇二節 「あなたは　私のより頼む神なのです。
なぜ、私を捨てられたのですか。
なぜ、敵のしえたげによって
悲しみ歩くのですか。」

この受容と展開においては、編集者は詩IIの詩篇四二篇一〇節に修正の手を加えることなく、詩Ⅲの四三篇二節に入れている。ただし、四三篇二節には「発言を指示する文」を加えることによって、発言内容に緊張感を増している。

編集者が詩Ⅱに手を入れた跡は見られない。

詩Ⅰと詩Ⅱを受け入れて展開するにあたって、編集者は祭りの行列への参加や神殿に行ったことなど楽しい思い出ではなく、苦悩や嘆きの表現において展開したことが分かる。そこでまず苦悩する有様の表現が深められる。このような展開がなされたのは編集者が置かれていた状況を反映したと考えられる。編集者は詩Ⅱの受容にあたっては何の抵抗もなかったが、詩Ⅰについては立場の違いはあったものの、率直で巧みな苦しみの表現に深く共感を覚えた。すなわち、詩Ⅰ及び詩Ⅱから編集者への「伝承の道」の動機はとりわけ「苦しみへの共感」にあった。「苦しみへの共感」によって自己を認識した編集者は、打ち沈んだ者でしかあり得ない状況から、改めて自己を慰め励まし、神に向かおうとした。このようにして、編集者がついに到達した地点の一つが「繰り返し句」であった。それゆえに、彼は非常に印象的に「繰り返し句」を詩篇四二―四三篇の中に配置した。

繰り返し句と共に注目されるのが、困窮の中でなお神との契約の存続を示す詩篇四二篇九節である。自己の苦悩と敵からの苦痛を集中的に叙述する節の間に、あたかもコンテキストを無視するかのように置くことによって、編集者は四二篇九節が示す「神との契約」の超越的な性格を雄弁に語る。

注（第三節）

（1）「いつ」「どこで」「誰が」この詩篇を作ったのか、以下の見解がある。
「捕囚中の嘆きであり、ヨルダン川上流からエルサレムを思っている」（Briggs）、「作者は故郷から強制的に移された人である」（Baethgen）、「作者は追放された人である」（Kautgech, Budde）、「作者は逃走中である」（Staerk）、「作者は祭司であった」（Baethgen）、「作者はレビ人であった」（Graetz, Briggs）、「作者は高い位の祭司であった」（Hitzig, Duhm）等である。政治的な記録がないので、具体的な推測はさらに多様になされている。

（2）J. Becker, a.a.O., S.34.

（3）W. O. E. Oesterley, *The Psalms*, pp.240f.

（4）H. J. Kraus, *Psalmen*, S.473.

（5）E. J. Kissane, *The Book of Psalms*, p.189.

（6）H. Gunkel, a.a..O, S.180.

（7）現在のテキストには ואראה とあり、これは Niphal 形で不自然な受動態になっている。おそらく「神を見ることはできない」というドグマから修正されたもので、本来は能動態であったと考えられる。

（8）現在のテキストでは בסן-אדדמ であるが、おそらく בסן-אדיר だったと考えられる。四三篇三節で明らかにシオンの山を指す הר-קדשך との矛盾を除くために修正された。詩Ｉの著者は北イスラエルの聖所を指していたと考えられる。

（9）ミザルの山は詩Ｉの著者が住んでいた北イスラエルの山であろう。しかし、現在のテキストではシオンの山との比較から「取るに足らぬ山」と修正されている。

（10）野本真也、前掲書、三七頁。

第四節　神学的考察

(一)「個人の嘆きの歌」との関係

詩篇第四二―四三篇成立における伝承の道で重要な位置を占めていたのは編集者である。彼は詩Ⅰと詩Ⅱの著者が体験したのと同様の苦しみを味わう状況にあって、詩Ⅰ・詩Ⅱを受容してそれを展開し、詩篇四二―四三篇を編集した。内容的にみると編集者が展開したのは、苦境の中で率直に苦悩する自己を表現する部分であった。すなわち、彼は伝承の道にあって過去の楽しい思い出にふけるのではなく、苦しみへの共感において現在の自己を認識し、そこから新しい世界を求めざるを得なかった。こうして、編集者が到達したのは第一に苦しみの中にある自己を慰め励ましながら、未来に神の助けを待つことであった。第二には現実の苦しみは決してヤハウェとの契約の破棄を意味するのではなく、それゆえに困窮の中にあってヤハウェはイスラエルとの契約に基づいていつくしみを命じておられる真実の発見であった。したがって、編集者はヤハウェのいつくしみに対し祈りをもって応えるという、神とイスラエルとの生きた関係の中にあった。

H・グンケルは詩篇四二―四三篇を「個人の嘆きの歌」の類型に入れている。複雑な伝承の道をたどりながらも、この詩篇は「個人の嘆きの歌」の諸要素である神への呼びかけ・嘆き・願い・聞き届けられる確信・感謝の誓いによって構成されている。つまり、一連では「個人の嘆きの歌」の諸要素が悲観的に語られる。二連では絶望的な嘆きを述べているが、その中心には契約に基づく神との生きた関係が置かれている。三連では未来の救いの確信に支えられ、嘆きの中にありながらも明るい空気に包まれていく。全篇を通じて、表8に見られるように嘆きから神への希望と喜びの回復という大きな流れを読み取ることができる。

表8　三連構造に見る詩篇四二―四三篇の概要

連	篇と節	区分	内容
一連	四二篇二―三節	A	神への呼びかけ
	四二篇四節	B	嘆き
	四二篇五節	C	願い～歓喜に満ちた過去の想起～
	四二篇六節	D	自己への語りかけ～聞き届けられる確信と感謝の誓いへの句～
二連	四二篇七―八節	E	嘆き
	四二篇九節	F	聞き届けられる確信の根拠
	四二篇一〇―一一節	G	嘆き
	四二篇一二節	D′	自己への語りかけ
三連	四三篇一節	A′	神への語りかけと願い
	四三篇二節	B′	嘆き
	四三篇三―四節	C′	願い～聞き届けられた時の喜びと感謝～
	四三篇五節	D″	自己への語りかけ

ところで、「個人の嘆きの歌」の研究史では「嘆きから神への希望と喜びの回復という大きな流れ」を急激な気分の変化と捉え、困難な問題と考えられてきた。様式史の原則に従えば嘆きの「生活の座」にあって、聞き届けられる確信と感謝の誓いが語られることはあり得ないからである。

J・ベッカーは急激な気分の変化について四つの見解を指摘している。[1]

第一は、「感謝の歌」の中に神に聞き届けられる確信と感謝の誓いという要素を加えることによって、問題そのものを否定する見解である。しかし、これらの両要素は嘆きの歌の中にそれぞれの場をもっているのかもしれない。いずれにしても、その見解では誓いは犠牲あるいは感謝の歌と関係づけられる。

第二の見解は嘆きの歌を感謝の歌と規定してしまうことによって、問題を避けている。この見解によると感謝を表現する要素が決定的影響を与え、嘆きの要素は固有のものとは考えられない。嘆きは告白とみなされ感謝の歌に概括される。それによって、感謝の歌は効果を増し加え、ヤハウェの救いの行為が印象深く明示される。

第三の見解は「生活の座」を分離し、二種類の祈りを仮定する。

第四の見解は急激な気分の変化を考慮する立場である。嘆きの歌は嘆きの状況のなかで実際に感謝へと移行する。それゆえに、感謝の歌の要素は救っていただけたらという仮定の願いや心理状況ではない。気分の急激な変化は客観的な制度的出来事、とくに契約祭の枠組みにおける祭儀的神顕現の救いの経験や有効な祭りのしるしを通して生じたと考えられる。

詩篇四二―四三篇における気分の変化は第一の見解で説明できるであろうか。説明できるのであれば、繰り返し句と四二篇九節及び四三篇三―四節は感謝の歌の要素とみなされる。しかし、これらを感謝の歌に加えることはできないし、犠牲との関わりも見いだせない。第二の見解はどうだろうか。それによると、詩篇四二―四三篇は感謝の歌で嘆きは感謝を効果的に表現するための手段にすぎない。けれども、詩篇における嘆きが単なる手段だとは考えられない。とりわけ、編集者にとって嘆きは根本問題であった。第三の見解はどうであろうか。これによると嘆きと神に聞き届けられる確信及び感謝祈願は別の生活の座をもっていたことになる。詩篇四二―四三篇にはなるほど三人の詩人の生活の座が認められる。しかしそれは、嘆きと神に聞き届けられる確信及び感謝祈願が別の生活の座をもっていたことを意味するのではない。第四の見解はどうであろうか。この見解によって初めて急激な気分の変化を考慮し得ると思われる。ただし、この見解によると制度的出来事が気分の変化の媒介となるが、詩篇四二―四三篇にはこういった媒介はどこにも見出すことができない。なぜならば、伝承の過程において神殿の想起は克服されているからである。すなわち詩Iと詩IIの著者は確かに祭りや神殿を想起している。しかし、編集者にとってそれらはもはや本質的な問題ではありえなかった。彼にとっては嘆かざるを得ない自分こそが問題であり、神殿を遠く離れた地で神との契約の存続を発見することでこの問題を乗り越えていたからである。

個人の嘆きの歌における急激な気分の変化に関するこれまでの見解はいずれも詩篇四二―四三

篇における気分の変化を説明できない。しかし、伝承史的考察によりその気分の変化について新しい見解を提出できる。個人の嘆きの歌における急激な気分の変化は詩篇四二—四三篇では実際に起きていた事実である。ただし、その背後に長く複雑な伝承の歴史を想定しなければならない。四二—四三篇の場合、詩Ⅰの詩人に急激な気分の変化が経験されたことはなかった。詩Ⅱの詩人においても編集者のように知られることはなかった。彼らの嘆きへの共感によって自己を認識し、そんな自己を受け入れた編集者によって気分の変化は根本的に経験されたのである。それは祭儀の制度によってではなく、むしろそのような儀式を行い得ない地にあって、なお神との契約が存続していることを知ることによって得られたのである。

個人の嘆きの歌における急激な気分の変化について、詩篇四二—四三篇の研究によって提出される見解は従来以上に詩人の内面的契機を重視している。このことは人間の内面性が様式史の原則に従う側面を持つと同時にそれを変容する面を持つ事実も示している。

(二) 新約聖書との関係

A・F・カークパトリックとH・J・クラウスは、詩篇四二—四三篇と新約聖書には関係があるとして、それについて言及している。

カークパトリックによると七十人訳聖書における詩篇四二—四三篇の繰り返し句とゲッセマネにおけるイエスの言葉及びヨハネ福音書一二章二七節に類似性があり、イエスは詩篇四二—四三篇を思い浮かべてこれらの言葉を語ったと推論する。(2) しかし、この推論はどの程度の妥当性を持つのか。確かに、ゲッセマネの園におけるイエスの言葉には重要な単語である「περίλυπος（非常な悲しみ）」の一致が認められる。ただし、この一致はカークパトリックが主張するようにイエスが七十人訳聖書の詩篇四二―四三篇を思い出して語った結果なのだろうか。それぞれに言葉が用いられた場面あるいは用いられ方を見ると、七十人訳聖書の詩篇四二―四三篇では繰り返し句は自分を叱咤するように語りかけている。それに対しゲッセマネのイエスは自分の魂のありのままの姿を弟子に打ち明けている。同様にヨハネ福音書においてもイエスは心の騒ぎをありのままに父なる神に語りかけている。両者では言葉の場と用いられ方が異なっている。また、新約聖書の記事はいずれも切迫した状況でのイエスの言葉である。したがって、イエスが七十人訳聖書の詩篇四二―四三篇を思い浮かべてゲッセマネで祈ったり、ヨハネ福音書一二章二七節の言葉を語ったとは考えられない。仮にイエスの言葉の背後にヘブル語聖書の詩篇四二―四三篇があったとしても、それは無意識の層から出たのであって、イエスが詩篇を意識したとは推測できない。

クラウスによると、詩篇四二―四三篇の詩人があこがれてやまなかったのはヤハウェが選び現臨する地シオンの山に行くことであった。それに対し、新約聖書においてはイエスと彼の共同体に神の現臨の場及び救いと生命は見出された。したがって、イエスにおいて詩人の探究は克服されたとする。(3) しかし、クラウスの指摘は正確さに欠けている。詩篇四二―四三篇の詩Ｉの著者があこがれたのはヘルモンの地、ヨルダン、ミザルの山、すなわち北イスラエル王国とそこで催された祭りの行列であり、シオンではなかった。詩IIの著者のあこがれは、クラウスが指摘するとおり、シオンであった。編集者にシオンへのあこがれがあったことは否定できないが、しかし彼はシオンから離れた地にあって苦悩する自己に思いを向けていた。しかも、異郷の地にあってなおヤハウェとの契約が存続している真実を見出すことによって、シオンへの憧れを克服しつつあったのである。

ただし、現在のテキストからはクラウスの指摘が正しい。なぜなら、詩Ⅰには詩Ⅱの立場から修正が加えられており、異郷の地における神待望とヤハウェとの契約の確信もシオンの山に再び巡礼するという構造に組み込まれているからである。独自の境地に達しながら、詩Ⅱに吸収される構造にしか編集できなかったところに編集者の限界があった。

しかし、シオンへの憧れだけで詩篇四二―四三編と新約聖書との関連を論じきったことになるのだろうか。限界があったとはいえ詩Ⅰと詩Ⅱを伝承することによって、編集者が最終的に到達したのは繰り返し句と四二篇九節の真実であった。しかも、編集者が到達したこれらの地点と新約聖書には神学思想における連続性を認めることができ、それによって両者間に伝承史的連関を見ることができる。

繰り返し句において編集者は打ち沈み、うなだれる自分を叱り、励ますのであった。このような自己への語りかけは苦境にある理由を問うのではなく、あるがままの自己受容によって可能となる。ここに弱いままの自己を受け入れ、そのような者として未来に希望を見出そうとする人間像を見ることができる。それは、キリストの実存に対する服従を意味する「十字架の象徴的意味」(4)に連なるイメージを繰り返し句が提供していた事実を語っている。

四二篇九節で編集者は困窮のただ中にあってなお神は契約に基づく「ヤハウェのいつくしみ」

を命じられ、ヤハウェに応答する「祈り」が彼と共にある真実を語っている。したがって、ヤハウェとの契約はいかなる状況にあっても自己を生き抜き、自己と状況とを変革する力を提供している。ここに実存に対するキリストの勝利を意味する「復活の象徴的意味[5]」に連なるイメージが四二篇九節によって提供されているのを見る。契約の側面を強調するのであれば、エレミヤにおける「新しい契約[6]」と同じ意味内容を持ち、しかも預言者的機能を認めることができ、さらに主の晩餐における「新しい契約[7]」をあらかじめ指示した真実として四二篇九節を理解できる。

このように新約聖書との関係を検討すると、詩篇四二―四三篇の編集者が到達した地点は、キリストの普遍的意味を構成する十字架と復活の象徴的意味の双方を含蓄していることが分かる。編集者の実存が語りかけてくる真実に真剣に耳を傾けるならば、キリストの出来事が指し示す出来事の意味を深く受けとめることができるのである。

(三) 結語

詩篇四二―四三篇の編集者が詩Iと詩IIを「苦しみへの共感」によって受容し最終的に到達した繰り返し句と四二篇九節の真実は、キリストの出来事の普遍的意味を示す十字架と復活の象徴的意味を含蓄するものであった。詩篇四二―四三篇の研究において伝承史的方法を用い、詩Iと詩IIの成立及びその後の編集過程に検討を加えたのであるが、なぜキリストの出来事の予型となる地点まで編集者は詩篇の内容を深めることができたのか。

詩I及び詩IIの著者と編集者の違いは具体的な苦痛に対する受け止め方に典型的に見ることが

できる。詩Ⅰと詩Ⅱの著者は捕えられ、故郷から引き離されるという苦痛に満ちた状況に置かれていた。彼らはそこで苦痛を受け止めるのではなくそのような状況から逃れることを願い、歓喜に満ちた過去の思い出にふけり、再び神の前に出る日の来る事を喜びとした。編集者は苦痛に満ちた現実にあって「苦しみへの共感」によって詩Ⅰと詩Ⅱを受け入れたが、それと共に打ち沈まざるを得ない自己をも受容した。この自己受容によって、現実の苦痛が神とのかかわりに関する深い苦悩を彼の魂に呼び起した。なぜなら、編集者の苦悩はヤハウェへの信頼と苦痛に満ちた現実との間に存在する乖離を認識する内的葛藤だからである。しかも、現実の苦痛が彼の実存を支えるヤハウェの真実に対し疑問を呈し続ける限り、彼は苦悩し続けるであろう。けれども、編集者は苦痛に満ちた現実のゆえにヤハウェへの信頼を放棄するのでもなく、現実から過去の思い出に逃避するのでもなかった。むしろ、苦痛に満ちた現実にあって、今は捉えることのできないヤハウェの真実に深い信頼を置こうとして、苦悩を増し加えざるをえなかったのである。

苦痛に対する人間の態度、これはすべての人間に与えられている課題である。苦痛が人間の生の根拠への問いを引き起こし苦悩を呼び起こす時、それは状況が苦痛に満ちているか否かを越えた人間の根本問題を問う。このような苦悩に直面した人々がそこで発見した知恵を旧約聖書は、詩篇四二―四三篇以外にも多く記している(8)。現代においてもアウシュビッツを生き抜いた心理学者V・フランクルに端的に聞くことができる。フランクルは言う(9)。

苦悩は人間を無感動に対して、即ち心理的凝固に対して、護ってくれるのである。われわれが苦悩する限り、われわれは心理的に生き生きとしているのである。またさらに、われわれは苦悩において成熟し、苦悩において成長するのであり、苦悩はわれわれをより豊かにかつ強力にしてくれるのである。

かつて私は、失意と病床の中でむさぼるように詩篇四二―四三篇を読み、思い乱れざるを得ない自分に語りかけてくる言葉に深い感銘を覚えた。あの時覚えた感銘は何であったのか。本稿で詩篇四二―四三篇の真実を探求することによって、編集者が苦悩を貫いてキリストの恵みの予型となる地点にまで到達していたことを知った。しかし、この到達点は編集者の探究力というのではなく、苦悩にふさわしく生きた者に与えられる神の恵みという性格をより強く持つであろう。それゆえに、今も詩篇四二―四三篇を通じ私に語りかけてくる真実に深い共感を覚えつつ、こう呼びかけることにしよう。

「苦悩にふさわしく生きた者[10]!」

注（第四節）

（1） J. Becker, a.a.O., S.59–65.

（2） A. F. Kirkpatrick, *The Book of Psalms*, pp. 229f.

（3）H. J. Kraus, *Psalmen*, S.478.
（4）P. Tillich, 谷口美智雄訳『組織神学　第2巻』一九二―二六九頁
（5）P. Tillich, 谷口美智雄訳、前掲書、一九二―二六九頁
（6）エレミヤ書三一章三一―三四節
（7）一コリント書一一章二三―二六節
（8）たとえば、ヨブ記はなぜ義人が苦しまなければならないのかを問い、イザヤ書における主の僕の歌は人々の罪を自ら引き受けて苦しむ僕の姿を描いている。
（9）V・フランクル、霜山徳爾訳『死と愛』一二六頁
（10）V・フランクル、霜山徳爾訳、前掲書、一三〇頁

参考文献

一　聖書テキスト

Kittel, R., (ed.), *Biblia Hebraica*, Stuttgart, 1962.

Baedtke, H., *Liber Psalmorum*, in : Elliger, K./Rudolph, W., (ed.), Biblia Hebraica, Stuttgart, 1969.

二　聖書翻訳

Rahlfs, A., (ed), Septuaginta, Stuutgart, 19658

Rahlfs, A., *Psalmi cum Odis*, Septuaginta. Vetus Testamentum Graecum. Auctoritate Litterarum Gottingensis editum, 5, 1967^{2}.

Die Heillige Schrift des Alten und Neuen Testaments, Stuttgart, 1942.

The Holy Bible. The Revised Standard Version, 1952.

Die Bibel oder die ganze Heilige Schrift des Alten und Neuen Testaments. Nach der deutschen Übersetzung Martin Luthers, Stuttgart, 1965.

Buber, M., *Das Buch der Preisungen*, Fischer Bücherei, 1962.

The Jerusalem Bible, 1966.

The New American Bible, 1970.

The New English Bible, Oxfoxd/Cambridge, 1970.

『聖書』日本聖書協会、一九五五年

『詩篇』フランシスコ会聖書研究所、一九六八年

『新改訳聖書』日本聖書刊行会、一九七〇年

三　語彙目録・聖書コンコルダンス・文法書

Brown, F./Driver, S. R./Briggs, C. A., *A Hebrew and English Lexicon of the Old Testament*, Oxford, 1966.

Köhler, L./Baumgartner, W.（ed.）, *Lexicon in Veteris Testamenti Libros*（mit Supplement）, Leiden, 19582

Mandelkern, S., *Veteris Testamenti Concordantiae Hebraicae atoue Chaldaicae*, 2 Bde., Graz, 1975.

Hatch, E./Redpath, H, A., *Concordance to the Septuagint*, Graz, 1954.

『聖書語句大辞典』教文館、1959年。

Gesenius, W./Kautzsch, E./Bergstrasser, G., *Hebraisch Gramatik*, Hildeschim, 1962.

四　聖書注解書

Barness, W. E., *The Psalms*,（Westminster Commentaries）, 2 vols., London, 1931.

Briggs, C, A., *A Critical and Exegetical Commentary on the Book of Psalms*,（ICC）, 1906.

Delitsch, F., *Biblical Commentary on the Psalms*, 3 vols., New York, n.d.

Gunkel, H., *Die Psalmen*, Göttingen, 19264.

Kirkpatrick, A, F., *The Book of Psalms*, The Cambridge Bible for Schools and College, 1902.

Kissane, E, J., *The Book of Psalms*, 2 vols., Dublin, 1953/54.

Kraus, H, J., *Psalmen*, 2 Bde., Neukirchen, 1978^{5}.

Leslie, E. A., *The Psalms*, Translated and Interpretated in the Light of Hebrew Life and Worship, New York, 1949.

Oesterley, W, O, E., *The Psalms*, 2 vols., London, 1939.

Schmidt, H., *Die Psalmen*, Tübingen, 1934.

Taylor, R. W./MacCollough, W. S., *The Book of Psalms*,（The Interpreter's Bible）, 4, 1954.

Weiser, A., *Die Psalmen*, Göttingen, 1959^{5}.

五　その他の参考文献

Becker, J., *Wege der Psalmenexgese*, Stuttgart, 1975.

Donner, H., Ugaritismen in der Psalmenforschnung, *ZAW* 79（1967）, S.333-336.

Gunkel, H./Begrich, J., *Einleitung in die Psalmen*. Die Gattungen der religiosen Lyrik Israels, Göttingen, 1966^{2}.

Koch, K., *Was ist Formgeschichte?* Neukirchen-Vluyn, 1964.

Mittman, S., Komposition und Redaktion von Psalmen 29, *Vet. Test.* 28（1978）, S.172–194.
Rowley, H. H., The Structure of Psalm 42/43, *Biblica* 21（1940）, pp. 45–55.
Snath, N. H., *Hymns of the Temple*, London, 1951.
Westermann, C., Struktur und Geschichte der Klage im Alten Testament, *ZAW* 66（1954）, S.40–88.
左近淑『詩篇研究』新教出版社、一九七一年
関根正雄『詩篇注解（上）』教文館、一九七一年
P・ティリッヒ、谷口美智雄訳『組織神学』第二巻、新教出版社、一九六九年
F・アルメン、土居真俊・片山寿昭訳『聖餐論』日本キリスト教団出版局、一九六九年
C・ヴェスターマン編、時田光彦訳『旧約聖書解釈学の諸問題』日本キリスト教団出版局、一九七五年
V・フランクル、霜山徳爾『死と愛——実存分析入門』みすず書房、一九七五年、一八版
A・J・ヘシェル、中村匡克『人間とは誰か』日本キリスト教団出版局、一九七七年
R・バルト他、久米博・小林恵一訳『構造主義と聖書解釈』ヨルダン社、一九七七年
野本真也「伝承史的方法の諸問題」『基督教研究』第三七巻第二号、一九七二年

第三章　分かち合う真実——倉敷教会の歴史的基層研究

2011, 7, 3　　　　　　　　　　No.14

聖霊降臨節第４主日

創立 105 周年記念

(百年史献本)礼拝

(午前 10 時 15 分)

司式者 山口伝道師

前　奏		玉井和子
百年史献本		天野宗幸
招　詞		司式者
讃美歌	４１２	一　同
主の祈り	（９３－５A）	同
交読文	８、詩編 23 編	同
聖　書	ローマ５章１～11 節	
	(新共同訳 p. 279 口語訳 p. 238)	司式者
牧会祈祷		宮﨑牧師
賛　美	Ⅰ－１９４	拡大聖歌隊
説　教	**「十字架の信仰」**	
		田井中純作名誉牧師
祈　祷		同
讃美歌	Ⅱ－１８５	一　同
転入会式		司式 宮﨑牧師
聖餐式	８１	司式 柏木和宣前牧師
祝福祈祷		司式 宮﨑牧師
倉敷教会宣教２世紀に向けての		
メッセージ		鈴鹿しずか
献　金		一　同
感謝祈祷		礼拝当番
報　告		司式者
頌　栄	２４	一　同
祝　祷		田井中純作名誉牧師
讃美歌	９１	一　同

◎讃美歌を歌うとき、立ちにくい方は座ったままでお歌いください。

◎「主の祈り」は週報の裏面に記載しています。

創立 105 周年記念礼拝プログラム

（2011 年 7 月 3 日）

はじめに

日本基督教団　倉敷教会（以下、「倉敷教会」と略記する）が念願の『倉敷教会百年史』を刊行されたのは、二〇一一（平成二三）年七月一日（教会創立記念日）である。二日後の七月三日（日）に執行された創立百五周年記念礼拝では、前奏に続く「百年史献本」で『倉敷教会百年史』を神にささげて一同感謝を共にした。しかし、「百年史献本」までの経緯は必ずしも順調といえる道のりではなかった。

倉敷教会宮崎達雄牧師は、「序文」(1)で編纂委員会の歩みを振り返って記している。

思い返せば、この百年史編纂の業は苦難の道のりでした。前任の柏木和宣牧師の在任時の二〇〇一年十月二六日に第一回の編纂委員会を開催し、二〇〇三年度よりは月一回のペースで委員会を重ねてきました。二〇一一年一月末の印刷業者への入稿までに、実に百回に及ぶ編纂委員会を開催したことになります。当初は倉敷教会創立百周年を迎えた翌年の二〇〇七年に発行の予定でしたが、この様に大幅に遅れてしまいましたことに対して、衷心よりお詫び申し上げます。発行を今か今かと待ち望んでおられた方々には大変ご心配をおかけし、又、叱責をいただきました。編纂委員会のメンバーも正直いつになれば発行できるのか、天を仰ぎ、溜息をつくことも度々あり、迷走し、暗中模索の歩みを続けました。

ところで、宮崎牧師はやはり「序文」で『倉敷教会百年史』の特色を次の様にも語っている。

編纂委員会のメンバーは、牧師を含め教会史編纂に長けたものは一人もいませんでした。素人集団での編纂であり、信徒が分担して執筆にあたりました。それ故に内容的には不備な点があったり、統一性に欠ける箇所があるかと思います。しかし、この編纂は、倉敷教会の伝統である旧組合教会・会衆主義教会の信徒の力を生かした、よき一つの方法ではなかったかと、ひそかに自負しています。

百年史編纂委員会の助言者として筆者が依頼を受けたのは、二〇〇四（平成一六）年四月である。早速、倉敷教会を訪ねて二〇〇四年五月に第一回学習会、二〇〇五年六月に第二回学習会を開いた。ところが、倉敷教会創立百周年記念礼拝を目前にした二〇〇六（平成一八）年六月に脳梗塞を患い、倉敷へ行けなくなっただけでなく、助言者としてのお手伝いもできなくなってしまった。それだけに、妻塩野まりの同伴により倉敷教会を訪ね、創立一〇五周年記念礼拝に出席し、「百年史献本」の場に臨んだ時には心が震えて感動した。

ところで、宮崎牧師が「序文」に記しておられた「倉敷教会の伝統」とは何を意味するのか。倉敷教会が日本組合基督教会（以下、「組合教会」と略記する）に所属した期間は三〇年余に過ぎない。それに対して一九四一（昭和一六）年に創立された日本基督教団に所属してからは七〇年を越える。時間的には日本基督教団に所属した期間がはるかに長くなっている。それでも組合教

日本キリスト教団　倉敷教会 100 周年記念
（photo by M. Imaoka）

会に所属していた日々が「倉敷教会の伝統」となり、この真実によって教会は自己同一性を保持している。つまり組合教会に属していた日々は時間的には過ぎ去ったが、この事実は倉敷教会に対してそれらの日々が歴史的意味を失ってはいないことを語っている。そもそも共同体は歴史の積み重ねによって形成される。そのため、歴史的出来事は共同体の内実となる。したがって、「旧組合教会・会衆主義教会の信徒の力を生かした」教会形成が、「倉敷教会の伝統」となったのである。

そこで、『倉敷教会百年史』が刊行されたこの時に、倉敷教会の歴史的基層にある組合教会に所属していた時期を分析し、その特色を明らかにしておきたい。

第一節　資料と研究方法

（一）資料

組合教会に所属した時期の倉敷教会を考察するにあたって、基本資料として『倉敷教会百年史』を使用し、高戸猷（編）『倉敷基督教会略史』[2]（以下、『倉敷教会略史』と略記する）と竹中正夫『倉敷の文化とキリスト教』[3]を補助資料とする。歴史研究において通常このような資料の扱い方はしない。資料的価値はいうまでもなく一九三五（昭和一〇）年に発行された『倉敷教会略史』にあり、これを踏まえて『倉敷の文化とキリスト教』が執筆された。さらに、『倉敷教会百年史』は『倉敷教会略史』と『倉敷の文化とキリスト教』を基礎的資料として編纂される。したがって、歴史研究で重視されるべきはまず『倉敷教会略史』である。しかし、本稿は百年史編纂作業の一環として行った学習会での発表に基づいている上に、『倉敷教会百年史』の刊行に触発されて着手した。このような事情から基本資料として『倉敷教会百年史』を用いる。そこでまず、資料の内容と特色について簡潔にまとめておきたい。

『倉敷教会百年史』の編纂委員は甲斐田巌・阿佐見和夫・河手純子・萩原直幸・藤岡シゲ子・廣田誠一郎・更井勝子・中務友芳・松島重夫・佐伯元・宮脇俊昭・佐野宣雄・今村稔・金子直子・樅野潤の一五名であり、倉敷教会記録委員会は甲斐洋子・小笹静子・西松時江・東谷香保子・藤田繁子・山合恭子の六名で構成されていた。監修を担当した牧師は宮崎達雄・山口純弘・

大澤香である。さらに外部から監修者として竹中正夫、助言者として塩野和夫が協力している。内容は「第一部　本篇」「第二部　個別テーマ」「資料」からなる。「第一部　本篇」は通史であり、構成は『倉敷教会略史』『倉敷の文化とキリスト教』を参考にしながらも、歴史の流れに即して時期区分している。

「第一部　本編」の特色は教会日誌風の執筆方法にある。まず、改行して太字で西暦年だけを書く。さらに改行して月日を太字で書き、一字空けてその日の出来事を記す。したがって、本編の基調は出来事史である。「第二部　個別テーマ」では倉敷教会が関わった重要な八項目を取り上げている。(4)「資料」は丁寧に調査した教会関係者や統計データなど五項目から構成され、教会の歩みを読み取れるようになっている。(5)なお巻末に「付録　仮想座談会　スロープから汽車が見えた　終戦の頃の倉敷教会」と「倉敷教会宣教二世紀に向けてのメッセージ」がある。これらからは教会を担った人々の生きた声とそこから見える情景が浮かび上がり、未来に向けた祈りも聞こえてくる。ここにおいて『倉敷教会百年史』は単なる歴史書としての性格を超えている。

高戸猷（一八八一―一九四五）は、一九〇三（明治三六）年一月に宣教師ペテーより岡山教会で洗礼を受けている。二一歳であった。三年後の一九〇六（明治三九）年七月に倉敷教会は設立された。この時創立者として名前を連ねた二五名の中に高戸猷と彼の妻高戸八千歳がいる。以来、教会役員あるいは日曜学校教師として、倉敷教会に関わり続けている。一九三五（昭和一〇）年四月に発行された高戸猷（編）『倉敷教会略史』は、設立以来の交流と高戸の才能が結実したものである。『倉敷教会略史』は「一、教会略史　本欄」とさまざまな記録、それと「附録」から構成されている。『倉敷教会百年史』の構成はこれを参考にしている。さて、「一、教会略史　本欄」は通史であり、牧師名を表に出しこれによって五期に区分している。[6] 執筆方法としては教会日誌風の体裁をとり、これも『倉敷教会百年史』の原型となっている。さまざまな記録は八項目あり、その緻密さにおいて当時の教会史では傑出している。[7]「附録」に収められた「記念すべき人々」と「思い出す事ども」は倉敷教会における豊かな交流を彷彿とさせている。

アメリカにおける研鑽を終えた竹中正夫（一九二五—二〇〇六）は、一九五四（昭和二九）年一一月から一九五五（昭和三〇）年三月まで無牧であった倉敷教会の長期応援教師を務めた。この時の経験と人脈を生かして、竹中は一九五六（昭和三一）年一月に発足した同志社大学人文科学研究所のキリスト教社会問題研究において、岡山地方の教会研究に取り組む。研究成果としてまず発表したのが、「岡山県における初期の教会形成」（一九五九年）である。以来、倉敷教会に足を運んで教会史編纂作業に協力し、一九七九（昭和五四）年に『倉敷の文化とキリスト教』を出版した。[8] 構成はおおよそ時系列にまとめられているが、[9] 竹中の研究手法と関心が内容には生かされている。すなわち、倉敷の文化研究と信徒の叙述である。こうして、『倉敷の文化とキリスト教』は倉敷教会史を主軸としながらも、地方都市の文化やそこで生き交流した人々の姿を取り入れた研究書となっている。

（二）研究方法

組合教会に所属した時期の倉敷教会を分析し、その特色を探るためにどのような研究方法が妥当なのか。この問いに対して、組合教会の歴史的四類型[10]との比較検討という方法で応えたい。すなわち、組合教会の歴史的四類型とそれに対応する倉敷教会の各時期とを比較検討する。その上で、倉敷教会史の歴史的基層にある個性を明確にするのである。そこでまず、組合教会の歴史的四類型を概観しておきたい。

組合教会史の時期区分を「組合教会史の中から汲み出すことができ」、「組合教会史の全体をバランスを崩さずに捉えることができる」教会法と教会統計の研究によって行った[11]。その結果、組合教会史は前史を含めて五つの時期に区分できた。

組合教会前史（一八六九―一八八六）
組合教会史第一期（一八八六―一九〇三）
組合教会史第二期（一九〇四―一九一八）
組合教会史第三期（一九一九―一九三五）
組合教会史第四期（一九三六―一九四一、四一―四二）

教会法と教会統計によって区分した各時期を直ちに歴史的類型とすることはできない。なぜなら、歴史を構成する主要な要素である歴史的個体性、すなわち具体的な教会活動やそれを担った信仰者の生き方がそこでは捨象されているからである。そこで、組合教会史における教会活動や教会員の信仰生活と各時期との対応を検討しなければならない。すると、両者に顕著な対応を見出すことができる。すなわち、各時期にはそれに対応した個性ある教会活動や教会員の信仰生活があって、それは時期ごとに変化している。そこで、組合教会の歴史的四類型という概念を構築できる。なお、歴史的四類型と組合教会史の時期区分との対応は以下の通りである。

組合教会の歴史的第一類型　組合教会前史・組合教会史第一期
組合教会の歴史的第二類型　組合教会史第二期
組合教会の歴史的第三類型　組合教会史第三期
組合教会の歴史的第四類型　組合教会史第四期

組合教会の歴史的四類型とそれに対応する倉敷教会史の時期を併記すると、次の通りである。

一　組合教会の歴史的第一類型に対応する時期　一八六九―八六、一八八六―一九〇三
　倉敷教会史第一章　プロテスタントの教え倉敷へ　一八七八―一九〇五
二　組合教会の歴史的第二類型に対応する時期　一九〇四―一九一八
　倉敷教会史第二章　真摯な伝道と苦難　一九〇六―一九二一
三　組合教会の歴史的第三類型に対応する時期　一九一九―一九三五
　倉敷教会史第三章　近代教会の基礎固め　一九二二―一九二五
四　組合教会の歴史的第四類型に対応する時期　一九三六―四一、四一―四三

倉敷教会史第四章　戦時下の教会　一九二六―一九四五

両者の対応を見ると、一・二は時期的にほぼ一致している。それに対して三・四は一〇年程食い違っている。しかし、組合教会の歴史的第四類型は戦時下の組合教会を概念化している。したがって、第四類型と倉敷教会史の「第四章　戦時下の教会」とは内容において共通性がある。そこで、組合教会の歴史的四類型とそれに対応する倉敷教会史における各時期を比較検討する妥当性が認められる。

次に、対応する各時期を比較する方法である。この点に関しては、組合教会史の歴史的四類型がすでに概念化されている点にまず注目したい。要するに、すでに概念化された組合教会史の歴史的類型を時期ごとに提示し、それに対応する倉敷教会史の叙述を比較検討するのである。これによって、類型と共通する歴史的な倉敷教会の様相と相違する姿が浮かび上がる。これらの総合的な考察によって、倉敷教会の歴史的基層に潜む特色に迫るのである。

第二節　倉敷教会史の「第一期　プロテスタントの教え倉敷へ(12)」

(一) 組合教会の歴史的第一類型

組合教会前史(一八六九―一八八六)と組合教会史第一期(一八八六―一九〇三)にほぼ共通した教会活動と教会員の信仰生活を見出すことができる。これを概念化したのが組合教会の歴史的第一類型であり、次の通りである。

第一のタイプ（歴史的第一類型）の基本的特質はきわめて明瞭である。キリスト教の伝道活動を教会の主要課題としたことがそれである。宇和島地方での最初の伝道活動から宇和島組合教会講義所の設置、宇和島教会の近接地伝道に一貫して認められたのが伝道への情熱と意志と活動であり、このような特質は同時期の組合教会に対応している。このタイプの教会ではキリスト教は伝道する宗教として受容された。当時の担い手にとってキリスト教の受容はその伝道活動に参加し協力することを意味した。またキリスト教の伝道活動に大きく寄与したのは個人の伝道への意欲であった。たとえば、宇和島地方に初めてプロテスタントを伝えた今治教会の伝道活動グループの多くはその頃二十代の青年であり、キリスト教に出会い触発されると彼らは伝道活動に従事した。このタイプの教会活動の特色は端的に宇和島教会の近接地伝道に見ることができる。すなわち、教会が立つ地域社会に限定されない広範な地域における伝道活動である。そこでは、教会は広範な地域で展開される伝道活動のための拠点であり、教会を送りだされた伝道者は地域社会からさらに広範な地域へ出かけ伝道活動を行った。しかし、伝道活動だけを主要課題としたキリスト教は、宇和島教会の場合がそうであったように、教会の経済的基盤を整えることに失敗した。この失敗が第二の教会類型への転換を要請していた(13)。

組合教会の歴史的第一類型は、すでに設立されていた教会を前提として教会活動と教会員の信仰生活を対象にして類型化されている。ところが倉敷教会の場合、第一期を通して教会はまだ設立されていない。したがって、第一類型と倉敷教会第一期では前提が異なる。前提は異なるが、倉敷ではやがて倉敷教会設立に連なる人々がすでに教会活動に参加し信仰生活を営んでいた。そこで教会設立に関する違いを踏まえた上で、「第一期　プロテスタントの教え倉敷へ」に登場する人々の信仰生活を組合教会の歴史的第一類型と比較しながら分析したい。

（二）歴史的第一類型から見る倉敷教会史第一期

倉敷教会史の第一期（一八七八―一九〇五）において、岡山県下では次々と組合教会が設立されている。[14]それにもかかわらず、倉敷に教会が設立されることはなかった。この間、組合系諸教会にとって倉敷は教会設立を直ちに目指す地域ではなく、伝道活動を展開する周辺地域であった。しかし、一八八〇年代に倉敷を担当した伝道者[15]と設置された講義所[16]を考慮すると、「第一期に倉敷に教会は設立されていなかった」とする表現は適切さを欠くこととなる。一八八〇年代には「倉敷において教会設立への試みはあった」からである。しかし、短期間に終わった伝道者の在任と頻繁な講義所の移転は、試みの失敗を語っている。一八九〇年代に入ると教会設立への試みは見られない。これは民族主義の高揚に伴い、反キリスト教的風潮が日本国内に広がった時代状況を反映している。倉敷でキリスト教活動が活発になったのは、一九〇〇年代に入ってからである。この時期の一連の動きが一九〇六（明治三九）年七月一日の倉敷教会設立へと続いたのである。

る。

それでは倉敷教会史第一期において、倉敷教会の設立に連なった人々のキリスト教信仰はどのような性格を帯びていたのか。

まず、歴史的第一類型を特色づけている近接地伝道に関してである。『倉敷教会畧史』は一八八〇年代における近接地伝道の様子を伝えている。これらの報告は、一八八〇年代に倉敷を担当した伝道師や倉敷在住のキリスト教徒が、近接地伝道への関心を持ち活動していた事実を示している。倉敷に教会は設立されていなかったが、それにもかかわらず彼らは組合教会の歴史的第一類型に認められるのと同様の信仰生活を送っていた。

（一八八二年一月）更に伝道の手は延びて児島郡天城村高橋常太郎、朽木忠二郎《ママ》両氏宅、同郡福田村津崎馬太郎氏宅にも毎週訪問せられた。(17)

（一八八四年一月二十八日）此日より三日間、当地信徒某（木村和吉氏自身ならん）は天城に出かけて、高橋常太郎氏宅その他の家庭集会を開き、聖書会読会の司会などに働いた。（家庭及び仮会堂において(18)）

（一八八四年十一月十九日）天城教会が設立された。設立委員は朽木忠三郎《ママ》、山脇恒、木村和吉の三氏であった。(19)

次いで、倉敷教会に継承された信仰の特色を四点指摘したい。まず、浅野義八が示した純粋なキリスト教信仰である。彼の信仰は深い共感を持って、設立後の倉敷教会に伝えられている。

然るに茲に感謝すべき事は、すでにそれ迄の信仰生活に於いて、霊肉両方面に、耐え切れぬ苦難を嘗め尽して、かすかな菓子店を生活の綱としながら、なほ迫害の中に安息日休業（閉戸厳行）を断行して、祈禱の熱火に燃えつつ、信仰のたどりを続けられて来た浅野義八氏が、少しも動ぜず孤独の嘆に血涙をしぼりつつ確信の歩みを続けられた事を思うと、全く胸つぶるる程に感激に堪えぬ事である。(20)

次に伝統的な倉敷商人の生活に取り入れられたキリスト教、すなわち倉敷教会員に生活の規範を示した林源十郎（蘇太郎）のキリスト教倫理である。

林源十郎（蘇太郎）が勤倹節約に励んで、自ら少しずつたくわえた貯金を捧げて、倉敷教会内に禁酒倉を建てたことは先に述べた通りである。かれは、日本的ピューリタンであった。そうした勤倹は、一時のおもいつきや、高揚したかりそめの感情から出たものではなかった。日常生活に臨むかれの姿勢は、きわめて冷徹なものがあった。それは合理的であり、厳格なものであった。それだけに、実際的であり、地についた着実な歩みを持続する意志力を内に宿していた。(21)

さらにキリスト教による共同体の形成である。初めそれはキリスト教を介して育てられた少数者の信頼関係であった。一九〇〇年代に入ると交流は広がり、教会設立に向け共通した意志を持つ共同体へと発展した。

明治期の三家（大原・石井・林）の関係についていうなら、キリスト教を媒介にしてきわめて密接な関係にあり、それが単なる文明開化の装いをもった外来宗教への好奇心をもった趣味的な交わりではなく、また表面的なつきあいでもなく、それぞれの人びとの弱さや、みにくさに触れてそれらを強め、清めていく親身な交わりであったことを知ることができる。さらにその交わりは、とかく宗教的小グループがおちいりがちな内面的小グループとして社会において閉鎖的にならず、むしろ宗教的な交わりを媒介にして、それぞれの事業や活動を通して社会において積極的に励んでいったことを指摘することができる。(22)

最後に信仰共同体が教会設立を進めていった際に認められる特質を指摘しておきたい。それは教会設立に対して主体的に責任を負い、自立した行動をとった信徒の群れである。彼らは教会設立のために何度も会議を開き、着実な準備を進めている。(23) また教会設立に先立って「倉敷仮教会設立承認願」を作成し、一九〇六（明治三九）年六月二一日に岡山教会執事河本乙五郎宛に提出している。願いには二五名が署名捺印していた。彼らを受洗した教会（地域）別にみると、次の通りである。

天城教会　浅野義八・浅野千代・板谷彌兵・板谷郁郎・板谷常三郎・板谷米・小野壽吉・太田兼・木村和吉・木村隆
岡山教会　板谷筋太郎・大橋朝野・高戸猷・林源十郎（蘇太郎）・林すが
倉　敷　大原孫三郎・高戸八千歳・林浦・林下枝
そ の 他　大橋廣・木村達・木村官太郎・瀬尾宗二郎・田中愛・松崎謙吉(24)

第三節　倉敷教会史の「第二期　真摯な伝道と苦難」

（一）組合教会の歴史的第二類型

組合教会の歴史的第一類型に概念化された教会は、広範な地域において伝道活動を展開した。しかし、この様な教会活動は教会を、多くの場合、成長させることができなかった。そこで、組合教会は歴史的第二類型へと大きく転換していく。次の通りである。

第二のタイプ（歴史的第二類型）における最重要課題は教会として個々の教会の基盤を確立することであった。このことは具体的には教会の自給独立として強く自覚され、教会堂の建設を伴う場合もあった。教会の自給独立という課題はこの時期の教会の担い手の信仰内容やその表現にも端的に現れている。彼らにとって教会の自給独立は信仰上の課題であり、そのために祈りを集中し、協力し、働いた。したがって、そこでは第一の教会タイプの担い手に見られたように、広範な伝道活動が中心的価値を持つことはなかった。また、活躍したのは教会の自給独立のために方策を指示し、それを着実に実行し、そのために幅広く協力できた人たちである。このような働きで力を発揮できたのは若い情熱に燃えた伝道者ではなく、経験が豊かで教会を整えることへの知恵と意志を持った牧師であり会員であった。教会活動も自給独立という目的によって規定された。この目的にしたがって単にキリスト教を伝えるというのではなく、それを達成するために地域に集中した伝道活動を行った。また、教会の働きに参加しそれを担う人材の育成を重んじた。ところで、教会の自給独立にしても教会堂の建設にしても、それらは直接には経済的な課題であり、会員の理解と協力を必要とした。そこで、これらの課題を達成する過程で、会堂建設までは無牧師を決意した宇和島教会に端的に見られたように、教会に責任を持つ自覚的な会員が育った(25)。

組合教会の歴史的第二類型の時期（一九〇四―一九一八）は、ほぼ倉敷教会史の「第二期　真摯な伝道と苦難（一九〇六―一九二二）」と対応する。『倉敷教会百年史』や『倉敷教会略史』は、牧師の突然の死や無牧などによってこの時期に戸惑いを繰り返す教会の姿を伝えている。ところが、いくつかの教会統計によると第二期の倉敷教会は着実な歩みを続けている。そこからは、第二期の倉敷教会が基本的には組合教会の歴史的第二類型と重なる様子を推測させている。実際はどうであったのかを検証しておきたい。

（二）歴史的第二類型から見る倉敷教会史第二期

倉敷教会史第二期（一九〇六―一九二二）を『倉敷教会百年史』や『倉敷教会畧史』はどのように描いているのか。まず、目次で叙述内容を概観したい。なお、『倉敷教会畧史』の時期区分は倉敷教会史第二期と多少ずれている。

『倉敷教会百年史』
第二章　真摯な伝道と苦難
　第一節　倉敷教会設立
　第二節　逞しき伝道の旅立ち
　第三節　教会試練の時代(26)

『倉敷教会畧史』
二、教会第一期（自明治三十九年一月―至明治四十五年五月）
イ　設立準備期　本町（借宅）講義所期
ロ　溝手牧師時代　本町・東本町・新川仮会堂期

三、教会第二期（自明治四十五年五月―至大正五年十一月）
第一次無牧期　新川仮会堂期
四、教会第三期（自大正五年十一月―至大正十二年五月）
竹中牧師時代（自大正五年十一月―至大正七年八月）新川仮会堂期
第二次無牧時代（自大正七年八月―至大正七年十二月）新川仮会堂期
杉田牧師時代（自大正七年十二月―至大正九年六月）渡米中を加ふ　新川仮会堂期
杉田老牧師応援時代（自大正八年六月―至大正十一年三月）新川仮会堂期
第三次無牧時代（自大正十一年四月―至大正十二年五月）新川仮会堂期(27)

これらの目次を見ると、倉敷教会史第二期には「教会試練の時代」があり、三度に及ぶ無牧の期間もあった。したがって、この時期の教会には長期にわたる安定した歩みを継続するには困難があったと推測される。ところが、いくつかの統計資料は第二期について全く違った側面を浮かび上がらせている。

まず、教会の種別である。一九〇六（明治三九）年から一九一九（大正八）年まで、倉敷教会は独立教会である。(28)一九二〇（大正九）年から一九二一（大正一〇）年までは教会である。つまり、第二期を通じて一貫して自給教会であった。さらに教会統計で会員数と教会常費を見ると、全体的に安定している。(29)確かに教会常費で第一次無牧期（一九一二―一九一六）と重なる時期では低迷している。それでも、この時も教会種別では独立教会を維持している。また、会員数が減少しているわけでもない。これらを総合的に判断すると、倉敷教会は第二期にいくつもの困難と遭遇していたが、独立教会として安定した運営をしていた。それでは、第二期の倉敷教会は具体的にどのように歩んでいたのか。そこから浮かび上がってくる会員像はどのようなものなのか。第二期を通して中心的課題であり続けた教会堂建設をめぐる経緯はどのようであったのか。

倉敷教会史第二期における教会堂建設の動向を分析するにあたって、まずその経緯を概観する。倉敷教会が一九〇六（明治三九）年七月一日に教会設立式を行った仮会堂（本町）は借家であった。設立式当日に開いた役員会は、「仮会堂借家料　月額金十二円」を決定している。(30)

しかし、倉敷教会はいつまでも借家を会堂とすべきではないと考えた。設立から半年後の役員会（一九〇八年一月二三日開催）で、「七、会堂建築基本金積立方法（総会の議事に上程する事）」を決議し、教会堂建設に向けた計画を立て始めている。(31) 会堂建築基本金積立は順調に進み、一九〇八（明治四一）年七月には「教会堂建築基本金　二七七円十七銭五厘」が報告されている。(32) 一九〇九（明治四二）年五月に木村和吉宅で開かれた役員会では、「一、会堂建築に向かって大いに努力すること」が決議された。(33) 建築基本金は着実に献金され、一九一一（明治四四）年五月には「教会堂建築基本金会計　一、七四三、四〇〇」と報告されている。(34) 一九一一年七月以降、教会堂建設は急速に進む。同年七月一日に開催した教会総会で「一、仮会堂建築委員の選定（すなわち当時の管理者二名と執事六名）木村和吉・林源十郎（蘇太郎）・浅野義八・小野壽吉・木村官太郎・高戸猷・木村隆・太田兼」を決議している。(35) その後、「仮会堂建築起工式」を七月一一日に行い、九月二三日には「落成感謝祈禱会」を実施している。「仮会堂捧堂式」は一〇月一日に執行している。仮会堂の「建築総費額」は「一、〇二四円四十五銭」であった。[36]なお、建設された会堂は「倉敷教会仮会堂」とされた。その理由について『倉敷教会百年史』は次のように説明している。

経費節減のため、敷地は借地、建築部材も旧郡役所会議室と玄関、合計二十五坪五分の部材をかねて買い取り、取り置いて建築に再利用した。新会堂でありながら「仮会堂」と称したゆえんである。[37]

仮会堂を建設した六年後の一九一七（大正六）年四月一日の臨時教会総会は、本会堂新築問題で開催された。総会では倉敷基督教会執事より、「倉敷基督教会本会堂新築について謹告」「予算書」「献金方法」が提案された。予算書によると、「会堂建築費仮予算額　金五千円也」である。[38]この予算額は仮会堂建築費の約五倍の規模になる。ところが、新たに申し込みを募った結果が、同年七月一日に開催された総会で報告されている。それによると新申し込みを含めた総計は約六、〇〇〇円であった。[39]臨時総会で再度「新会堂建築の件」が諮られたのは、一九二一（大正一〇）年七月九日である。この総会ではボーリズ氏との交渉が進められており、それによると「全体では五万円以上になるかも知れぬ」と報告され、新たな建築積立金の必要を決議している。[40]前回予算のおよそ一〇倍にもなる新たな計画について再度献金を募った結果として、九月一二日に「合計　一二八、八〇〇円」が報告されている。[41]そこで、同年一一月一七日に会堂敷地（面積五三〇

記念碑　倉敷教会旧会堂・竹中幼稚園開園の地
（『倉敷教会百年史』口絵より）

坪、金額一七、七七五円）を購入している。[42] 土地を取得して、教会堂建設は新たな局面を迎えた。

第二期を通じて、教会堂建設に向けた地道でたゆまぬ前進があった。その経緯からいくつかの特色を見ることができる。

まず、借家の会堂から仮会堂、本会堂建設に向けた一貫した歩みである。その間、教師は初代の溝手文太郎牧師（在任一九〇六年七月―一九一二年四月）、二代目の竹中悦蔵牧師（一九一六年一一月―一九一八年八月）、三代目の杉田譲二伝道師（一九一八年一二月―一九二〇年六月）、杉田潮長期応援牧師（一九一九年六月―一九二二年三月）と変わっている。しかし、教師の交代にもかかわらず、倉敷教会は着実に本会堂の建設に向けて前進していた。そこに、教会を支え続けた信徒の存在がある。

本会堂建設に向けた歩みにおいて指導力を発

揮した教会員がいた。なかでも木村和吉の指導的役割は傑出している。第二期における本会堂建設の経緯をみると、仮会堂建築・本会堂建設計画・予算案変更に伴う本会堂建設計画・敷地の購入など、いくつかの重要な局面があった。これらいずれの時においても、木村和吉は中心になって責任を負っている。

しかし、会堂建設という大事業は一人の指導者によって達成できるものではない。木村には協力者がいた。一九一一（明治四四）年七月一日に仮会堂の建築員に選ばれた八名について彼らの生年と当時の年齢をみると、次の通りである。なお、八名全員が倉敷教会設立時の署名者二五名に入っている。

木村和吉　一八六二年　四九歳、　林源十郎（蘇太郎）一八六五年　四六歳、
浅野義八　一八五八年　五三歳、　小野壽吉　一八五三年　五八歳、
木村官太郎　一八七六年　三五歳、　高戸猷　一八八一年　三〇歳、
木村隆　不明、　太田兼　一八六一年　五〇歳、

年齢をみると、彼らは若い情熱に燃える青年ではない。むしろ、社会生活においても教会生活においても経験を積み、責任を持って計画を立て確かな歩みを続けることのできる成熟した人々であった。彼らが結束して事にあたることによって、本会堂建設という大事業は可能となった。

さらに、本会堂建設のために必要な条件があった。それは倉敷教会員の長期に及ぶ事業におけ

る一致結束である。そのためには計画の中心に立ち責任を負う人々が、会員の信頼を得るために細心の注意を払い、しかも大胆に事を進めなければならない。このように第二期に本会堂建設のために責任を負った人々の信仰生活には、組合教会の歴史的第二類型において描き出されているキリスト教徒像と多くの面で重なっているのである。

第四節　倉敷教会史の「第三期　近代教会の基礎固め」

(一) 組合教会の歴史的第三類型

組合教会の歴史的第二類型に概念化される教会は、教会の自給独立を主要な課題とした。教会員はこの目的のために祈り力を合わせ、教会を担う人材を育てた。自給独立を達成する過程で、多くの教会は教会堂を建設する。こうして安定した教会運営を確保した時、地域社会における新たな立場を獲得していた。そこで、地域社会に開かれた共同体として教会は新しい歩みを始める。組合教会の歴史的第三類型である。

第三のタイプの教会（組合教会の歴史的第三類型）は、すでにその基盤が整っていたことと地域社会の一定の信頼を得ていたことを前提にして、キリスト教の立場から地域社会に向けて幅広く発言し行動する。このような基本的特質は教会活動に顕著に認められる。すなわち、このタイプの教会では、第一のタイプのように広範な伝道活動を展開することや第二のタイプのように集中した伝道活動と教会青年育成を限定的に目的にした活動が基本的特質になることはない。むしろ、キリスト教の立場から教会を地域社会に向けた教育・文化・社会福祉等に関する情報発信と活動の場とした。したがって、このタイプの教会の担い手は幅広い学識と行動力を必要とした。彼らはその学識と行動への意欲とをキリスト教主義学校で得たし、組合教会はそれらのネットワークでもあった。さまざまな社会的・文化的情報や活動を提供する教会に地域の人びとは多く集まった。教会は以前とは質の違った地域社会との接点を多く持った。しかし、このような活動や地域との接点が直ちに教会の会員数や活動費の増加につながることはなかった。むしろ、このタイプの教会において会員の空洞化などが徐々に進行した。(43)

組合教会の歴史的第三類型（一九一九―一九三五）は、倉敷教会史の「第三期　近代教会の基礎固め（一九二二―一九二五）」と活動内容において重なる点がある。倉敷教会は本会堂を設立すると、地域社会に開かれた教会として多彩な活動を展開したからである。そこで、第三期に始まる地域社会に開かれた教会活動を組合教会の歴史的第三類型から分析する。

(二)「歴史的第三類型から見る倉敷教会史第三期

倉敷教会の建築委員会が西村伊作の西村建築事務所と会堂建築について「三一、〇〇〇円の範囲で工事の全て」を契約したのは、一九二二（大正一一）年五月二六日である。(44) 同年七月には着工し八月二〇日に定礎式を執行、献堂式を挙行したのは一九二三（大正一二）年五月二〇日である。[45]「会堂建築決算報告」によると、「新会堂敷地五三〇坪代」を含めた総計は「六五、六八八円九〇銭五厘」であった。[46]田崎健作伝道師が倉敷教会に着任したのは献堂式の日である。念願の新会堂を竣工し田崎伝道師を迎えた頃から、倉敷教会は地域社会を対象にした活動に取り組んでいく。活動内容と担い手を中心に見ておきたい。

まず、竹中幼稚園である。竹中光子は倉敷教会第二代牧師竹中悦蔵の妻であった。竹中牧師が一九一八（大正七）年に逝去すると、しばらくの祈りの時を経て、彼女は一九二一（大正一〇）年春に玉成保母養成所に入学した。翌一九二二（大正一一）年三月に同校を卒業すると、倉敷における幼稚園開設の準備にかかる。こうして、倉敷教会付属「旭幼稚園」を開設したのが、一九二二（大正一一）年九月一日である。場所は倉敷教会仮会堂であった。[47]旭幼稚園は一九二三（大正一二）年三月には新会堂に移転、一九二四（大正一三）年一〇月に「竹中幼稚園」と改称した。倉敷教会付属幼稚園として竹中幼稚園はキリスト教保育を行い、[48]地域社会に根付いた活動を展開している。[49]

この頃から始めた運動に、自然災害に遭った人々への救援活動がある。日本基督教青年同盟から一九二二（大正一一）年九月に、ロシアの飢饉救済への呼びかけがあった。これを受けて倉敷教会青年会は、九月一九日から三日間「ロシア同胞を救へ」を合言葉にして戸別訪問などの活動をした。こうして集まった義捐金一〇四円を青年同盟に送金している。[50]一九二三（大正一二）年九月一日におこった関東大震災に際しては、婦人会と青年会が協力して九月四日から六日まで救援活動を実施し、現金九一一円五〇銭等を送っている。この時は救援活動を継続し、その後一七七円九〇銭を集めて送金している。[51]

倉敷教会を会場にして取り組んだ活動に、婦人会が一九二三(大正一二)年九月二八日に設置した矯風会倉敷支部がある。[52]同年一〇月二日には、田崎伝道師と松本圭一を講師として英語研究会を設けている。一〇月八日には、田崎伝道師夫人と松原高を講師に裁縫教授を始めた。[53]一一月三日には青年会が主催して活動写真会(映画会)を開き、会堂に五〇〇名を越える参加者があったと報告されている。収益金一〇〇円は大震災の火災救援のため送金された。[54]さらに、一一月二四日には東京の霊南坂教会音楽主任の大中寅二を招いて、六日間連続して夜に演奏会を開催し、町の婦人会・処女会・さつき会・矯風会・文化協会・中央病院関係者を招待している。それとは別に午後の演奏会を企画して、高等女学校生徒や旭幼稚園母の会を招いた。[55]一九二四(大正一三)年五月三一日には、婦人会主催の大バザーを教会で開いている。これが倉敷教会に記録されている最初のバザーである。[56]

倉敷教会外にも出かけ、積極的に地域活動に参加している。田崎牧師は、一九二四(大正一三)年四月七日に浅口郡南浦青年団有志主催の精神講話に講師として招かれ、午後と夜に講話をした。その後も、たびたび当地に出向いている。同年六月三日には吉備郡真金小学校で五年生以上の生徒一七〇名に禁酒講演を、六日には同校で青年団・在郷軍人・一般の人びと約二〇〇名に精神講話を行った。[57]

このように倉敷教会は教会堂設立前後から、地域社会に開かれた諸活動を積極的に展開した。

1930 年頃の倉敷教会

倉敷教会の会堂内部
（Photo by M. Imaoka）

そこに認められる教会活動の特色は、組合教会の歴史的第三類型と重なる。ところで、この時期の組合教会に広く見られたのが教会の空洞化である。地域社会での活動を行うことによって、地域の人々が多く教会へ足を運んだ。しかし、これらの活動が直ちに教会の統計数値に反映することはなかった。そのため、歴史的第三類型に対応する時期（一九一九—一九三五）の組合教会には空洞化が生じていた。倉敷教会の場合はどうであったのか。教会統計の主要な数値、現住会員数・礼拝出席者数・教会常費から、検討したい(58)。倉敷教会の一九一九年度から一九三五年度までの統計数値（現住会員数・礼拝出席者数・教会常費）は、次の通りである。

一九一九年度（一〇六名・一八名・七五七円）
一九二〇年度（九三名・二二名・八七一円）
一九二一年度（一一二名・二四名・九九二円）
一九二二年度（一三七名・二五名・一、〇三八円）
一九二三年度（一九八名・五六名・三、〇五三円）
一九二四年度（二三八名・七六名・三、四一七円）
一九二五年度（二四一名・八名・四、〇一〇円）
一九二六年度（二五二名・七七名・三、九五〇円）
一九二七年度（二五七名・七七名・三、八一九円）
一九二八年度（二四五名・八六名・二、七六七円）

一九二九年度（二二二〇名・八九名・二、七六三円）
一九三〇年度（四三二名・九八名・三、〇八〇円）
一九三一年度（三〇二名・八四名・四、四〇一円）
一九三二年度（三四〇名・七七名・三、五三九円）
一九三三年度（三五五名・七三名・三、八二九円）
一九三四年度（三三六名・七一名・三、五八九円）
一九三五年度（三四〇名・六三名・三、一九七円）

倉敷教会の一九一九年度から一九三五年度までの統計数値（現住会員数・礼拝出席者数・教会常費）は、どのように分析できるのであろうか。これを分析するために便宜的に一九一九年度から五年ごとの統計数値を並べ比較してみると、次の通りである。

一九一九年度（一〇六名・一八名・七五七円）
一九二四年度（二三八名・七六名・三、四一七円）
一九二九年度（二二〇名・八九名・二、七六三円）
一九三四年度（三三六名・七一名・三、五八九円）

倉敷教会の会員数・礼拝出席者数・教会常費の推移、あるいは現住会員に対する礼拝出席者数の割合、さらに現住会員数に対する教会常費の割合など、いずれの値をとっても教会の空洞化は認められない。したがって、一方では倉敷教会史の第三期において地域社会における活動を活発に行っていた。しかし他方、組合教会史の第三類型に認められた教会の空洞化は倉敷教会には生じていなかったのである。

第五節　倉敷教会史の「第四期　戦時下の教会」

（一）組合教会の歴史的第四類型

組合教会の歴史的第四類型に概念化される教会は、戦時体制下にあって教会の存続を何よりの課題とした。教師の頻繁な交代・会員の離散・空襲による会堂の消失等の中で、少数の教会員が集会を守り続けた。こうして、戦時体制下にあって教会は維持された。このような状況下に認められるのが、組合教会の歴史的第四類型である。

第四のタイプの教会（歴史的第四類型）にとって教会の存続が最大の課題であった。具体的には国家の戦時体制に組み込まれながら教会も戦争遂行に協力して、その存続を計った。このような姿勢はこの時期の教会活動から顕著に読みとれる。この時期に教会が守ろうとしたのは、礼拝・祈禱会等、教会の定例集会の継続であった。教会外への働きかけは困難であり、新来会者もなく、第一の教会類型・第二の教会類型・第三の教会類型でそれぞれに認められた教会外への活動を行うことはほとんどなかった。むしろ、少数の牧師と教会員が、戦時体制・経済的困難・牧師の交代と無牧の期間・会員の離散・会堂の焼失等の悪条件の中で、集会を続けた。教会を支えぬいたのは集会の参加者であった。この人たちの関心はキリスト教に向いていた。それは地域社会から切り離されたキリスト教であり、どのような意味においても積極的に教会外に働きかけることをしないキリスト教であった。そこで、彼らが求めたのは困難な状況にあっても信仰者である彼らの実存と教会の存続とを支え続ける力を持つキリスト教であった。[59]

倉敷教会史の第四期（一九二六—一九四五）は、歴史的第四類型と対応する組合教会史（一九三六—一九四一、一九四一—一九四三）より長くなっている。満州事変から始まる一五年戦争期を対象としたためである。そこで、戦時体制下の組合教会を概念化した歴史的第四類型から、倉敷教会史の第四期を分析したい。

(二) 歴史的第四類型から見る倉敷教会史第四期

倉敷教会史の「第四期　戦時下の教会（一九二六—一九四五）」には、戦時体制への協力を求める国家の要請に応えた倉敷教会という基本的枠組みがある。まずいくつかの側面から概要を見ておきたい。

大正天皇から昭和天皇への代替わりに際し、一九二六（昭和元）年から一九三〇（昭和五）年にかけてそれを意識した行事や表現がある。これらは教会の主体性に基づいていたが、やがて国家は天皇制を用いて強く戦争協力を求めてきた。

一九二五年一二月二五日　大正天皇が死去したためクリスマス祝会を差し控えた。(60)

一九二八年一一月一一日　御大典記念礼拝を守った。(61)

一九三〇年七月　倉敷組合教会の附属基督教青年会ではかねて御大典記念事業として青年会館の建設を決議し、資金一万円を募集中であったが、いよいよ準備なりしを以て、会堂前に建坪五八坪のモダンな木造洋館を建築に決定し、すでに工事に着手した。今年一〇月には竣工の予定である。(62)

戦局が緊迫すると国家の要請は戦争遂行のため具体的な要求となり、教会活動に支障を来すこととなる。金属品の献納や教会建物の徴用の場合を見ておく。

一九四〇年一一月頃　金属品献納運動。全国の寺院、教会ならびに青年団の協力による運動であって、当教会もこれに参加することになったため、青年会員の手を借りて退蔵金属の蒐集にあたった。(63)

一九四三年六月二〇日　青年会館が徴用された。地方の警備司令部として、軍隊などが駐屯するため(64)。

一九四四年二月　軍用機のための献金の要請があり、会員に通達した(65)。

一九四五年四月　礼拝堂に三菱重工業の用度課が移転してきた。これは、水島への爆撃が激しくなり、危険にさらされたので、三菱重工業に徴用されていた大橋公夫が林源十郎（彪）に相談した結果である。これは敗戦後、九月七日に撤収するまで続いた(66)。

戦時体制への協力は、教会活動にもさまざまな影響を及ぼした。礼拝プログラムにおける国民儀礼・祈禱会での祈禱内容・礼拝説教の変化、それと初期に認められた反戦思想を見ておく。

日本基督教団　倉敷基督教会　昭和十八年五月二日　礼拝式順序

司会者　桑内成郎

国民儀礼

宮城遥拝

皇軍将士並ニ英霊ニ感謝

礼拝式　（以下、省略(67)）

一九四四年七月二日（日）倉敷教会設立・天城教会合併記念総員礼拝を以下の通り挙行した。

国民儀礼　大東亜戦争必勝祈願
　礼拝　（以下、省略(68)）

一九三八年七月七日　午後八時から定例祈禱会を事変一周年記念祈禱会として開き、次の主題のために祈った。

・国難の打開と世界平和確立のため、出征兵士とその家族のため。
・戦没将兵の英霊とその遺族のため。
・国民精神の興隆と緊張持久のため。
・北京、天津、青島、上海に活動せる同胞教会牧師とその会員のため。(69)

一九四〇年九月一日（日）早朝祈禱会、礼拝にて二瓶要蔵兄が奉仕した。皇紀二六〇〇年に際し、時局の進展により、国家総動員の体制が強化され、当教会においても、礼拝に際し、国民儀礼として宮城遥拝、皇軍将兵ならびに英霊に感謝の黙禱を捧げることになり、二二日の礼拝よりこれを実行した。[70]

昭和一四年三月一〇日から一三日まで四日間にわたって倉敷教会は、天満教会平岡徳次郎牧師を迎えて「春季特別伝道」を催している。その演題を見ると、一〇日「滅私奉公と十字架精神」、一一日「聖忍持久と不退転の信」、一二日「教会総力戦と我等の任務」（朝礼拝）、一三日「山上の垂訓」となっており、戦時色の強いテーマが並んでいる。[71]

翌々年、昭和八年田崎牧師は組合教会の派遣によって台湾伝道を行った。このとき、先年旅順の古戦場を訪問したときのことを想起し、島木赤彦の歌を再びとなえ、こう述べている。「人は時々迷う。銃剣の力、軍艦の威力が人格の力よりも偉大なものであると。今日の戦いは戦闘でなくて戦争であることを知らねばならぬ。独逸は戦闘に勝って戦争に敗れた。露国もザーもあの偉大なる陸軍を擁しながら遂に革命に倒れた。つつしむべきは武力を過信して人心の無能を軽蔑してはならない。[72]」

一九三七年八月二日　岡山憲兵隊より憲兵が来て、組合教会総会の意味を問い、「なぜ、岡山で行うのか、このような催しは時局柄中止せよ」と迫ったが、「全国的な会合であり、今さら中止するわけにはいかぬ」と拒絶した。同時に特高刑事もしばしば来て教会の内情を調査し、「米国より補助を受けているか」などの愚問を発した。その後、相当執拗に来訪す

るようになった。(73)

戦時体制下にあって倉敷教会会員はどのような教会生活を送っていたのであろうか。教会統計（現住会員数・礼拝出席者数・教会常費）の一九一九年度から一九三五年度までの推移についてはすでに見ている。その後、一九三六年度から一九三九年度までの推移は次の通りである。

一九三六年度（三四二名・六五名・三、七六六円）
一九三七年度（三五六名・六二名・三、五五二円）
一九三九年度（三五五名・五二名・三、〇一二円）

倉敷教会会員は一九三九年度まで、教会統計の数値で見る限り、比較的安定した教会生活を送っていたと推測できる。しかし、戦局がさらに厳しくなって男性会員が次々と召集され、岡山県下の各地が空襲されるようになると、状況は一変した。

翌昭和二十年三月十七日東方牧師に召集令が来て、岡山四十八部隊に入隊することになり、教会は戦時下二度目の無牧を経験する。男子はほとんど徴兵、徴用のために引っ張り出され、婦人たちも疎開や職場の責任をもって不在となることが多かったが、礼拝は欠かさず守られていた。それを守ったのは、竹中みつ園長を中心とするごく少数の婦人たちや老人たちであった。水島にあった三菱重工業は爆撃を怖れ四月二十五日、その事務所を倉敷教会礼拝堂に移した。終戦後九月七日に撤去されるまで用いられていた。教会の庭には、米兵を仮想したわらの人形がおかれ、剣付き銃砲で兵隊たちがそれをかん声あげてついていた。竹中園長は幼稚園のこどもたちに「いまはこうして戦争をしていますが、アメリカの人にもようわかった人もいるのです。いつの日か、平和が来るように祈りましょう」と語っていた(74)。

倉敷教会は、戦時体制下にあってなお比較的安定した教会生活を送っていた。しかし、太平洋戦争も末期になると、様相は一変する。この時に教会を守りぬいたごく少数の教会員の信仰生活は、歴史的第四類型に類型化された姿と重なるのである。

おわりに

『倉敷教会百年史』は倉敷教会の前史と組合教会に所属していた時期を四期に区分していた。すなわち、「第一期　プロテスタントの教え倉敷へ（一八七八—一九〇五）」「第二期　真摯な伝道と苦難（一九〇六—一九二二）」「第三期　近代教会の基礎固め（一九二二—一九二五）」「第四期　戦時下の教会（一九二六—一九四五）」である。これらを組合教会の歴史的四類型の概念と比較検討し考察した。その結果、倉敷教会の歴史的基層に存在するいくつかの顕著な特質が明らかになった。

日本キリスト教団　倉敷教会（スケッチ）

まず、倉敷教会の信仰の質に関する三点である。これらはいずれも倉敷教会史の「第一期」に認められ、歴史において尊重されている。第一は浅野義八の生きた信仰である。浅野は祈りの人であり、キリスト教信仰に基づく霊性を豊かに生きた。第二は林源十郎（蘇太郎）が自らの生活を以て示した、日本的ピューリタニズムともいうべき倫理的生活である。彼は社会においてこのような倫理的生活をして、教会を支えた。第三は林・石井・大原三家に認められるキリスト教による交わりである。キリストによる交わりは倉敷教会において教会共同体の形成力となった。

次に倉敷教会会員の自立と主体性、そして協力し合う姿勢である。この特色のよく現れていたのが、「第二期」における教会堂建設への取り組みである。あの時教師の交代が重なったにも関わらず、会堂建設という大事業は地道に着実に取り組まれた。そこには中心になって指導した信徒がいて、委員として彼を支えた信徒もいた。さらに彼らを信頼して力を合わせ協力する教会員がいた。そこに認められたのが会員の自立と主体性、そして彼らの協力し合う姿である。

さらに、地域に開かれた教会の姿勢がある。この姿は「第三期」に取り組んだ諸活動に認められたが、とりわけ竹中幼稚園に顕著である。教会付属施設として竹中幼稚園はキリスト教保育に徹しながらも、地域に開かれた活動を展開して地域社会の信頼を得た。

これらの特色は倉敷教会の歴史的基層研究を通して明らかにされた。ところで、作業そのものは教会外部の研究者が歴史研究の手法を用いて分析した結果という基本的性格を持つ。これら歴史的基層に潜む賜物をどのように継承発展させるのか、それは現在の倉敷教会が明日に向けて主体的に取り組まれる課題である。『倉敷教会百年史』編纂委員会の助言者として役割を果たせなかった者としては、これからの倉敷教会に祈りつつ期待するのである。

注

(1) 教会百年史編纂委員会(編)『倉敷教会百年史』i—ii頁

(2) 高戸猷(編)『倉敷基督教会略史』倉敷基督教会、一九三五年

（3）竹中正夫『倉敷の文化とキリスト教』日本基督教団出版局、一九七九年
（4）八つのテーマは次の通りである。「倉敷水島教会」「倉敷キリスト会館（倉敷クリスチャンセンター）」「パイプオルガン設置」「教会墓地、納骨堂建設」「倉敷平和教会設立から解散まで」「倉敷教会エレベーター建設」「安息日学校、日曜学校からCS（Children's Service）への歩み」「竹中幼稚園」。
（5）資料の項目は次の通りである。「歴代の教師」「受洗者等名簿」「現住陪餐会員等名簿」「統計データ」「年表」。
（6）『倉敷教会略史』の時期区分に基づく構成は次の通りである。
一、播種期（自明治十一年—至明治三十八年）
二、教会第一期（自明治三十九年一月—至明治四十五年五月）
三、教会第二期（自明治四十五年五月—至大正五年十一月）
四、教会第三期（自大正五年十一月—至大正十二年五月）
五、教会第四期（自大正十二年五月—　　　　）
（7）『倉敷教会略史』のさまざまな記録は次の通りである。「教会略史年表」「附属事業」「教師、役員、職員」「永眠者」「統計」「教会組織」「維持財団」「諸団体」。
（8）竹中正夫、前掲書、一三一—一四頁、五七三—五七四頁
（9）おおよその時系列に整えられた構成は次の通りである。
第一章　倉敷の風土
第二章　種まきのころ
第三章　明治期における岡山・倉敷の信徒の交わり——草創期の人びと（大原・石井・林の三家の場合）

第四章　新川の奥に
第五章　初穂の群れ
第六章　二粒の麦
第七章　二つの石――竹中幼稚園の誕生
第八章　忘れえぬ人びと
第九章　「生命」の歩み
第十章　聖徒の交わり
第十一章　戦時下の教会Ⅰ
第十二章　戦時下の教会Ⅱ
第十三章　大原美術館と児島虎次郎
第十四章　文化をおもうこころ――大原総一郎の思想
第十五章　聖書と民芸

(10) 参照、塩野和夫「日本組合基督教会の歴史的四類型」（『キリスト教史学』第五十集、キリスト教史学会、一九九六年、三九―五五頁）

(11) 時期区分の検討対象として教会法と教会統計に取り組んだ理由については、以下を参照。塩野和夫『日本組合基督教会史研究序説』新教出版社、一九九五年、一九一―一九四頁、二九七―三〇四頁。

(12) 『倉敷教会百年史』の「第一部　本篇」は、「章」構成であった。ただし、それは時期区分に基づいた構成であるので、歴史的四類型との比較においてもこの区分を用いる。さらに便宜上、歴史的類型との比較においては、「章」に代えて「期」を入れた。つまり、「第一章　プロテスタントの教え倉敷へ」は「第一期　プロテスタントの教え倉敷へ」とする。

(13) 塩野和夫「日本組合基督教会の歴史的四類型」四二頁
(14) 一八八〇年　岡山教会、一八八二年　高梁教会、一八八四年　天城教会、一八八六年　落合教会、一八九〇年　津山教会、一八九四年　岡山北部教会・香登教会、一九〇三年　旭東教会、一九〇六年　高屋教会。
(15) 川越義雄伝道師（在任期間　一八八〇年一〇月—一八八三年二月）、亀山昇伝道師（天城講義所と兼務、一八八四年八月—一八八六年九月）、堀兼鶴太郎伝道者（一八八八年一二月—一八八九年一〇月）
(16) 一八八二年一月　井上町に講義所を開く。
一八八二年四月　本町に移転、一二月廃止。
一八八八年六月　阿知町に講義所を移転。
一八八九年一月　向市場に講義所を移転。
一八八九年六月　戎町に講義所を移転。
一九〇五年五月　本町に講義所を開く。
(17) 高戸猷（編）、前掲書、四頁
(18) 高戸猷（編）、前掲書、一〇頁
(19) 高戸猷（編）、前掲書、一三頁
(20) 高戸猷（編）、前掲書、一八頁
(21) 竹中正夫、前掲書、八五頁
(22) 竹中正夫、前掲書、九一頁
(23) 参照、倉敷教会百年史編纂委員会（編）、前掲書、一六—二六頁
(24) 参照、倉敷教会百年史編纂委員会（編）、前掲書、一九—二五頁

(25) 塩野和夫、前掲書、四四—四五頁
(26) 参照、倉敷教会百年史編纂員会（編）、前掲書、二七—五六頁
(27) 参照、高戸猷（編）、前掲書、一頁
(28) 組合教会の教会種別は一九〇四年度から一九一八年度までは、「独立教会」（会員数三〇名以上、自給）・「仮教会」（会員数二〇名以上）・「講義所」であった。一九一九年度から一九三三年度までは、「教会」（会員数若干名、自給）・「伝道教会」（自給不可の教会）であった。参照、塩野和夫『日本組合基督教会史研究序説』三〇七頁
(29) 第二期における会員数と教会常費の推移は次の通りである。

	会員数	教会常費（単位　円）
一九〇六	三六	三三〇・〇〇
一九〇七	五二	三六〇・〇〇
一九〇八	九二	六八四・〇〇
一九〇九	一一二	九五三・七八
一九一〇	一一六	九二二・三六
一九一一	一一四	八六七・六五
一九一二	一二六	四八七・七九
一九一三	一三三	二八四・四〇
一九一四	一三七	二七七・七九
一九一五	一三九	三〇五・六八
一九一六	一五三	三九一・〇〇
一九一七	一八八	八五五・〇〇

一九一八	一九二	六九三・〇〇
一九一九	一九六	七五七・〇〇
一九二〇	二〇一	八七一・〇〇
一九二一	二二六	九九二・〇〇

（30）倉敷教会百年史編纂委員会（編）、前掲書、三四頁。高戸猷（編）、前掲書、六二頁。
なお、本町の仮会堂は一九〇八年二月に東本町に移転している。倉敷教会百年史編纂委員会、前掲書、三四頁。高戸猷（編）、前掲書、六二頁。

（31）倉敷教会百年史編纂委員会（編）、前掲書、三一頁。高戸猷（編）、前掲書、五一頁。

（32）倉敷教会百年史編纂委員会（編）、前掲書、三五頁。高戸猷（編）、前掲書、六四頁。

（33）倉敷教会百年史編纂委員会（編）、前掲書、三八頁。高戸猷（編）、前掲書、七〇頁。

（34）高戸猷（編）、前掲書、八二頁

（35）倉敷教会百年史編纂委員会（編）、前掲書、四〇頁。高戸猷（編）前掲書、八三頁。

（36）高戸猷（編）、前掲書、八六―八七頁

（37）倉敷教会百年史編纂委員会（編）、前掲書、四一頁。なお、『倉敷教会略史』は「仮会堂建築始末」を記している。参照、高戸猷（編）、前掲書、八四―八五頁

（38）倉敷教会百年史編纂委員会（編）、前掲書、四八頁。高戸猷（編）、前掲書、一〇八―一〇九頁。

（39）「新申込額三、三〇〇円　旧基本金積立二、〇一〇円　現会堂売却予想七〇〇円　計約六、〇〇〇円」高戸猷（編）、前掲書、一一〇頁。ただし、この時の建築計画は竹中悦蔵牧師の突然の逝去により頓挫する。倉敷教会百年史編纂委員会（編）、前掲書、四九頁。高戸猷（編）、前掲書、一一二頁。

（40）倉敷教会百年史編纂委員会（編）、前掲書、五四頁。高戸猷（編）、前掲書、一一二頁。

(41)「積立金額七、三四一円余り　倉紡社債権額面五、六〇〇円　新献金申込者　二五名　一五、九四五円　計二八、八〇〇円」倉敷教会百年史編纂委員会（編）、前掲書、五四頁。高戸猷（編）、前掲書、一二四頁。
(42) 倉敷教会百年史編纂委員会（編）、前掲書、五五頁。高戸猷（編）、前掲書、一二五頁。
(43) 塩野和夫、前掲書、四七頁
(44) 倉敷教会百年史編纂委員会（編）、前掲書、五七頁。高戸猷（編）、前掲書、一二五頁。
(45) 倉敷教会百年史編纂委員会（編）、前掲書、六一頁。高戸猷（編）、前掲書、一三五―一三六頁。
(46) 倉敷教会百年史編纂委員会（編）、前掲書、六二頁。高戸猷（編）、前掲書、一三八―一三九頁。
(47) 倉敷教会百年史編纂委員会（編）、前掲書、三二六頁。竹中正夫、前掲書、二四四―二四五頁。
(48) 竹中正夫「変わらないもの」（竹中正夫、前掲書、二四七―二四八頁）
(49) 竹中正夫「こころのよりどころ」（竹中正夫、前掲書、二四八―二五三頁）
(50) 倉敷教会百年史編纂委員会（編）、前掲書、五八頁。高戸猷（編）、前掲書、一二七頁。
(51) 倉敷教会百年史編纂委員会（編）、前掲書、六三頁。高戸猷（編）、前掲書、一四〇頁。
(52) 倉敷教会百年史編纂委員会（編）、前掲書、六三頁。高戸猷（編）、前掲書、一四一頁。
(53) 倉敷教会百年史編纂委員会（編）、前掲書、六三頁。高戸猷（編）、前掲書、一四一頁。なお、一九二四（大正一三）年七月一日に開催された教会総会で英語研究会は英語夜学校として青年会に、裁縫教授は裁縫夜学校として婦人会に委託している。参照、倉敷教会百年史編纂委員会（編）、前掲書、六五頁
(54) 倉敷教会百年史編纂委員会（編）、前掲書、六三頁。高戸猷（編）、前掲書、一四一頁。
(55) 倉敷教会百年史編纂委員会（編）、前掲書、六三頁。高戸猷（編）、前掲書、一四一頁。
(56) 倉敷教会百年史編纂委員会（編）、前掲書、六五頁。高戸猷（編）、前掲書、一四四頁。

(57) 倉敷教会百年史編纂委員会（編）、前掲書、六五頁。高戸猷（編）、前掲書、一四四頁。
(58) 倉敷教会の第三期は一九二三年から一九二五年である。この期間は統計数値の推移を検討するためには短すぎる。そこで、ここでは組合教会の第三期（一九一九年―一九三五年）における倉敷教会の数値を検討対象とする。
(59) 塩野和夫、前掲書、四九頁
(60) 倉敷教会百年史編纂委員会（編）、前掲書、七二頁
(61) 倉敷教会百年史編纂委員会（編）、前掲書、七四頁
(62) 倉敷教会百年史編纂委員会（編）、前掲書、七九頁
(63) 倉敷教会百年史編纂委員会（編）、前掲書、一〇二頁
(64) 倉敷教会百年史編纂委員会（編）、前掲書、一〇八頁
(65) 倉敷教会百年史編纂委員会（編）、前掲書、一一一頁
(66) 倉敷教会百年史編纂委員会（編）、前掲書、一一五頁
(67) 竹中正夫、前掲書、四四〇頁
(68) 倉敷教会百年史編纂委員会（編）、前掲書、一一二頁
(69) 倉敷教会百年史編纂委員会（編）、前掲書、九六頁
(70) 倉敷教会百年史編纂委員会（編）、前掲書、一〇一頁
(71) 竹中正夫、前掲書、四三四頁
(72) 竹中正夫、前掲書、四〇四頁
(73) 倉敷教会百年史編纂委員会（編）、前掲書、九三頁。参照、竹中正夫、前掲書、三八七―三八八頁。
(74) 竹中正夫、前掲書、四四六―四四七頁。参照、倉敷教会百年史編纂委員会（編）、前掲書、一

一五—一一七頁。

資料1　倉敷教会と組合キリスト教会の比較年表

年	倉敷教会	組合キリスト教会
一八六九		一一月　D・C・グリーンが来日する。
一八七二		五月　J・C・ベリーが来日する。
一八七四		四月　神戸教会を設立する。 一一月　新島襄が帰国する。
一八七五		一〇月　神戸女学院を開校する。 一一月　同志社を開校する。
一八七六		一月　熊本洋学校生徒有志が花岡山で著名する。
一八七八		一月　日本基督伝道会社を設立する。
一八八〇	二月　中川横太郎が新島襄を倉敷に案内する。 一〇月　川越義雄伝道師が倉敷に定住する。木村和吉宅で説教会を開く。	一〇月　岡山教会を設立する。
一八八二	一月　井上町に聖書講義所を開設する。川越伝道師宅で新約聖書を講義する。 四月　本町に講義所を移転する。 一二月　講義所を廃止する。	
一八八三	二月　川越伝道師が辞任する。	八月　『東京毎週新報』を創刊する。
一八八四	八月　亀山昇伝道師が天城講義所に住み、倉敷にも伝道する。	一一月　天城教会を設立する。

一八八五	三月　亀山伝道師が倉敷に定住する。	一月　『東京毎週新報』を『基督教新聞』に改題する。
一八八六	五月　戌町に講義所を設ける。 九月　亀山伝道師が辞任する。	四月　日本組合教会を組織する。
一八八七	一一月　木村和吉宅で聖書研究会を行う。	九月　岡山孤児院を開設する。
一八八八	六月　阿知町に講義所を移転する。 一二月　堀兼鶴太郎伝道師が倉敷で伝道する。 一二月　木村和吉宅で倉敷最初のクリスマス祝会を持つ。	
一八八九	一月　講義所を向市場に移転する。 六月　講義所を戌町に移転する。	
一八九三	一〇月　堀兼伝道師が辞任する。 不定期に小集会を開く。	
一八九四	一—七月　伝道義会へ寄付する。	
一八九五		四月　組合教会がアメリカンボードの指定寄付金を謝絶する。
一八九六		一〇月　組合教会教師会が「奈良大会宣言」を公表する。
一八九八		二月　同志社社員会が『同志社通則』一部を削除する。
一八九九	七月　岡山孤児院慈善音楽会を倉敷で開く。	

年	倉敷教会	組合キリスト教会
一九〇〇	一二月　クリスマス祝会を開く。	一月『基督教新聞』を『東京毎週新誌』に改題する。
一九〇一	三月　大挙伝道で講演会を開く。	
一九〇二	六月　最初の聖餐式を木村和吉宅で行う。 七月　倉敷紡績で伝道を開始する。 一二月　第一回倉敷日曜講演会を開く。	
一九〇三	一二月　林源十郎宅でクリスマス祝会を行う。	一月『東京毎週新誌』を『基督教世界』に改題する。
一九〇四	一月　倉敷伝道会を設立する。 五月　日曜学校を始める。 七月　倉敷で最初の洗礼式を執行する。	
一九〇五	七月　本町に講義所を設ける。	一〇月　組合教会総会で「提案」を承認する。集中伝道に着手する。
一九〇六	五月　教会設立相談会を開く。 七月　倉敷教会設立式を挙行する。本町の講義所を仮会堂とする。溝手文太郎牧師が就任する。	
一九〇七	一月　婦人会を組織する。早島伝道を協議する。紡績工女伝道を継続する。	
一九〇八	二月　東本町に仮会堂を移転する。 一一月　集中伝道を行う。 一二月　共励会の発会式を行う。	

	一一月　教会週報の第一号を発行する。 一二月　東方雛女性伝道師が就任する。	
一九一〇	一月　倉敷基督教青年会の発会式を開く。	一〇月　信徒大会が朝鮮人伝道の「決議案」を採択する。
一九一一	九月　仮会堂（新川）が落成する。 九月　日曜学校沖分校を開校する。 一〇月　新川仮会堂の献堂式を行う。	六月　朝鮮人伝道に着手する。
一九一二	五月　溝手牧師が辞任する。	
一九一四	二月　東北飢餓救済のため青年会が活動する。 五月　昭憲皇太后御大葬敬弔式を行う。	
一九一五	七月　日曜学校同窓会を開く。 一一月　大正天皇即位式奉祝会を開く。	
一九一六	五月　信仰覚醒運動を行う。 一一月　竹中悦蔵牧師が就任する。	
一九一七	四月　日曜学校浜分校を開校する。	
一九一八	八月　竹中牧師が死去する。 一二月　杉田譲二伝道師が就任する。	
一九一九	二月　日曜学校笹沖分校を開校する。 五月　王女会を組織する。	
一九二〇	六月　杉田牧師が死去する。 一〇月　禁酒大演説会を開く。	
一九二一	一月　日曜学校坂津分校を開校する。	

年	倉敷教会	組合キリスト教会
一九二二	五月　会堂建築を西村伊作に委嘱する。 九月　教会付属幼稚園を開園する。 九月　ロシア飢饉救済のため青年会が活動する。	
一九二三	五月　新会堂の落成式を挙行する。 五月　田崎健作伝道師の就任式を行う。 九月　関東大震災の救済運動を行う。 九月　矯風会倉敷支部を開設する。 一〇月　夜間英語研究会、夜学裁縫教授を始める。 一〇月　日曜学校中島分校を開校する。	
一九二四	五月　婦人矯風会主催の大バザーを開く。	九月　小崎弘道『日本組合基督教会史』を刊行する。
一九二五	五月　丹後地方大震災の慰問視察を行う。	
一九二六	一月　倉敷在住朝鮮人招待会を開く。 一月　御崎講義所を開設する。 七月　握飯親睦会を開く。 一二月　大正天皇御大葬敬弔式を行う。	
一九二八	七月　木村清松大講演会を開く。 一一月　御大典記念路傍伝道会を行う。 一二月　青年会が大音楽会を開く。	
一九二九	四月　土曜学校を船倉で開校する。	

	六月「音楽の夕べ」を開く。	
一九三〇	三月「神の国運動」講演会を開く。	
	一〇月　青年会落成感謝会を開く。	
一九三二	九月　日米問題講演会を開く。	
一九三三	七月　初めての学生キャンプを開く。	
	一二月　クリスマスカンタータを開催する。	
一九三四	四月　函館大火慰問救済品を送る。	
	一〇月　東北飢餓救済バザーを開く。	
一九三七	一一月　田崎牧師が就任する。	一〇月「支那事変に関する声明」「時局に処する申合」を発表する。
	一二月　西田進牧師が就任する。	
	一二月　出征兵士家族とクリスマスを祝う。	
一九三八	七月　事変一周年記念祈禱会を開く。	
一九三九	六月　婦人会は岡山陸軍病院を慰問する。	
一九四〇	九月　礼拝で国民儀礼を行う。	六月　日本基督教団が成立する。組合教会は解散する。
	一一月　金属品献納運動に参加する。	
一九四一	九月　国防の献金要請を受ける。	一〇月　教団第三部総会を開く。
一九四三		四月　教団第三部は解散する。

資料2　教会の所在地・種別・教師

	所在地	種別	教師
一九〇六	岡山県都窪郡倉敷町九八八	独立教会	溝手文太郎
一九〇七	同右	独立教会	溝手文太郎
一九〇八	岡山県都窪郡倉敷大字東本町	独立教会	溝手文太郎・東方ひな
一九〇九	同右	独立教会	溝手文太郎・東方ひな
一九一〇	同右	独立教会	溝手文太郎・東方ひな
一九一一	岡山県都窪郡倉敷町一〇〇一	独立教会	溝手文太郎・東方ひな
一九一二	同右	独立教会	東方ひな
一九一三	同右	独立教会	東方ひな
一九一四	同右	独立教会	東方ひな
一九一五	同右	独立教会	東方ひな
一九一六	同右	独立教会	竹中悦蔵・東方ひな
一九一七	同右	独立教会	竹中悦蔵・東方ひな
一九一八	同右	独立教会	杉田譲二・東方ひな
一九一九	同右	独立教会	東方ひな
一九二〇	同右	教会	東方ひな
一九二一	同右	教会	東方ひな
一九二二	同右	教会	東方ひな
一九二三	倉敷市旭町六七九—一	教会	田崎健作・東方ひな

一九二四	同右	教会	田崎健作・東方ひな
一九二五	同右	教会	田崎健作・東方ひな
一九二六	同右	教会	田崎健作・東方ひな・木下喜一郎
一九二七	同右	教会	田崎健作・東方ひな
一九二八	同右	教会	田崎健作・東方ひな
一九二九	同右	教会	田崎健作・東方ひな
一九三〇	同右	教会	田崎健作・東方ひな・宇野勇次・藤沢貞子
一九三一	同右	教会	田崎健作・東方ひな・宇野勇次・藤沢貞子
一九三二	同右	教会	田崎健作・東方ひな・宇野勇次・藤沢貞子
一九三三	同右	教会	田崎健作・東方ひな・宇野勇次
一九三四	同右	教会	田崎健作・東方ひな・三好典之
一九三五	同右	教会	田崎健作・東方ひな・三好典之
一九三六	同右	教会	田崎健作・東方ひな・亀山典之（旧・三好）
一九三七	同右	教会	西田進・東方ひな・宮内芦隆
一九三八	同右	教会	西田進・東方ひな
一九三九	同右	教会	西田進・東方ひな

資料3　会員数の推移

	会員数之数				年中之増員				年中之減員				差引	
	男	女	計	他行	受洗	告白	転入	計	就眠	転出	除名	計	増	減
1906	15	21	36	1	10	0	26	36	0	0	0	0	36	0
1907	19	33	52	8	12	0	5	17	1	0	0	1	16	0
1908	40	52	92	21	42	0	2	44	1	2	1	4	40	0
1909	45	56	111	30	21	0	2	23	3	1	0	4	19	0
1910	45	71	116	34	7	0	4	11	2	4	0	6	5	0

	会員数之数						年中之増員				年中之減員				差引	
	男	女	計	現住	他行	戸数	受洗	告白	転入	計	就眠	転出	除名	計	増	減
1911	45	69	114	82	32	72	5	0	2	7	3	6	0	9	0	2
1912	49	77	126	88	38	77	12	0	6	18	1	5	0	6	12	0
1913	51	82	133	92	41	60	11	0	1	12	4	1	0	5	7	0
1914	54	83	137	82	55	64	2	1	4	7	1	2	0	3	4	0
1915	54	85	139	84	55	65	3	0	2	5	2	1	0	3	2	0

	教会員	現住	戸数	受洗	告白	転入	計	就眠	転出	除名	計	増	減
1916	153	89	66	15	1	0	16	1	1	0	2	14	0
1917	188	115	76	23	1	14	38	2	1	0	3	35	0
1918	192	106	80	7	1	2	10	5	1	0	6	4	0
1919	196	106	131	6	0	5	11	3	4	0	7	4	0
1920	201	93	78	8	0	2	10	3	2	0	5	5	0

	教会員	男	女	現住	戸数	受洗	告白	転入	計	就眠	転出	除名	計	増	減
1921	226	93	133	112	92	24	2	5	31	2	4	0	6	25	0
1922	179	68	111	137	120	22	0	2	24	1	4	66	71	0	47
1923	245	105	140	198	165	37	1	39	77	1	10	0	11	66	0
1924	308	140	168	238	190	53	0	16	69	4	2	0	6	63	0
1925	337	154	183	241	219	24	1	17	42	3	10	0	13	29	0
1926	356	167	189	252	237	25	0	11	36	2	15	0	17	19	0
1927	384	172	212	257	259	36	1	8	45	8	9	0	17	28	0
1928	404	182	222	245	254	27	0	7	34	3	5	6	14	20	0
1929	446	197	249	220	260	39	1	6	46	4	0	0	4	42	0
1930	494	221	273	432	217	54	1	4	59	1	10	0	11	48	0
1931	540	232	308	302	300	58	0	3	61	3	12	0	15	46	0
1932	541	233	308	340	260	22	0	10	32	5	26	0	31	1	0

	教会員	男	女	現住	同甲	戸数	受洗	告白	転入	計	就眠	転出	除名	計	増	減
1933	560	240	320	355	295	221	20	1	8	29	1	9	0	10	19	0
1934	568	240	328	336	280	223	17	0	6	23	3	12	0	15	8	0
1935	582	243	339	340	270	225	15	1	7	23	5	4	0	9	14	0
1936	590	248	342	348	300	228	19	1	1	21	2	11	0	13	8	0
1937	613	257	356	345	297	234	17	0	13	35	2	5	0	7	28	0

	教会員	男	女	現住	同甲	戸数	基督者家庭	受洗	告白	転入	計	就眠	転出	除名	計	増	減
1939	600	245	355	315	257	225	18	5	0	7	12	5	11	0	16	0	4

資料4　小児会員・日曜学校・礼拝祈禱会出席者数の推移

	小児		日曜学校	
	受洗	在籍	在籍	出席
1906	0	7	75	45
1907	1	8	105	70
1908	5	8	110	60
1909	0	8	110	60
1910	0	8	83	63

	小児		日曜学校		礼拝
	受洗	在籍	教師	生徒出席	会衆
1911	0	0	3	66	16
1912	0	0	5	63	15
1913	8	8	5	60	13
1914	0	7	5	62	13
1915	0	7	3	65	13

	小児		日曜学校			礼拝	祈禱会
	受洗	在籍	校数	教師	生徒	出席	出席
1916	2	8	1	6	105	17	13
1917	1	9	1	6	98	20	14
1918	0	9	1	8	65	19	11
1919	1	10	2	4	130	18	8
1920	0	7	2	6	120	22	9
1921	2	9	—	—	—	24	9

	小児		日曜学校			礼拝	祈禱会
	受洗	在籍	校数	教師	生徒	出席	出席
1922	1	10	—	—	—	25	10
1923	2	9	4 ＊1	11 ＊2	150 ＊3	56	16
1924	9	18	4	12	154	76	19
1925	1	19	4	11	127	80	17
1926	0	19	2 ＊4	11	127	77	19
1927	0	16	1	11	100	77	19
1928	1	10	2	14	111	86	24
1929	0	9	2	16	107	89	28
1930	1	10	2 ＊5	16	115	98	32
1931	2	12	2	23	115	84	37
1932	2	12	2	17	120	77	31
1933	2	13	2	15	108	73	35
1934	0	13	2	16	92	71	38
1935	15	27	2	15	100	63	32
1936	4	28	2	15	95	65	30
1937	2	30	2	14	98	62	28
1939	27		2	12	72	52	23

＊1　4校は倉敷・笹沖・酒津・中島である。
＊2　教師数は倉敷の教師のみである。
＊3　生徒数は出席者の平均人数である。
＊4　2校は倉敷･笹沖である。他は休校している。
＊5　分校は船倉である。

資料5　教会会計の推移

	諸集金								財産総額
	教会常費	伝道会社寄付金	其の他の費用	日曜学校集金	会堂建築修繕金	慈善金	其の他の集金	計	
1906	330,00	0	30,00	0	0	40,00	0	400,00	0
1907	660,00	33,00	30,00	0	0	32,00	0	755,00	0
1908	684,00	35,00	130,00	0	0	12,00	30,00	891,00	0
1909	953,78	42,50	0	4,50	0	12,00	2,00	1,014,78	0
1910	922,36	51,20	21,00	6,62	0	15,00	12,00	1,028,18	0
1911	867,65	62,90	25,90	10,41	24,45	10,00	15,00	1,016,31	1,000,00

	諸集金							財産総額		
	教会常費	伝道会社寄付金	其の他の費用	日曜学校集金	会堂建築修繕金	其の他の集金	計	動産	不動産	計
1912	487,79	57,40	34,73	6,80	8,68	15,50	610,90	1,200,00	900,00	2,100,00
1913	284,40	77,27	26,91	6,00	3,09	15,00	412,67	1,300,00	500,00	1,800,00
1914	277,79	65,00	83,29	5,29	7,00	28,00	466,37	1,550,00	500,00	2,050,00
1915	305,68	69,00	62,90	7,77	3,00	35,00	483,35	1,833,00	500,00	2,333,00

	諸集金						財産総額
	教会常費	日曜学校費	会堂建築費	其の他の集金	本部寄付	計	
1916	391	33	23	119	61	627	2,462
1917	855	30	5	75	72	1,037	3,000
1918	693	37	0	48	80	858	3,500

	諸集金						財産総額
	教会常費	日曜学校	会堂建築費	其の他の集金	本部寄付	計	
1919	757	45	5	130	139	1,076	5,400
1920	871	80	50	129	129	1,259	7,400
1921	992	80	0	196	161	1,429	10,400
1922	1,038	143	0	82	359	1,622	7,400
1923	3,053	203	66,745	0	355	70,356	72,100
1924	3,417	184	0	2,042	369	6,012	72,100
1925	4,010	137	0	1,470	418	6,035	72,100
1926	3,950	110	0	1,575	423	6,058	79,660
1927	3,819	153	0	265	615	4,852	82,660
1928	2,767	120	54	1,170	618	4,729	82,660
1929	2,763	120	43	1,058	767	4,751	72,487
1930	3,080	120	5,080	1,186	525	9,991	77,600
1931	4,401	120	77	693	650	5,941	77,600
1932	3,539	120	0	570	636	4,865	77,600
1933	3,829	120	0	767	712	5,428	77,705
1934	3,589	120	0	522	820	5,051	75,920
1935	3,197	120	1,500	2,159	644	7,620	75,776
1936	3,766	270	0	301	829	5,166	75,969
1937	3,552	202	0	279	703	4,736	75,148
1939	3,013	150	0	290	1,451	4,904	83,599

第四章　歴史に記憶される人間像

――松原武夫・栄の生涯を読み解く

松原　武夫・栄　召天

二十年・二十一年記念会

2012 年 7 月 3 日（火）午前 11:00〜

大津教会・霊安塔前

松原武夫・栄召天二十年・二十一年記念会

（2012 年 7 月 3 日　大津教会・霊安塔前）

はじめに

二〇一二（平成二四）年八月三一日（金）の夜七時過ぎに、玄関のベルを押した人がいる。「お母さん、クリーニング屋さんだよ」という私に、「今日は金曜日よ、クリーニング屋さんなら土曜日でしょ」と答えながら、妻は玄関に出た。宅配便である。食堂兼夫の仕事場に戻ってきた彼女が手にしていたのは、松下冷子さんからの届け物である。開けてみると、中から出てきたものの一つはA四サイズの封筒に入っている松下冷子「小品集」であった。

「小品集」の冒頭には、今回彼女が作品をまとめた理由を書いてある。

父母召天二十年、二十一年の記念会に合わせ子供六人が各々に過去に書き記したもの（主に戦争体験記）をまとめようとのことで、私は……今回の企画の主旨に添うものを抜粋してまとめる事にした。(1)

「小品集」は短歌と随筆の部から構成されている。作品の小見出しは次の通りである。

短歌

「父の背」(2)（一〇首）

「母のまなざし」(3)(一〇首)
「湖《うみ》の季《とき》」(4)(二七首)
「過ぎし日　今」(5)(三二首)
「父母召天二十年二十一年記念会に寄せて」(6)(五首)

随筆
「世界に一つだけのプレゼント」(7)
「二つの出来事」(8)
「大津教会六十年記念に寄せて」(9)(短歌三首)
「わたしの花人生」(10)
「聖歌隊の思い出」(11)
「草花への想い」(12)

九月一日(土)に、「父の背」と「母のまなざし」から読み始めた。読んでいると思い当たることがいろいろとあって、何度も初めに戻るのでなかなか先に進まない。ようやく「松原武夫さんの生き方が『父の背』の特色となり、同じように松原栄さんの優しさで『母のまなざし』は特色づけられている。それで同じ著者なのに、作品から受ける印象がこんなにも違う」と妙に納得した。また「これで感想文を書ける」と思い、先に進む事ができた。「湖《うみ》の季《とき》」と「過ぎし日今」は、自然の中に一体化する人間を謳っている。この傾向は随筆「わたしの花人生」においてさらに鮮明で、花を介してつながる人と人の想いが語られている。そこでは人は花とさえ会話を交わす。花の人格化である。

九月二日（日）午後になって、ふと思い出して『追想』[13]を取り出してみた。この本に収録されていた松下洽子「お父さん、お母さんの想い出」[14]を読み直すためである。改めて読んでみて、愕然とした。この度の「小品集」と二〇年ほど前の作品「お父さん、お母さんの想い出」は、あまりにも違っていたからである。二〇年という歳月がもたらした二つの作品の間に歴然と存在するこの違いは、一体何なのか。それはとても感想文で書ききれる内容ではない。どうしても二、三か月の時をかけて熟考し、まとまりを持った一つの作品に仕上げなければならない。その日の夜、松下洽子さんに電話して「今回の作品はとても感想文では書ききれないので、二、三か月かけて一つの作品にまとめます」と伝えた。

注

（1）　松下洽子「小品集」一頁
（2）「父の背」（松下洽子、前掲書、二頁）
（3）「母のまなざし」（松下洽子、前掲書、三頁）
（4）「湖《うみ》の季《とき》」（松下洽子、前掲書、四―六頁）
（5）「過ぎし日　今」（松下洽子、前掲書、六―八頁）
（6）「父母召天二十年二十一年記念会に寄せて」（松下洽子、前掲書、九頁）
（7）「世界に一つだけのプレゼント」（松下洽子、前掲書、九―一〇頁）

（8）「二つの出来事」（松下冷子、前掲書、一〇頁）
（9）「大津教会六十年記念に寄せて」（松下冷子、前掲書、一一頁）。この作品は短歌であるが随筆の項目の中に掲載されているので、それに従った。
（10）「わたしの花人生」（松下冷子、前掲書、一一―一二頁）
（11）「聖歌隊の思い出」（松下冷子、前掲書、一三頁）
（12）「草花への想い」（松下冷子、前掲書、一三―一四頁）
（13）松原武夫・栄遺族一同『追想』一九九五年
（14）松下冷子「お父さん、お母さんの想い出」（松原武夫・栄遺族一同、前掲書、一三三―一四七頁）

第一節　松下冷子「小品集」解題

松原武夫（一九〇二―一九九二）と松原栄（一九〇七―一九九一）はいくつもの戦争に翻弄されながらも、近代化する日本を生き抜いた。第四章は、松原武夫・松原栄の生き方を彼らの次女である松下冷子さんの「小品集」（二〇一二）を主要な手掛かりとして探求する。考察にあたっては、家庭と仕事・祈りと課題・喜びと悲しみ等が彼らの日常性を伴なって検討対象となった。ところで、「小品集」における松原武夫と松原栄を「お父さん、お母さんの想い出」（一九九五）と比べると、両者の人格表現における普遍化が無意識のうちにも進められている。ここに個別的な事例を扱いながら、それに「近代化する日本を生きた人間像」というタイトルを付けた根拠がある。そこでまず、松下冷子「小品集」の解題から始めたい。

（一）短歌

1　「父の背」(1)

萩こぼれ小紋のさまに石だたみメモとる老父《ちち》の頬も染まりぬ(2)（一九九〇年、長浜神照寺）
からくり人形の舞を撮らんと構える背卒寿の父のありし日なつかし（大津祭）

第一句は熱心にメモをとる老父《ちち》の紅潮した頬を、萩の花びらで小紋の様になっている長浜神照寺の石畳と類比する。第二句は、一〇月一〇日に催される大津祭でこの年卒寿の父が、山車の舞台で繰り広げられるからくり人形の舞を懸命にカメラに収めようとした様子を思い出している。これらの短歌は、年老いてなお衰えをしらない好奇心から何事にも熱心に取り組んだ松原武夫を謳う。

母を見舞い帰りゆく父 後背《うしろぜ》に十字架まみえし送り火の夜（一九九一年八月一六日）
「星に願いを」ハープ弾き終え仰ぐ空百五歳百歳の父母の星瞬く

第三句は、無力感に打ちひしがれながらもただ祈りを込めて妻を見舞い帰る父の後ろ姿に十字架を確かに見たのは、大文字の送り火、母が天上に旅立つ前日だったと謳う。第四句は、ハープで祈りを込めて弾き終えた「星に願いを」と、その時仰ぎ見た夜空に瞬いていた今は天上にある百五歳百歳の父母の星の瞬きを重ねている。これらの二句は地上にあった日の父母の存在と、天上の世界を重ねて謳っている。その際に送り火や星が両者のかけ橋となる。それゆえに歌い手は、送り火や星に他に代え難い親しみを覚えるのである。

竜ケ丘に父通いしと立つ夕べ茜さす比叡湖面《うなも》に揺るる
学園に建つ父の句碑夜さの雨に黒ぐろと濡れ赤とんぼ一つ
天に立つ翌桧《あすなろ》のごとく伸びよと父の詠む湖《みずうみ》望む学園のどよめきに
創立記念句碑緑陰に　三十年経つも父の字は湖の青

「父の背」（一〇句）で多く謳われているのは、教育者の松原武夫（四句）である。第五句は、滋賀女子短期大学学長を退任する（一九八四年三月）まで坂道を徒歩で通った父の姿を、キャンパスのある竜ケ丘に立ち夕陽に染まる比叡の影が湖面に揺れる様を見ながら、思い出して謳っている。第六句は、夜の雨で黒々と濡れている句碑とその前を飛ぶ赤とんぼを描き、色彩と静を動と対比させながら教育者の父を思い起こしている。第七句は、学園から響いてくる女子学生のどよめきに、彼女たちを教え諭した父の言葉「天に立つ翌桧《あすなろ》のごとく伸びよ」を語りかける。第八句は松原武夫の俳号竹生を刻んでいる句碑を、湖の青と句碑を覆う木々の緑とのコントラストによって際立たせている。教育者松原武夫を歌う四句では、キャンパスの豊かな自然を色彩豊かに描きながら、句碑に刻まれた言葉「あすなろや　純美礼の園に　芽吹きつゝ　竹生」[3]に思いを馳せている。

句碑の前に立つ松原武夫・栄
（『翌桧』より）

「平和記念日」と父言いてより五十年わが誕生日八月十五日
子々孫々に平和願いし父母に報告出来ずテロ爆破事件は

第九句は、洽子の誕生日を毎年のように「平和記念日」と呼んだ父の意志的な生き方を、戦後五〇年の八月一五日に様々に思いめぐらしている。第一〇句は、地上にあった日の限り「子々孫々に平和を」[4]願い今は天上にある父母と、テロ爆破事件の痛ましさの間にあって、言葉を失う著者の心を描き出す。平和を追求した父母を謳う二句は、彼らの強い意志に貫かれていて抒情を交えていたこれまでの八句とは質を異にしている。

2 「母のまなざし」

いくたびか待ち合わしたるホームに立てば肩越しの風母の香のする
大文字の送り火ひときわ赤く冴え母の温もりよみがえりきて

第一句は、何度となく待ち合わしたホームに立つと、肩越しに吹いて来た風に母の香りがして懐かしく母を思い出している。[5]第二句は大文字の送り火がひときわ赤く冴えた時、母の温もりもよみがえって来て、しばらく母への想いにふけっている。これらの短歌は肩越しの風や大文字の送り火から、感覚的に蘇ってきた母の香りや温もりを謳い、母というかけがえのない存在の特質

を浮かび上がらせる。(6)

弾痕の古傷残る桐だんす捨て難くして母は逝きしか
節《ふし》の川に癒されいしや「鴨川に似る」と母いい山口にくらしき
年重ぬることも恵みと笑みていいし母の意探る歯抜かれし夜

第三句は弾痕の古傷で傷んだ桐だんすの前に座り、古くなった家具を大切に使い続けた母の想いを想起する。第四句は、母が言った「鴨川に似る」節《ふし》の川に彼女は癒されていたのだろうかと、育ち盛りの子供たちを抱え苦労の多かった山口での生活に思いを寄せている。第五句は、歯を抜かれふと老いを感じた夜に、笑って「年重ぬることも恵み」と語っていた母の言葉と真向かいになっている。これらの短歌は母の言葉や彼女が使い続けていた生活道具から、思想ともいえる生活者であった母の想いの深みを探っている。(7)

紫の鉄仙ほころべば画に描きし母のまなざし重なりて見ゆ
紫の鉄仙は小粋に八重の白はおしゃれに装う母思い出す花
母の愛でし鉄仙今年も咲き揃う逝きて十年語りたきこと多し
こぼれんばかり種を抱けるひまわりの花の笑《え》まいよ母の眼差し
鉄仙に母の笑む顔重なれりひまわりよりも鶏頭よりも（終戦六十年目の八月十五日）

第六句と第七句は、紫の鉄仙に母のまなざし（第六句）やおしゃれだった母（第七句）を重ねて思い起こす。第八句は咲き揃う鉄仙、母の愛でし花を見るにつけて、もっと語りあいたいことがあったのにと、今更ながら母の存在感の大きさを感じている。第九句は、こぼれんばかりに多くの種を抱くひまわりの花に笑みを見て、それを母の眼差しと呼び逝きし母と重ねている。第一〇句は、母の笑む顔が重なる鉄仙はひまわりよりも鶏頭よりもいとおしく思われると言って、よみがえってくる母への想いのかけがえのなさを謳う。これらの短歌は母の愛した花々、とりわけ紫の鉄仙に重ねて彼女を思い起こし、母の眼差しへのいとおしさを謳っている。

3　「湖の季」

四季折々に琵琶湖の見せる姿を題材とした「湖《うみ》の季《とき》」に、松原武夫と松原栄は登場しない。それにもかかわらず、松下冷子は「父母召天二十年、二十一年」を記念する文集に、なぜこれらの作品を寄稿したのか。「湖の季」は、彼女の感性を豊かに細やかに育んだのは「日々目にする琵琶湖である」と雄弁に語っている。四季折々に琵琶湖が見せる姿は、いわば彼女の心を育てた原風景なのである。同じ真実が松原武夫・松原栄にも当てはまる。(8) 松下が「湖の季」を記念文集に寄稿する理由はここにある。

（春を待つ時）
朝茜の湖《うみ》に別れを惜しむごとピンクのベールまとう三日月

琵琶湖《みずうみ》をサーモンピンクの風が掃きポンポン船の水脈《みお》ひきてゆく
落葉踏み病院へ通いし道の辺の淡く萌え初め湖《うみ》開きの日
駆け上がる水鳥の舞園児らの歓声広がる春はそこまで
薄紅《うすべに》にかすむ湖畔の並木道足音《あおと》と歓声のハーモニー響く（毎日マラソン）

第一句は「茜の湖《うみ》」と「ピンクのベールをまとう三日月」との色彩によって、情景を描き出す。同様に第三句も、「落葉」と「淡く萌え初め」る若葉の色を対照している。第二句は、「サーモンピンクの風」と「ポンポン船の水脈《みお》」という動きを用いて描写する。第四句は「水鳥の舞」と「園児らの歓声」という音を重ねて、そこまで来ている春を謳っている。第五句はマラソンランナーの「足音《あおと》」と観衆の「歓声」によるハーモニーで、湖畔の並木道をおおうにぎわいを表現する。これらの短歌は琵琶湖が見せる色彩や音、それに人々の活動を交えながら春を待つ時の思いをにじませている。

（春）
立つ波の細波《さざなみ》にかわる湖《うみ》の季《とき》比叡の稜線おぼろにまろし
駆ける人そぞろゆく人桜風《はなかぜ》に吹かれ弾めり湖辺の道を
桜散る頃より芽吹き初むメタセコイヤ高だかとして湖畔を抱く
釣人も去りて一時《ひととき》鎮もりぬ比叡にぽつぽつ灯のともる頃

空の水色横縞に揺るる湖の青風花の奥に比叡の淡青《たんじょう》
足裏《あなうら》に大地の温もりよみがえる夕映えの湖畔手を振り歩く
ゆるゆるとかすめる湖に船浮び茜に融ける稜線の色

第六句は、琵琶湖の「細波《さざなみ》」とおぼろに見える「比叡の稜線」という情景を重ねて春を演出する。第九句も、「釣人も去りて」鎮まった湖畔を近景とし、「ぽつぽつ灯のともる」比叡の情景を遠景として、春のひと時を謳う。第七句は、桜風《はなかぜ》に吹かれながら湖辺の道を思い思いに行く人を、第一一句は、大地の温もりを感じながら夕映えの湖畔を手を振り歩く私を描いている。第八句は湖畔を彩る木々や花々が、桜からメタセコイヤに変わりゆく情景を色彩豊かに描き出している。第一〇句は「空の水色」と「湖の青」、それに「比叡の淡青《たんじょう》」とそれぞれに趣のある青系統の色彩によって春を捉える。第一二句は「ゆるゆるとかすめる湖」それに「茜に融ける稜線の色」と、のどかな色どりによって春のひと時を表現する。これらの短歌は琵琶湖とその周辺の風景、湖畔の木々や花々、湖畔の道を行く人々によって湖の春を謳っている。

(夏)
雨上り鏡のごとく湖面《うなも》光《て》るビルも比叡も水底《みぞこ》に高し
淡墨のベールはがして空と湖青《うみ》それぞれの夏描きたし
渇水の水際《みぎわ》賑わい静もれる琵琶湖が遠く小さく見ゆる

涼風《すずかぜ》のたちはじめたり入道は西山に低しちぎれ雲走る　（二〇〇二年、水位マイナス一五〇センチ）

第一三句は梅雨の雨があがったひと時に、鏡のような湖面《うなも》に映ったビルや比叡を謳っている。第一四句は、もやのためいつもの風景が見えない時の気持ちを題材にする。第一五句は渇水で小さく見える琵琶湖と、水際《みぎわ》が若者たちで賑わっている様子を重ねる。第一六句は夏の終わりを告げる季節を、空に浮かぶ入道雲とちぎれ雲に見る。これらの短歌は夏の間にも様々な変化を見せる琵琶湖の姿を、梅雨の雨・もや・渇水・雲などによって描き出している。

（秋）

なごり茜の空に山の端きわだちて迫り来るがに黒き比叡は　（二階より）

防風林の間《あい》に湖《うみ》の青深し低き太陽に紅葉つやます　（二〇一〇年、長命寺）

七色の朧に明け初むしぐれ湖残る紅葉に寄り添い眺む

琵琶湖大橋真中より脚立つ虹の中車のシルエット浮く一分のあり　（二階より）

第一七句は「なごり茜の空」を背景にして、存在感をもって迫る「黒き比叡」に重量感を覚えながら描く。第一八句も「防風林」と「湖《うみ》の青」、「低き太陽」と「紅葉つやます」様、二つの眺めを重ねて色どり豊かな秋の湖を謳う。第一九句は時雨が残る朝のひと時、「紅葉に寄り添」い作者は「七色の朧」に明け初む湖に見入っている。第二〇句は「琵琶湖大橋真中より」くっきりとかかった「虹の中」を、大橋を走る車のシルエットが通り抜ける時を描いている。これらの短歌はいずれも、なごり茜の空・黒き比叡・湖《うみ》の青・紅葉・七色の朧・虹など、印象深い色彩の生み出した景色を用いて琵琶湖の秋を謳っている。

（冬）

初冠雪の比叡茜に染まりたり淡青《たんじょう》の湖にゆりかもめ見ゆ　（二階より）

時雨する湖《みずうみ》を抱き虹重ぬ遊覧船は浮き上り見ゆ　（二階より）

雪積める伊吹大きく丸く見ゆ白龍のごとき湖北連山　（二〇一二年一月、二階より）

山肌はたかばねに似て厳しかり冠雪の比良蒼天を突く　（二階より）

荒《すさ》びたる湖に沈みし若人の「ロウ（raw）」とうかけ声水底《みぞこ》ゆ甦《かえ》る
（今津にて、旧四高ボート部遭難の碑）

比叡おろし見面《みなも》ざわざわ巻き上げぬ菜の花畑は雪におぼろに

見はるかす空　湖　比良の青三つ溶けず競わず眼《まなこ》の奥へ　（二〇一〇年四月、二階より）

第二一句は、「初冠雪の比叡」の白と「茜に染まり」たる赤、「淡青《たんじょう》の湖」の青と「ゆりかもめ」の白、二重に色彩鮮やかな眺めを重ねて冬の到来を語る。第二二句は、初冬の「時雨する」湖とそこにかかる虹、それに「浮き上り」て見える遊覧船を絵を画くように謳っている。第二三句は「大きく丸く見ゆ」「雪積める伊吹」山の向こうに、真っ白で「白龍のごとき湖北連山」が聳えている様から厳冬の厳しさを描き出す。第二四句は、「蒼天を突く」「冠雪の比良」に凛々しさを感じている。第二五句は冬の「荒《すさ》びたる湖」を前にして、旧四高ボート部の遭難した学生たちに思いを寄せている。第二六句は早春の湖に吹く「比叡おろし」と、雪におぼろになっている「菜の花畑」を重ねて、まだ厳しい寒さを描いている。第二七句は、早春に澄み切った空・湖・比良の青に見いる作者を謳う。

4 「過ぎし日　今」

「湖《うみ》の季《とき》」が琵琶湖とその周辺の風景を謳っていたのに対して、「過ぎし日　今」は作者の心によみがえる過去と現在の出来事を対象とする。したがって、生誕の地松江をはじめ日立・山口・大津に暮らした日々の記憶、それに現在身近に起こっている事件や自然災害さらに戦争などを題材としている。

（主題）

暮れなずむ水面《みなも》に比叡さざ揺れて過ぎし日のことわれに語りく

第一句で、作者は暮れなずむ湖面に映る比叡の揺れる影を見ながら、過ぎし日の出来事の語りかけに聞き入っている。甦る過去の出来事は過ぎ去った日々の思い出ではない。それは現在を生き、未来を夢見る人々の心を作っている。だから、人は過去の語りかけに謙虚に耳を傾ける。

（思い出の地、記憶(9)）

遠き日の淡海に住みし人びととの熱き眼差し今も豊かに

三歳の味覚おぼろにさぐりつつ宍道湖のしじみのみそ汁いただく

下唇きゅっとかむわが三歳の中の子の意地ありありと写真に（松江春日神社）

記憶なき生地松江市大橋は一本ならずも城閣の緑

（一九八九年　旧制松江高校八十周年記念　父母と訪ぬ）

炸裂音火の玉闇夜に降り注ぎし九歳の夏記憶は確《しか》と（日立多賀）

疎開地にて誕生祝の大豆御飯金の粒ぞや一粒ひとつぶ（終戦の日　八月十五日）

すいとんに一つの玉子とき入れて家族で分かちし祝膳あり（山口）

円き卓袱台《ちゃぶだい》家族八人で囲みたれば賑やかなりし一汁粗食（山口）

じっちゃんは艦砲射撃にもあいしと　防空壕でわれは震えおり

（日立多賀艦砲射撃の日一九四五年七月十七日）

第二句は、「今も豊かに」語りかける「遠き日の淡海に住みし人びとの熱き眼差し」に思いを向ける。第三句は、「宍道湖のしじみのみそ汁いただ」きながら「三歳の味覚」を探っている。これらの短歌は、「熱き眼差し」や「三歳の味覚」を手がかりにして、生誕の地における生活を思い起こそうとする。[10]第六句は「九歳の夏」の「記憶は確《しか》と」刻み、第七句は「大豆御飯」が「一粒ひとつぶ」「金の粒」であった記憶を謳う。これらは日立市あるいはそこから疎開した地での、忘れがたい記憶や大切な味覚を心に刻みこんでいる。[11]第八句は「すいとんに一つの玉子とき入れ」た食事が「家族で分かちし祝膳」であり、第九句は「一汁粗食」も「円き卓袱台《ちゃぶだい》家族八人で囲みたれば」「賑やか」であったと思い出す。これらは戦後間もない頃に山口での生活は貧しかったけれども、家族団欒の豊かさがあったと謳っている。[12]

（胸衝く歴史、そして東日本大震災[13]）

沖縄の悲しみの歌声さとうきび畑に風起すざわわざわわと（森山良子　紅白歌合戦）
テロありてイスラムのこと褐色のアフガンのこと知る胸衝く歴史を
生受けし月　母逝きし月　鎮魂のドームと向き合う重き八月
手も足も言葉も出でぬ映像にわが封印せしことつき破られぬ（二〇一一年三月十一日　大震災）
がれきの中くの字に曲りし桜咲く手を合わす人《ひと》に一日《ひとひ》添いたり
明治昭和チリそして壊滅の今世代の宿命と釜石の男
何ごともなかったような大海原水平線のカーヴいつもよりも（行方不明者二万人）
みちのくの風のそよぎに海山の還り立つまで生命つながん
星影に亡き人の面《おも》重ねこし逝く人の多き年なる暗雲の宙《そら》（放射能）

第一一句は、戦争による「沖縄の悲しみの歌声」が「ざわわざわわと」「さとうきび畑に風起す」と謳っている。第一二句は、「テロありて」知った「イスラムのこと」「褐色のアフガンのこと」を「胸衝く歴史」と呼ぶ。第一三句は「生受けし月」「母逝きし月」を、原爆の悲惨と「向き合う重き八月」と印象深く重ねる。これら三句はいずれも戦争の悲惨さにおいて（思い出の地、記憶）とつながり、作者の胸を衝いている。

第一四句から第一九句は、二〇一一（平成二三）年三月一一日に起こった東日本大震災と、震災後を生きる人々の姿を謳う。第一四句は、映し出された映像の大震災が「手も足も言葉も出でぬ」大変な人力の到底及ばない大災害であったとする。第一六句と第一〇句は連作である。「じっちゃんは艦砲射撃にもあいし」（第一〇句）は、「釜石の男《ひと》」（第一六句）の言葉である。第一七句は、大津波による「何ごともなかったような大海原」における「水平線のカーヴ」が「いつもよりも」少し大きく見える程度だったのに、あの大惨事となった現実との隔絶に言葉を失っている。第一九句は「暗雲の宙《そら》」に放射能を思い、「逝く人の多き年」であった事実を思い起こす。そのような中で、第一五句は多くの「がれきの中」で、「くの字に曲り」ながら花を咲かせる桜に手を合わす人に一日思いを寄せている。第一六句は、「明治昭和チリそして壊滅の今」を「世代の宿命」と受け止めて生きる「釜石の男《ひと》」を謳っている。第一八句は、東北の再生を見るまでは「生命つながん」と強く願う。東日本大震災で生じた多くの悲劇とその中から生き抜こうとする人々の姿は、作者に（思い出の地、記憶）と重なってくる。それだけに、東北地方再生への思い入れに深く強いものがある。

（人生の悲哀と希望(14)）

手術控室の窓一面に黒ぐろと迫りかぶさる今日の比叡は
（松下幸夫の腎臓摘出手術の日一九九一年十一月）
湖の波七色に変わる虹を見し日ベッドの管一本抜ける（同右）
肯《うべな》えず言いたる後の虚しさに足《あ》もとの落葉彩《いろ》分かち合う
ドレスの裳裾ひるがえるように雲走るラストダンスに友は彼方へ（二〇〇七年六月）
マイガーデンの要となりて共に棲みしラベンダー枯れぬ二十年目の夏
ラベンダーのブーケ幾人に贈りしやのこり香にたつあの人あの時
がまんして追いかけ歩きしわが記憶真中の孫はしかと握り来《く》
発つ鳥の羽ばたきの舞見ぬままに孫と石投げ波紋作りぬ
（暖冬で渡り鳥の飛来が少なかった年　二〇〇七年）
見えかくれしつつVサインの子らの夢ひまわり畑のふところ深し
一本一本かぞえてみたくなるような比叡稜線の木の立ち姿（白内障手術後）
挿し芽してまた挿し芽して三十年紫鉄仙色濃く咲きぬ
いい風よ吹いて下さい迷わずに海に山に人にそっとそっと

第二〇句は、「手術控室の窓一面に」「黒ぐろと迫りかぶさる今日の比叡」に手術を待つ者の心境を語る。第二一句は、「一本抜け」た「ベッドの管」に共感する作者の心を謳っている。第二九句は、手術を終え快復した目に鮮やかに映る「比叡稜線の木の立ち姿」に喜びを感じている。第二二句は、気持ちの通じない「虚しさに」「足《あ》もとの落葉」の「彩《いろ》」を重ねている。第二三句は、「走る」雲にかつてのダンスを思い出しながら「彼方へ」去った「友」を思う。第二四句は、「マイガーデンの要となりて共に棲みしラベンダー」が「二十年目の夏」に枯れてしまい慈しんでいる。第二五句は枯れてしまったラベンダーを前にして、その「のこり香」に「ラベンダーのブーケ」を贈った「あの人あの時」を思い出す。第二六句は「がまんして追いかけ歩きし」「わが記憶」を、「真中の孫」が「しかと握り来《く》」と記している。第二七句は、「孫と石投げ」に夢中になっている様子を描く。第二八句は、「ひまわり畑」に「見えかくれしつつVサインの子らの夢」を思い描いている。第三〇句は「挿し芽してまた挿し芽して三十年」、今年も「色濃く咲きぬ」「紫鉄仙」に明日の希望を見る。第三一句は「いい風よ吹いて下さい迷わずに」と、人の世の希望を祈っている。これらの短歌で作者は老いの悲哀を痛感しながらも、子らの夢や紫鉄仙に希望を見て「いい風よ吹いて下さい」と祈る。

5　「父母召天二十年二十一年記念会に寄せて」(二〇一二年四月)

『金扇』の一語一句のわが胸に父母の刻まる今年金婚迎う
八十路まで竜ケ丘上りし父の跡踏みしめ歩く導《しるべ》となして
母の描きし雛の画かけて二十年いよよ穏《おだ》しきまなざしと思う

記念日に活け来し紫鉄仙の小さきつぼみに桜風《はなかぜ》やさし
黒の水脈《みお》引きつつ群れるかいつぶり淡雪遊《すさ》ぶ夕照の湖

　第一句から第三句は父母の人間性や生き方を思い起こし、敬意を払いつつ「父母に習いたいものだ」と願う。第一句は、「『金扇』の一語一句」から父母の息使い、優しさと祈りを読み取って「わが胸に父母の刻まる」と謳っている。気がつけば作者も父母が『金扇』を出版したのと同じ年月を重ねている。第二句は自らも老いを感じる年齢に達して、「八十路まで竜ケ丘上りし」日々には父の確かな生き方があったと察している。そこで、「父の跡踏みしめ歩く」ことが「導《しるべ》」となる。第三句は、母からプレゼントされた「母の描きし雛の画かけて二十年」、その間目にしてきた「雛の画」ではあるが、(15)二〇年経って作者は「いよよ穏《おだ》しきまなざしと思う」。雛のまなざしに母の優しさが思い出されて、学びたいと念じている。第四句と第五句は、作者が見つめ眺める自然に父母を生かした世界を感じる。第四句は、毎年「記念日に活け来し」母の愛でた「紫鉄仙の小さきつぼみ」と、そこに吹く「桜風《はなかぜ》やさし」と謳う。静である「紫鉄仙の小さきつぼみ」と動きのある「桜風《はなかぜ》」によって、母を偲ばせる優しい世界が演出される。第五句は、父母も慈しんだ冬の夕暮れ時の琵琶湖に見た風景を、生命力のある「黒の水脈《みお》引きつつ群れるかいつぶり」と、その背景にある「淡雪遊《すさ》ぶ夕照の湖」を対比して描き出す。これらは父母の優しさと生き方、それと彼らの愛した自然を謳って「父母召天二十年二十一年記念会に寄せて」いる短歌である。

（二）随筆

松下冷子「小品集」は短歌と随筆から構成されている。「随筆」に含まれる作品は短歌集一編（短歌三首）[16]を除いて、他の五編はいずれも『大津教会通信プニューマ』誌上に発表された。しかも、これらの随筆はプニューマ編集者が企画した特集に寄稿された、という共通した性格を持つ。したがって、「随筆」に収録されている作品は短歌集を含めて、教会生活と密接な関わりを持つ。このような基本的特質を踏まえた上で、六編の作品を内容から三つに区分して解題を加える。分類は次の通りである。

①　母の思い出

「世界に一つだけのプレゼント」『大津教会通信プニューマ』（二〇〇四年一二月）

クリスマスプレゼントの思い出特集

②　教会生活における出来事

「二つの出来事」『大津教会通信プニューマ』（二〇〇六年七月）

大津教会の六十年　思い出のあの年特集

「大津教会六十周年記念に寄せて」（短歌三首）

『大津教会創立六十年記念誌』（二〇〇六年七月）

「聖歌隊の思い出」『大津教会通信プニューマ』（二〇〇七年一二月）

聖歌隊、クリスマスの思い出特集

③　わたしの花人生
「わたしの花人生」『大津教会通信プニューマ』（二〇〇七年七月）、この人特集
「草花への想い」『大津教会通信プニューマ』（二〇〇八年一一月）、聖壇のお花特集

1　母の思い出

「母の思い出」に該当する作品は「世界に一つだけのプレゼント」だけであるが、ここには作者の心にずっしりと重いかけがえのない記憶が記されている。

一九四六（昭和二一）年に松原武夫は旧制山口高等学校に赴任したので、同年一一月に家族は茨城県日立市から山口県山口市に転居した。当時、松原家は子供六人を抱えた八人家族で、次女松原洽子は一〇歳であった。なお、山口市には一九五〇（昭和二五）年三月まで居住している。山口で一家は山口教会附属幼稚園の二階に借家して、松原栄は「生活の重荷にあえぐ」日々を送っていた。そのような中で、栄は「松原の両親、私の母が相ついで亡くな」るが、「貧しさの為生活に追われお金もお米もなくて、家族を残して看病にもお葬式にも帰ることが出来」ず、気がつけば台所で涙を流していた(17)。

だが、まさにその山口で松下洽子は、「世界に一つだけの（何物にも代えることのできない）プレゼント」を母から与えられていた。

そんな頃の特別寒さの厳しい年のクリスマスの朝、枕元に置かれていたプレゼントはかけ

がえのないものでした。それは胸当に淡い黄茶緑のラインが三本入ったベージュ色のズボン（今風にはオーバーオール）で、それは軽くて軟らかく、凍えた体をふんわり包んでくれました。後々に母の婚礼のおりの特別な毛布だったと知り、一晩中ミシンをかける姿が眼に浮かんできました。六人の子供を養うため、父は大事な書物を、母は着物を手離しては食料に代えていた時代でした。

松下冷子の「世界に一つだけのプレゼント」は、貧しさの為涙なくして生活できない日々に、それでも松原栄が心をこめて夫と六人の子供たちを大切に守っていた姿を具体的に伝えている。

2　教会生活における出来事

「教会生活における出来事」を構成する「二つの出来事」（二〇〇六年七月）、「大津教会六十周年記念に寄せて」（短歌三首、二〇〇六年七月）と「聖歌隊の思い出」（二〇〇七年一二月）には、八つの出来事が記されている。「シニアチャーチのキャンプ」「『金扇』を読む会」「愛光ふれあいの家」「大津教会創立六十年記念礼拝」「改装」「中村牧師時代のクリスマス」「原牧師時代に始められた合同市民クリスマス」「近年の合同イブ礼拝」の八つである。これらを時系列に並べて、松下冷子が経験した教会生活を概観し、その特色を考察したい。

松原武夫の滋賀大学学芸学部（現在の教育学部）赴任に伴い、家族は一九五〇（昭和二五）年四月に大津市に転居した。当時、松原冷子は一三歳である。松原家は転居すると間もなく家族そろって大津教会への出席を始め、同年に松原武夫・松原栄・松原茂雄（長男・幼児洗礼）・松原郁雄（次男・幼児洗礼）・松原景子（長女・山口教会で春名牧師より受洗）は、山口教会から大津教会に転会している。[18]

滋賀県近江八幡市の佐波江で大津教会のシニア・青年会キャンプ修養会が開かれたのは、一九五四（昭和二九）年八月一二日から一四日である。キャンプの主題は「献身」であった。[19] 高校二年生になっていた松原冷子もキャンプに参加し、キャンプファイアーで霊的な経験をして「神の招きの声」を聞いている。[20] なお、彼女はすでに一九五三（昭和二八）年四月五日に大津教会のイースター礼拝で洗礼を受けていた。[21] 受洗前後から熱心に参加した教会活動の思い出の一こまに、中村利雄牧師時代（在任一九三三―六八）のキャロリングがある。一九五〇年代の大津の街にはまだ「華やかなイルミネーション」はなく、「満天の星空にひと際明るい星」を見つけることができた。一九七〇年代の原忠和牧師時代（在任一九六八―七八）には市内教会合同の市民クリスマスが始められ、聖歌隊に参加した松下冷子は「滋賀会館中ホールの舞台から天に届けよとばかりに賛美」した。

一九九一（平成三）年八月に妻の松原栄に先立たれた松原武夫は、「目に見えて気力を」失っていく。そこで、松下冷子は「思いあぐねて、大平様、高槻様に相談し」、一九九二（平成四）年一月から二月にかけて週一回始めたのが「『金扇』を読む会」である。この会は「晩年の父を」元気づけた。その時の経験が、二〇〇一（平成一三）年に「愛光ふれあいの家」[22]誕生の折に松下冷子の胸を熱くする。彼女は、「三年余りボランティアに参加させていただいて、高齢者の方の生の証から沢山の力をいただき、スタッフの方々の心のこもったサービスに深い感動を覚え」るのであった。二〇〇六（平成一八）年七月一六日に、大津教会は創立六十周年記念礼拝を挙行する。礼拝に参加した松下洽子が思いめぐらしたのは、「教会の礎となっている先達と未来に向かう教会」「改装された聖壇の花[23]」「愛光ふれあいの家」のことであった[24]。

近年のクリスマス行事には、「毎年趣向を凝らした子供の教会との合同イヴ礼拝」がある。礼拝では「年齢を問わずイエス様のご降誕を心から祝う一体感にひたることができ」る。それに、「孫の美優が今年（二〇〇七年）はマリアさんの役と知って、新たな思い出」が加わりそうな予感を感じている。

松下洽子の語る「教会生活における出来事」を特色づける第一のものとして、霊性（スピリチュアリティー）がある。霊性は近年の人間理解において、身体や理性・精神と並ぶ重要な要素として注目されている。松下の「教会生活における出来事」の基層にもこの霊性がある。そもそも彼女が主体的な教会生活を始めるきっかけとなったのは、一九五四年のシニア・青年会キャンプ修養会における霊的経験であった。中村牧師時代の一九五〇年代にキャロリングに参加し、「満天の星空にひと際明るい星」を見つけて心を打たれた体験や、近年のクリスマス行事で「年齢を問わずイエス様のご降誕を心から祝う一体感にひたる」合同イヴ礼拝も、霊性に富んだ出来事である。第二に共同体性という特色を指摘できる。原牧師時代の一九七〇年代に開催した市民クリスマスは大津市内諸教会の協力によって可能となった催しであり、様々な層における共同体性が認められる。二〇〇一年の「愛光ふれあいの家」の誕生は、少子高齢化社会の抱える問題に力を合わせて取り組もうとする人々による、共同体的性格を持つ事業であった。さらに近年の「毎年趣向を凝らした子供の教会との合同イヴ礼拝」も、共同体である教会の性格をよく表現している。第三に、今日の社会において社会的弱者とされている高齢者が抱えている課題との取り組みである。一九九一年に妻の松原栄に先立たれ、「目に見えて気力を」失っていった松原武夫の直面していた問題の一つに高齢化がある。したがって、「『金扇』を読む会」は高齢化に伴う問題を負っていた松原武夫を元気づけた。「愛光ふれあいの家」の誕生は、大津教会による高齢化という社会的課題との取り組みの表明という意味を持つ。そこで、松下冷子が「ボランティアに参加させていただいて、高齢者の方の生の証から沢山の力をいただいた」経験は教会の出来事であった。

3　わたしの花人生

「子どもの成長と共に歩んできた私の花人生」は、「わたしの花人生」（二〇〇七年）と「草花への想い」（二〇〇八年）に凝縮して記されている。そこで、松下冷子の花人生を折々の人々との出会いを横軸として加えながら時系列で概観し、その上で草花によって彩られている彼女の人生の特色をまとめておきたい。

松下冷子が「花と関わることになったきっかけは、長男の出産を機に大津に帰ってきたとき」、一九六五（昭和四〇）年である。その折に出会ったのが「板倉宗太郎（宗悦）先生、きく様ご夫妻(25)」で、彼らは「かれんなひなげしや淡紫の上品なしょうぶ（これを「大津京」と名付けて大切

板倉宗悦

にしています）が咲いている」庭付きの家を世話してくれただけでなく、「先生が寒菊を挿し芽して下さった」。松下はこの菊を「宗悦きく」と名付け、「四十年以上、特別な思いで挿し芽」している。「三年後、滋賀里の実家で年子の男の子二人の子育ての大変なときに、同居させてもらえたことで、また花を絶やさず咲かせ飾ろうという気持ちが」生まれる。この時に松下は松原武夫・栄の配慮の下に置かれていて、とりわけ母として生活する松原栄から学ぶことが多かったであろう。しかし、草花を通して受けるばかりではなく、与える機会もあった。たとえば、「長男の愛光幼稚園の先生だった嶋村ゆき子さんの結婚式にブーケをプレゼント[26]」している。三年後の一九七一（昭和四六）年に、松下家は「宗悦きく」と「大津京」を大切に運び、現住所の大津市鶴の里へ引っ越した。[27]

その後、松下冷子は「イギリス帰りの新進の先生にめぐり会い」、「輸入の珍しい花材を使って」「グリーンの使い方」や「自由で時には大胆なアレンジメント」、それに「花を切った後の茎や葉まで無駄なく足元に入れること」を教えられる。このようにして、「基本的には毎年種がこぼれ、宿根するもの中心のガーデンスタイルで、裏では半年先の花を育てながら、四季の花を絶やさず楽しめる」園芸生活を送っている。そのような折に、浜本さん[28]から「ぼつぼつ聖壇のお花を代わってください」と声をかけられたのは一九九〇（平成二）年頃である。現在も聖壇のお花を担当する一方で、教会バザーに備えて「半年も前から挿芽したり移植したポット苗が」松下家の庭の隙間を埋めている。「昨年（二〇〇七年）のバザーで五〇円玉を大事そうに握っていた男の子がお母さんにとハーブの苗を買ってくれました」。松下は大切に育てた苗の巣立ちを嬉しく思い、また母を思う男の子の優しさに気持ちが和むのであった。ただし、近年の異常気象により日本の美しい四季が崩れていくスピードを憂慮して、彼女は焦りを覚える日々を過ごしている。

草花を育み過ごしてきた松下冷子の草花観は、「草花への想い」の末尾に置かれた短歌（三首）

板倉宗悦の墨絵「牡丹」

によく表現されている。

賜りし季《とき》穏やかにうつろわず花のつぶやきほろほろこぼる

挿芽して種をこぼして共どもに活かさるる夢かなえたまえや

手をつなぐように地を摑み根をはれる草のたくましさ子らにあれかし

このように大津への転居（一九六五年）以来、四〇年以上に及ぶ松下冷子の花人生に認められる第一の特色は、それが人との真心の行き来する場であった事実である。真心の交流の一つは、松下が「受ける」という形をとる。板倉宗悦きく・松原栄・イギリス帰りの新進の先生・浜本さんから、様々な形で彼女の花人生は受けている。もう一つは、「与える」という形式である。嶋村健治・大原ゆき子の結婚式や浜本さんのお孫さんと越智先生のお嬢様の結婚式でプレゼントしたブーケ、教会バザーで男の子が買っていったハーブの苗、何よりも聖壇のお花当番で松下は花を通して真心を与えている。

第二の特色として花を介して真心の伴なった交流が行き来する所に生じる、いわば花の人格化がある。典型的な事例は、松下が「宗悦きく」と名付け「四十年以上育てている赤黄白三種類の寒菊」で、二〇〇七年にも彼女は「特別な思いで挿し芽」している。いうまでもなく、板倉宗悦・きく夫妻は四〇年以上前大津へ転居した時に親切に世話してくれた人たちであり、その真心のしるしが「宗悦きく」と呼ばれる寒菊である。だから、松下が大切に「宗悦きく」の世話をする際には彼らの温かい真心が思い出され、彼女は感謝の思いを込めて「宗悦きく」の手入れを続ける。ここにおいて松下にとって寒菊は単なる花であることを超え、「宗悦きく」として人格化されている。

そこで、第三の特色を読み取ることができる。松下は彼女の花人生において花の声を聞き（「わたしの花人生」末尾の短歌第一句）、花に自分たちの夢を重ね（「わたしの花人生」末尾の短歌第二句）、子らに草花の逞しい生き方を習ってほしいと願っている（「わたしの花人生」末尾の短歌第三句）。

注

（1）「父の背」「母のまなざし」「過ぎし日　今」では、類似したテーマの短歌を解説のためにまとめた。そのため、当初の順序を入れ替えている。

（2）一九九〇年に萩の花を謳った松原竹生の俳句がある。

萩咲きて囲む灯籠みえかくれ　竹生　『追想』一一六頁

（3）句碑「あすなろや　純美礼《すみれ》の園に　芽吹きつゝ　竹生」は、滋賀女子短期大学後援会によって一九八〇年春に設けられ、「あすなろの植樹と句碑」の披露式が挙行された。

参照、松原武夫「新入生を迎えて」（『翌桧』四五—四七頁）

（4）松原武夫の平和に関する思想と立場は次の論文にまとめられている。

松原武夫「子々孫々に平和を」（『追想』六六—八五頁）

（5）プラットホームを詠んだ松原栄の俳句がある。

故郷の無人の駅やかんな咲く　『翌桧』一六四頁

無人駅の桜吹雪に別れけり　『金扇』一七六頁
乗りおくれ電車待つ間の日向ぼこ　『金扇』二〇〇頁

(6) 母を思い出し詠んだ松原栄の俳句がある。

初夢の母若くして微笑めり　『翌桧』一八九頁
更衣母の形見のつづれ帯　『金扇』一八二頁
亡き母の齢となりぬ更衣　『金扇』一八三頁
桔梗好き母の好みし花なれば　『金扇』一九三頁
鉄線のむらさき母の帯の色　『追想』一一頁

なお、第三句に関連して太平洋戦争中に過ごした茨城県日立市での生活の様子については、次の箇所で触れている。『追想』五一―五三頁

(7) 「母の想い・鉄線の花・生活者の姿」を詠んだ松原栄の俳句がある。

(母の想い)
夏草や母の嘆きのいくさ橋　『金扇』一八七頁
(鉄線の花)
せがまれて子猫もらひぬ鉄線花　『翌桧』一五一頁
鉄線のむらさき母の帯の色　『追想』一一頁
(生活者の姿)
日野菜漬くことも師走の仕事かな　『翌桧』一五五頁
初釜や荒れたるままの手を膝に　『翌桧』一五九頁
針供養針一筋に生きぬいて　『翌桧』一五九頁

(8) 琵琶湖を題材に松原竹生と松原栄も俳句を作っている。

『翌桧』より

松原竹生

矢車のふと廻りそむ湖の風　八〇頁
雲海の割れて眼下の竹生島　八三頁
道鏡に映る木槿や右は湖　八四頁
斑猫や峠来ゆれば湖展け　八四頁
初鴫の一線翔くる湖の朝　八五頁
湖わたる雁の一声夜のしじま　八九頁
魞押して暮れゆく湖に櫓のきしみ　九七頁
花火果て湖畔に波の音低し　一〇二頁
初雁や志賀の宮址を湖へ　一〇四頁
秋晴やヨット近づきまた離れ　一〇五頁
寒月や湖にネオンの影ゆらぐ　一〇八頁
梅雨の雲比良をなだれて湖昏し　一一六頁
子を抱き親子の仰ぐ湖の虹　一三二頁
鉾竝ぶ湖の通りや鰯雲　一三六頁
比良晴れてびわ湖大橋しぐれ虹　一四四頁

松原　栄

湖へひとすじ道や鰯雲　一五四頁
近江路と名付けし菓子や湖の春　一五九頁
師の句碑に湖のひらけて朝櫻　一六二頁

朝な朝な見慣れし湖の初日出　一六九頁
帆をおろしヨット眠れり浜大津　一七三頁
はろばろと行く雁追ふて湖に佇つ　一八〇頁
夫傘寿湖のかなたに遠花火　一八二頁
鴨鍋や玻璃戸の外の湖の月　一八五頁
フェノロサのこよなく愛でし湖の春　一八九頁
雪ひだの輝く比良や湖開き　一九〇頁
金雀枝の角を曲れば湖見えて　一九一頁
風立ちて湖みはるかす萩の上　一九三頁
湖はるか右も左も虫時雨　一九三頁
湖見えて志賀の百穴草紅葉　一九五頁

『金扇』より

松原竹生

花びらの上りつ落ちつ湖青し　一五頁
老木に縋れる葛や湖の風　一五頁
竹生島淡く暮れゆく法師蟬　二一頁
高く低く鎮もる凧に湖凪げる　二七頁
初明りほのぼの見ゆる湖の橋　二八頁
湖の朝日に映ゆる若葉かな　四〇頁
湖に高さ競へるうなり凧　四八頁
吹雪来て大橋半ばかくれけり　五〇頁

冬木立映ゆる湖畔の捨小舟　五二頁
暮れて着く遊覧船や花の雨　五八頁
元火受くびわ湖祭の乙女たち　六一頁
湖に放つ子亀や夕霞　六二頁
雨やんで虹の立ちたる竹生島　六七頁
葦の穂や湖に立つ芭蕉句碑　七〇頁
名月や湖畔に波の音低く　七一頁
鰯雲近江大橋の渡り初　七一頁
湖見ゆる日吉の馬場の照紅葉　七三頁
夕茜湖わたりゆく雁のあり　七五頁
朝靄に鳰水走る膳所の浜　七七頁
吹雪去りびわ湖大橋月淡し　八一頁
藤棚をくぐれば湖の展けくる　八三頁
夕焼やポプラ並木の果の湖　八九頁
終戦の黙禱さざぐヨットかな　九一頁
どことなく湖面明るき無月かな　九二頁
初雁や志賀の宮址を湖へ　九三頁
たまゆらに鴨の遠音や湖凪ぎて　九八頁
舟水漬くままの湖辺や虎落笛　九九頁
びわ湖大橋ゆたかに反りて冬うらら　一〇〇頁
湖見えて若葉並木のつづきけり　一〇八頁

丘の上の泡立草や湖見えて　一九四頁

『追想』より

松原竹生

初明り空と湖ひびくごと　七頁

初明り湖一線のかがよひて　八頁

芒穂をわけて通れば湖みゆる　二六頁

無月なりどこかほのかに湖明り　二七頁

初明り湖一条のかがよひて　二九頁

松原　栄

淑気満つ空と湖との逢ふところ　七頁

初日さし湖かがよいて近江富士　八頁

小春日やあるかなきかの湖の風　一六頁

月食や湖面もしばしほのぐらく　二六頁

（9）松原竹生と松原栄が思い出の人々を詠んだ俳句がある。

松原竹生

八鬚の父を偲びて墓洗ふ　『翌桧』　八八頁

ただ一度父と岩梨採りし日よ　『翌桧』　八八頁

古里の駅長老ひて百日紅　『翌桧』　一一六頁

亡き母と共に来し徑曼珠沙華　『翌桧』　一一七頁

形見なる手編のセーター寒波来る　『翌桧』　一一九頁

白菊や遺影は語り語りかけ　『翌桧』　一三九頁

父母を心に呼びて墓洗ふ　『金扇』一七頁
無人駅友と別れし夕桜　『金扇』一二八頁

松原　栄

母の忌や臘梅庭の片隅に　『翌桧』一四九頁
母の日や母の遺せし翡翠玉　『翌桧』一六一頁
母偲ぶ手打ちの蕎麦や大晦日　『翌桧』一六五頁
臘梅に卒寿の友の訃報きく　『翌桧』一六九頁
兄逝くや故郷の庭の落椿　『翌桧』一九七頁
山茱萸の黄色眼に沁み忌の明ける　『翌桧』一九七頁
卯の花に父の忌日のめぐり来し　『金扇』一八二頁
亡き人の風情ただよう玉椿　『追想』一六頁

(10) 松原冷子は一九三六（昭和一一）年八月に松江市で誕生し、一九三九（昭和一四）年三月まで過ごしている。

(11) 松原冷子は一九三九（昭和一四）年四月に茨城県日立市へ転居し、一九四六（昭和二一）年一〇月まで過ごしている。

(12) 松原冷子は一九四六（昭和二一）年一一月に山口市へ転居し、一九五〇（昭和二五）年四月に滋賀県大津市へ転居するまで山口で過ごしている。

(13) 戦争と原爆の悲惨さを詠んだ松原竹生と松原栄の俳句がある。

松原竹生

秋光や原爆の子の千羽鶴　『翌桧』一二〇頁
慰霊碑に薫煙たえず夕紅葉　『翌桧』一二〇頁

行く秋や原爆ドームの夕烏　『翌桧』一二一頁
芋蔓の粥を分ちて終戦日　『翌桧』一三三頁
新年の空をよごすな放射能　『金扇』二九頁

松原　栄

天へ向く大輪の夕顔終戦日　『翌桧』一九三頁
鎮魂のコーラス響く原爆忌　『追想』一一頁

（14）老いの悲哀と若者への希望を謳った松原竹生と松原栄の俳句がある。

松原竹生

稲妻や手術の峠越へにける　『翌桧』一〇二頁
孫好むトンカツ甘し若葉風　『翌桧』一一八頁
大志抱き逝きし青年天高し　『翌桧』一一八頁
共に見し孫はいま亡く花に佇つ　『翌桧』一二八頁
いざさらば別れの庭にばらの花　『金扇』一一七頁
船上に別れの宴や夏の望　『金扇』一一八頁
病院の人みないねて遠蛙　『金扇』一二九頁
春蟬や休養時間の患者たち　『金扇』一二九頁
静養の妻に摘まむと花一つ　『金扇』一四五頁
向日葵のごと燃えつきて逝きし女　『金扇』一五二頁
いとけなき手に供花一つ墓詣　『金扇』一五三頁
病院の闇のしじまや虎落笛　『金扇』一六一頁
病良しカナリヤ肩に日向ぼこ　『金扇』一六一頁

幾山河越えて五十年沈丁花　『金扇』一六三頁
春暁やインマヌエルの五十年　『金扇』一六三頁
子も孫も十二人なり筆の花　『金扇』一六三頁
春立つや別れし人の眼の光　『追想』二一頁
点滴の命しずかに花の夜　『追想』二二頁
夾竹桃の白きを好み老ひしいま　『追想』二四頁
除夜の鐘身にしみ聴くやわが米寿　『追想』二九頁
翌檜や純美礼の園に芽吹きつつ　『翌桧』三頁
ユースホステル歌声わたる星月夜　『翌桧』八六頁
春暁や今日を門出の竜が丘　『金扇』一五頁
乙女らに希望ケ丘の雪柳　『金扇』五六頁
空仰ぐ乙女の像や糸柳　『金扇』五七頁
湖望む白堊の学舎風薫る　『金扇』一〇九頁

松原　栄

退院の夫を迎へて石蕗の花　『翌桧』一五五頁
再手術かなはぬ椿散りにけり　『翌桧』一六〇頁
病床に座して聞きをり遠花火　『翌桧』一七三頁
待宵やひそかに抱く願ひ事　『翌桧』一七四頁
花の宴秘めし悲しみ胸にあり　『翌桧』一八一頁
星祭る老には老の願ひあり　『翌桧』一八二頁
青春を残して孫逝く秋の風　『翌桧』一八三頁

十三夜形見の翡翠ペンダント　『翌桧』一八三頁
龍胆に喪服の女身じろがず　『翌桧』一八三頁
入院のわれに届きし年の豆　『金扇』一七〇頁
看護婦の水仙挿して立ち去れり　『金扇』一七一頁
針供養する針もなく老いにけり　『金扇』一七一頁
梅ふふむ部屋に折鶴そのままに　『金扇』一七一頁
病院の日脚伸びたる夕餉かな　『金扇』一七二頁
観梅を約せし人も病むたより　『金扇』一七二頁
見舞とて雛の色紙の添へられし　『金扇』一七二頁
小さき指開けば落つる土筆かな　『金扇』一七三頁
風花の窓華かに病みてをり　『金扇』一七四頁
雛流し女の願こもりゐて　『金扇』一七四頁
肩寄せて老いたる夫婦花の下　『金扇』一七五頁
春雷や遠く離れし友の訃を　『金扇』一七六頁
友逝きて喪服の肩に花吹雪　『金扇』一七七頁
椿落ちおもはぬ人の訃報きく　『金扇』一八〇頁
髪洗ふとぼしき髪の手にからみ　『金扇』一八六頁
マスカット癒えぬ病と知らずして　『金扇』一八八頁
鶯草や育てし人は既に亡く　『金扇』一八八頁
君逝きて遺せし筆や吾亦紅　『金扇』一九二頁
喪の家に丹精の牡丹咲きつづけ　『追想』一一頁

教会の葉桜のかげ車椅子　『追想』一二頁
小さきほど愛しきものよ赤のまま　『追想』一四頁
針らしき針も持たずに針供養　『追想』一四頁
ねぎごとを今も抱けり天の川　『追想』一八頁
蕗添へて季節にほえり病人食　『追想』二二頁
花の日や加茂川べりを退院す　『追想』二二頁
養生のためや今宵の冷奴　『追想』二五頁
療養の部屋に木犀ほのかなり　『追想』二八頁
世ばなれの病室ひとりそぞろ寒　『追想』二八頁
療養の眼にはまぶしき石蕗の花　『追想』二九頁
みどり児の声をわが家にクリスマス　『翌桧』一七六頁
校門のしだれ桜に子ら遊ぶ　『金扇』一七六頁
初夢や湖かがやきて傘寿の帆　『追想』七頁
乙女らのおでん屋台や学園祭　『追想』九頁
冬うらら嬰児のめしい笑み浮べ　『追想』二〇頁

(15) 松下冷子は、松原栄の形見の画を季節毎に和室に掛けている。雛の画は毎年二月半ばから三月半ばの作品である。

(16) 「大津教会六十周年記念に寄せて」（短歌三首）は、次の著書に掲載されている。日本キリスト教団大津教会創立六十年記念誌編集委員会編『大津教会創立六十年記念誌』日本キリスト教団大津教会、二〇〇六年

(17) 参照、松原栄「私の信仰の歩み　松原栄」（松原武夫・栄遺族一同編『追想』四四―六四頁）。

なお、山口時代に松原の両親と自分の母親の看病にも葬儀にも出向けず、気が付けば台所で涙を流していた逸話は、松原栄さんから筆者が幾度となくうかがった話である。

(18) 参照、松原栄「私の信仰の歩み」(『追想』五六—五七頁)。大津教会史編集委員会編『大津教会史』日本基督教団大津教会、一九六九年、二三八頁。

(19) 参照、大津教会史編集委員会編、前掲書、三四頁

(20) 松下冷子は、「二つの出来事」に短歌二首を載せている。

モノクロの小さき写真に若き日の出会いと導き凝縮さるる

松わたる風ひたひたと波寄する浜佐波江に神の招きの声す

(21) 参照、松下冷子「大津教会の歩みの中で育まれて」(大津教会史編集委員会編『大津教会五十年誌』三一六—三二〇頁)。大津教会史編集委員会編『大津教会史』三一・二三九頁。

(22) 「愛光ふれあいの家」については、参照、元森淳子「愛光ふれあいの家の歩み」(日本キリスト教団大津教会　創立六十年記念誌編集委員会編『創立六十年記念誌』六六—七〇頁)。

(23) 大津教会の創立六十周年にあたっての改装工事の内容については、参照、堤武雄「創立六〇周年記念事業について」(日本キリスト教団大津教会　創立六十周年記念誌編集委員会編、前掲書、八〇—八二頁)。

(24) 松下冷子の「大津教会六十周年記念に寄せて」(短歌三首)は次の通りである。

礎に先達の顔浮かびたりインマヌエル六十年経て大津教会なお新し

改装に聖壇の花匂いたつヴォーリズ建築の面影いまに

高齢の人の笑顔に励まされ三とせの交わり力となりて　(愛光ふれあいの家)

(25) 板倉宗太郎(宗悦)と板倉きくには、次の作品がある。

板倉宗悦「開八記念　板倉宗悦作品展」一九七七年

板倉宗悦「中村牧師との花縁」（『大津教会史』一八八―一九〇頁）
板倉きく「坂本伝道に思うこと」（『大津教会史』一二七―一二九頁）
なお、板倉宗悦について記した次の作品がある。
塩野和夫「私の宝」（『一人の人間に』六七―六八頁）

(26) 愛光幼稚園の教諭であった大原ゆき子は、一九七〇年一一月一五日に大津教会で嶋村健治と結婚式を挙げている。参照、『大津教会五十年誌』三四七頁

(27) 松下幸夫・松下冷子夫妻は、一九七一年四月に京都教会（大山寛牧師）から大津教会に転入会している。参照、『大津教会五十年誌』三四七―三四八頁

(28) 浜本環には次の作品がある。
浜本環「婦人会」（『大津教会史』一二九―一三一頁）
浜本環「トーヤー先生」（『大津教会史』一三六―一三七頁）
浜本環「私の信仰の歩み」（大津教会『私の信仰の歩み』第一巻、一九八五年）

第二節　松原武夫・松原栄小伝

松下冷子「お父さん、お母さんの思い出」（一九九五年）と「小品集」（二〇一二年）は、明確な対象を持っている。この具体的な対象への思索を時間をかけて巡らすことによって作品は昇華されていった。したがって、二つの作品を理解するためには具体的な対象である松原武夫と松原栄に関する考察が不可欠となる。

幸い、松原武夫と松原栄によって記された作品が残されている。彼らについて記したものもある。次の通りである。

松原武夫
「自然科学教育と科学史」（『滋賀大学研究論集　第二部　自然科学』第二号、一九五三年、八七—九五頁）
「自然科学の成立と経験論」（『滋賀大学学芸学部紀要　自然科学』第三号、一九五四年、七七—八二頁）
「'Hypotheses non fingo' に就て（創刊十周年記念号）」（『滋賀大学学芸学部紀要　自然科学』第十号、一九六〇年、一三一—一三九頁）
『金扇』（一九七九年、松原栄との共著）
『翌桧[1]』（一九八四年）
「大津教会史の諸断面」（『大津教会史』一九六九年、一七二—一七五頁）
「私の信仰の歩み[2]」（大津教会『私の信仰の歩み』第一巻、一九八五年）
「子々孫々に平和を[3]」（『大津ロータリークラブ年報』一九八七年度、『追想』一九九六年、六五—八五頁）

松原　栄
『金扇』（一九七九年、松原竹生との共著）

「句集」(『翌桧』一九八四年、一四九―一九七頁)
「共済会のこと」(『大津教会史』一九六九年、一四二―一四五頁)
「私の信仰の歩み」(4)(大津教会『私の信仰の歩み』第二巻、一九八六年、二〇―二六頁)
松原武夫・松原栄について記した作品
「第二部　父母の思い出」(『追想』一九九六年、八九―二〇三頁)
「第三部　寄せられた言葉」(『追想』一九六九年、二〇七―二七九頁)

松原武夫と松原栄の作品で多く残されているのは俳句である。俳句は折々の彼らの心の動きを知るには有益であるが、人間像を全体的に探る作業には適していない。松原武夫には彼の思想に触れる作品もいくつかある。(5)しかし、これらも彼の全体像を示すには至っていない。そこで、松原武夫と松原栄の人間像に迫る試みとして考えられるのが伝記である。ただし残された資料から彼らの伝記を再構成するためには、近代日本史における位置づけや地域社会との関わりなど、資料だけでは不十分な側面もある。

そこで、必要な点を補いつつ彼らの人間像に迫るため、第二節では「松原武夫・松原栄小伝」に取り組む。

（一）自我の形成

1　揺籃の地、近江八幡

近江八幡は一五八五年に豊臣秀次が築いた八幡山城の城下町として整えられ、江戸時代には商人の町として栄え近江商人を生んだ。明治期になると八幡山の城址を北に望み整然とした碁盤の目のような街並みを持ち、東海道本線の近江八幡駅は町の中心部から南へ一キロ半程離れた場所に設けられた。進取の気風に富む近江八幡の人々は教育にも熱心で、この時期に県立の商業学校と女学校を設立している。すでに地域での活動に着手していたプロテスタント・キリスト教は、一九〇一（明治三四）年に近江八幡組合教会を設立した。一九〇五（明治三八）年に来日したW・M・ヴォーリズ（William M. Vories　一八八〇—一九六四）は、一九〇七（明治四〇）年に八幡基督教青年会館を、一九一一（明治四四）年にはヴォーリズ建築事務所を建設している。

松原武夫は、一九〇二（明治三五）年八月二〇日に教育者であった松原廣吉とちよの次男として神崎郡小幡（現在の東近江市）に生まれ、近江八幡で少年期を過ごした。日清戦争に勝利した日本が強力に富国強兵政策を推し進め、日露戦争に向かっていた時期である。幼少より聡明で何ごとにも強い好奇心と責任感を示した性格と地味で堅実な生活態度には、幼少期をすごした近江八幡の地域性による影響が認められる。ところで、幼少期の武夫は必ずしも壮健ではなかったと思われる。(6) そもそも「武夫」という名前からは「健やかな成長」を願う両親の願いが読み取れて、両親の熱い愛情を受けて育った事実を推測させる。(7) 母親のちよから武夫は常々、「食べ物はしっかりと嚙み、ゆっくりと食事をするように」と躾けられた。地元の小学校を卒業すると、四〇分間汽車に乗って(8)旧制膳所中学校に通学する。中学校ではボート部に所属して、「尻の皮が擦り剝ける」まで練習に励んだ。琵琶湖は青春を謳歌し、友情を交わした場所であった。そんな武夫にも合宿中に途方に暮れてしまった逸話がある。「ボート部の連中が早食いで、ゆっくり食べていたら飯が残っていなかった」のである。仕方がないのでボート部の合宿中だけは、彼も母の教えに背いて仲間と飯の早食いをしてしまった。

北川栄は、一九〇七（明治四〇）年一〇月一二日に教育者であった北川辰次郎とゆうの長女として、滋賀県の志津村（現在の草津市）に生まれた。一九〇五（明治三八）年は、日露戦争に勝利した日本が大正デモクラシーを開花させていった時代である。この頃になるとキリスト教会は地域社会での立場を獲得して、文化的活動の担い手として受容されている。近江八幡においては、近江兄弟社が近江八幡組合教会にもまして文化や教育の活動を地域社会で展開していた。父の転勤に伴って北川栄は近江八幡に移り、地元の小学校と女学校で学んだ。その一〇年間に強く影響されたのは伝統的な近江八幡の文化ではなく、近江兄弟社や教会から受けたものである。すなわち、教会主催の映画会や八幡基督教青年会館における英語の手ほどきと親睦会、さらにガリラヤ丸への乗船・女学校における進歩的な教育、これらが北川栄にとって「限りなく楽しい思い出」となった(9)。

2　青春

一九一〇年代も後半に入ると、対照的な二つの傾向がキリスト教界に現れる。一つは人間の内面性を凝視して、そこに潜む課題を解決しようとした立場である。キリスト教と自我の問題に取り組んだ高倉徳太郎（一八五五―一九三四）は、この立場を代表する。[10]他方、地域社会に生じていた課題と取り組んだ社会活動も盛んになる。当時、同志社大学で教え学内の社会的活動の中心にいた中島重（一八八八―一九四六）は、社会的基督教を提唱しキリスト教による社会問題の克服を試みていた。[11]

一九一九（大正八）年四月に、松原武夫は名古屋市にあった第八高等学校に進学した。一六歳の春である。彼が自宅を離れて生活をしたのは、この時が最初である。ところで、松原家は代々浄土真宗の家系であり、武夫も親鸞の教えを身近に聞いて育った。しかし、第八高等学校在学中に、彼が探求したのは哲学的真理であって宗教でも浄土真宗の教えでもなかった。ただし、この時期にキリスト教徒の友人石井重雄と出会っている。一九二二（大正一一）年四月に、一九歳の松原武夫は東京大学理学部に入学した。ところが、東京大学に入学した年に患った盲腸炎が手遅れとなり、東大病院で一二月に手術した。しかし、術後に腹膜炎を患い、一進一退の状態が続く。翌年三月末に退院したのもつかの間で、六月には化膿して再入院し、再び手術を受けることになる。このようにして生死の境をさ迷った時期に、かつて哲学的真理を探究した問いは自己の救いを希求する宗教的な求めへと変化していた。復学した一九二四（大正一三）年秋に八高時代の友人石井重雄の誘いを受けて、武夫は青山会館で開催された東京市内外学生大連合礼拝に参加する。講師は高倉徳太郎で、自我の悩みを克服して語られる福音的基督教は彼の魂に響き、深い感動を覚えた。そこで、翌週の日曜日にはぜひ高倉の説教を聞きたいと願い、戸山教会に向かった山手線で偶然にも高倉と出会う。声をかけた所、講壇の前の席に座らされたので、高倉の説教に真向かいになって聞くことになった。以来、毎日曜日に戸山教会の礼拝に出席し、週一回開かれる高倉のロマ書講解にも参加した。高倉の福音的基督教は、二年間の病床生活で切実になっていた実存的な求めに対する答えを提供していた。こうして、一九二六（大正一五）年六月の聖霊降臨日に武夫は洗礼を受けて、キリスト教の信仰を生きる人となった。ここに自我を形成した松原武夫の青春がある。なお病気のため二年遅れて、彼は一九二七（昭和二）年三月に東京大学理学部を卒業している(12)。

一九二四（大正一三）年四月に、北川栄は同志社女学校専門学部英文科へ入学するに先だって室町寮に入る。両親の元を離れた初めての生活は寮の規則に従った秩序正しいもので、栄はここでキリスト教と触れることになる。なお、三年間の学生生活の間に室町寮から大沢寮・常盤寮へ移っている(13)。

また、一室に三～四人の上級生、下級生が配置されて、家庭的な共同生活が続けられた。このころの寄宿舎生活はキリスト教主義の学校の寄宿舎らしく、朝夕の感謝、食前の祈りは一同が欠かすことなく習慣づけられたのであった。六時の起床のベルで身支度をし、部屋はもちろん廊下の拭掃除などをすませ、「お静か」（静かに聖書をよみ、朝の祈りをする）の時間を厳粛に守り、七時に朝食になる。……

日曜日は朝、当時は和服であったので、必らず襦袢の半衿をつけ直し、まず清潔な装いで教会に出席する用意をした。この聖日には半衿のつけ直し以外の他の目的のためには学業であっても針仕事は絶対に許されず、聖書、修身の勉強や讃美歌を歌ったり、手紙を書く以外は厳禁され聖日としての一日を過すのであった[14]。……

同志社における生活も軌道に乗っていた一九二六（大正一五）年に母ゆうが大病を患い、栄は一〇日間ほど看病のため帰省した。その時の経験から、彼女は聖書の言葉（マタイによる福音書九章九―一三節）を素直に受け入れるようになる。このようにして、「神の確かな存在と人間の弱さ、愚かさ、醜さに眼を開かれた」ので、「十九歳の初冬、大正十五年十二月六日新島襄と創立の苦楽を共にされたドクターラーネットから五十人の友と一緒に受洗し、死に至るまで主に忠誠を誓った」。洗礼を受けた場所は同志社のチャペルである。受洗してからはキリスト教活動にも積極的に参加し、「賀川豊彦氏につれられて、卒業間際、神学部やYWの有志等と四貫島や葺合の貧民窟、長島の癩療養所の見学等で人間について社会について考えさせられた」のである。北川栄の青春は、寮における友人との共同生活と専門学部英文科における研究を通して、キリスト教による自我を形成した日々であった。彼女は一九二八（昭和三）年三月に、同志社女学校専門学部を卒業する。二〇歳の春であった[15]。

（二）家族を守る

1 結婚

松原武夫は、田丸卓郎教授の推薦により一九二七（昭和二）年四月に松江高等学校（島根大学の前身）の物理学担当教員として赴任した。東を中海、西を宍道湖、北を日本海に面する松江市は、城下町として発展した島根県の県庁所在地である。松江高校は全国で一七番目の旧制高校として、一九二〇（大正九）年よりキャンパスの整備を始め、一九二一（大正一〇）年度に開校された。「談論風発を日々の生活の旨とした自由な校風」（藤田田）を特色とする高校は、武夫の赴任時は開学の当初期にあたった。松江へ赴くにあたって、高倉徳太郎から、「松江の開拓伝道に一役買ってもらいたい」と依頼された。そこで、武夫は元救世軍士官の薬剤師木村定晴と妻で助産婦の木村愛の協力を得て、松江市北堀町の下宿で日曜日夜に集会を始めた。近所の人たちや松江高校の学生など十数名の参加者があり、その一人に「長崎の鐘」で有名になる永井隆がいた。当時、高等学校三年生の永井は松原の集会に参加して、初めてキリスト教と出会っている。武夫の下宿が手狭になったので近くの空き家を借りて集会場所とし、隔週に鳥取教会の上河原雄吉牧師の応援を得た。それ以外の日曜日は武夫が「証し」をした。一九二七（昭和二）年の冬休みに入ると、戸山教会の親友小塩力が応援に駆け付けてくれた。彼ら二人は冬休みの間、家庭集会の参加者を訪問した。一九二八（昭和三）年四月に、小塩は初代伝道師として松江に赴任する。(16)

北川栄は、一九二八（昭和三）年四月に滋賀県立彦根高等女学校（滋賀県立彦根西高等学校の前身）に英語担当教員として赴任した。琵琶湖東岸で交通の要所に位置する彦根は城下町として整

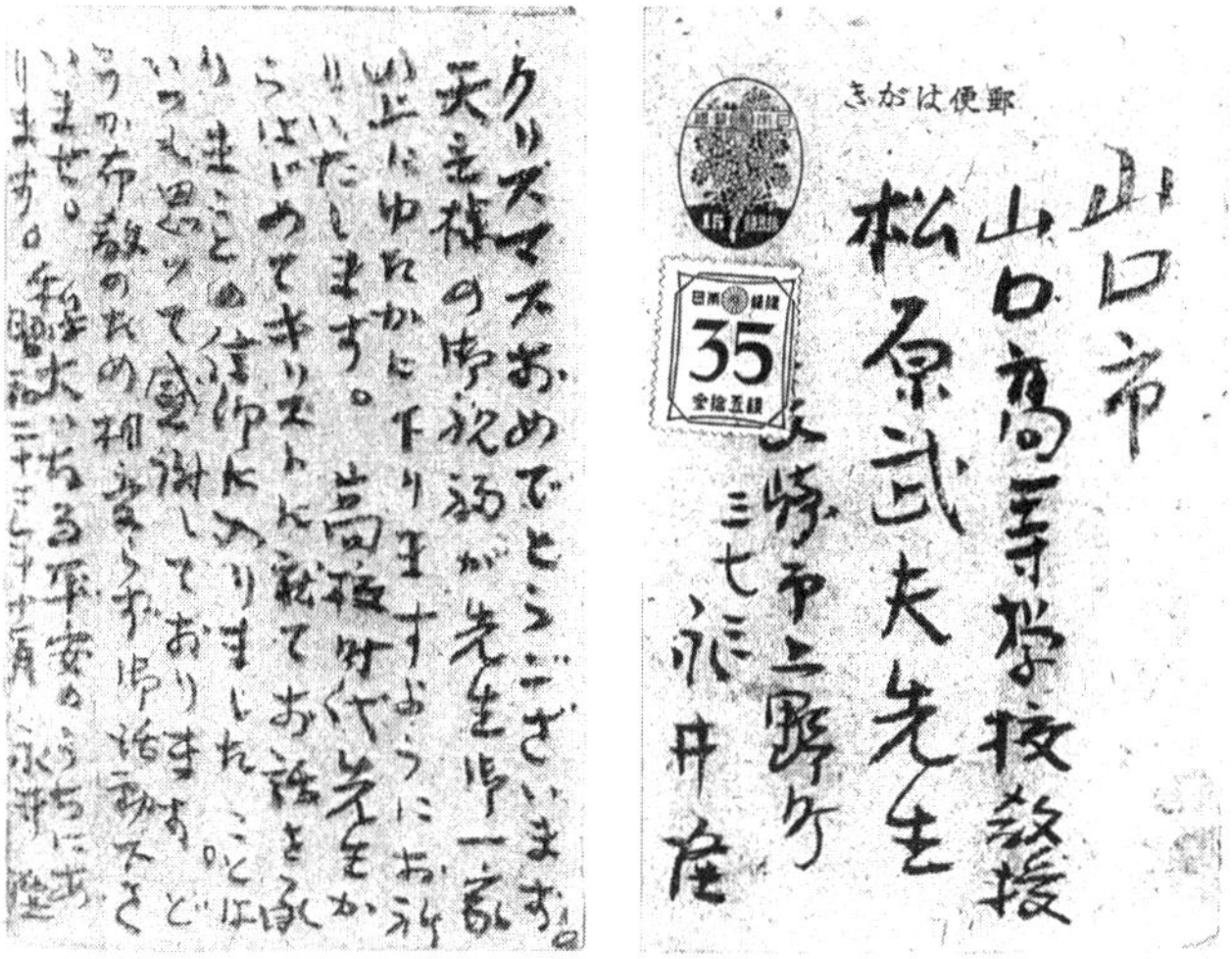
郵便はがき

山口市
山口高等学校教授
松原武夫先生

長崎市上野町
三七〇 永井隆

クリスマスおめでとうございます。
天主様の御祝福が先生御一家
の上にゆたかに下りますようにお祈
りいたします。高校時代先生か
らはじめてキリスト教に就てお話を承
り、生ことの信仰に入りましたことは
いつも思って感謝しております。ど
うか布教のため相変らず御活動下さ
いませ。主の大いなる平安のうちにあ
ります。昭和二十三年十二月 永井隆

永井隆博士より松原武夫宛葉書① ⑰

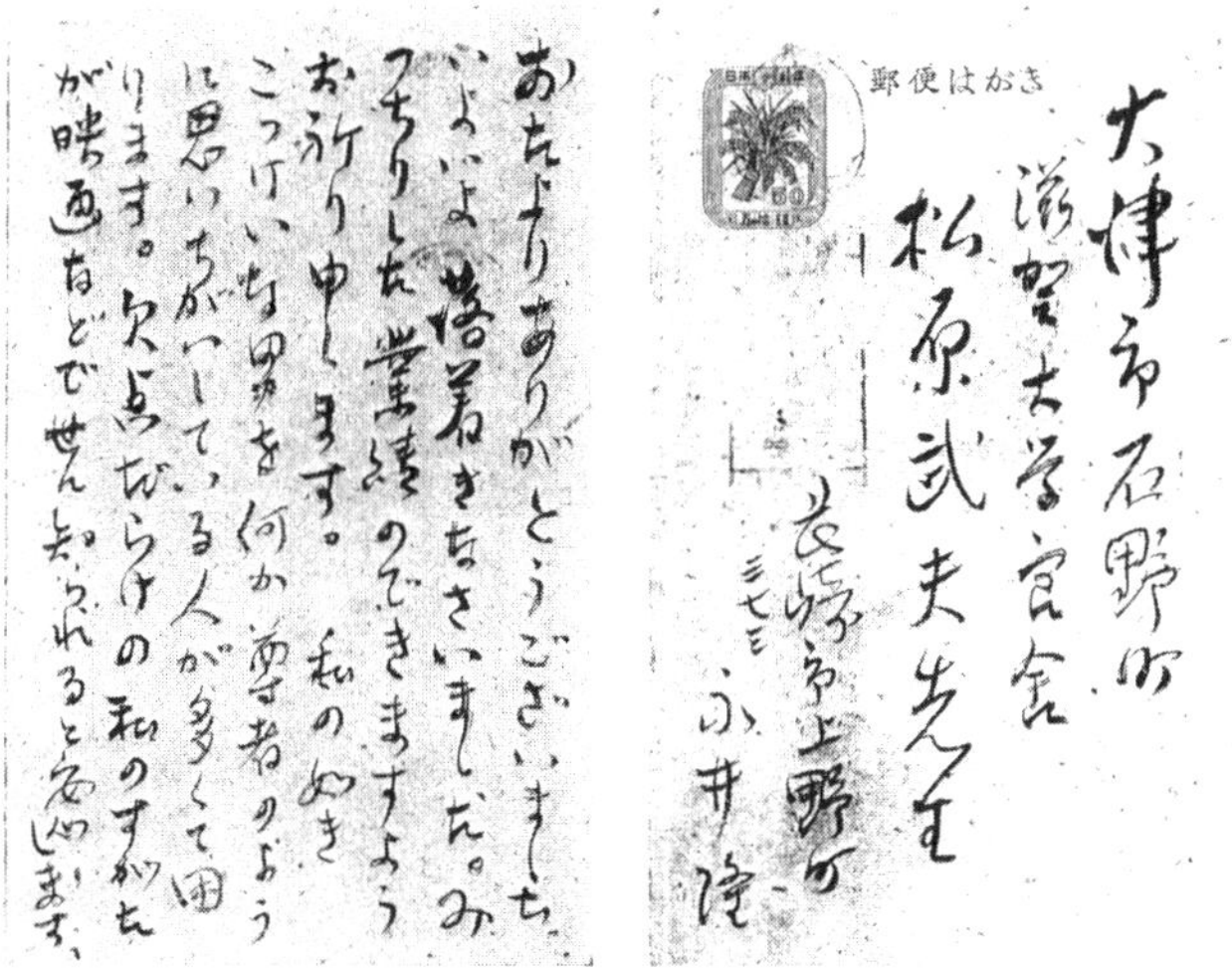
郵便はがき

大津市石野町
滋賀大学官舎
松原武夫先生

長崎市上野町
三七〇 永井隆

お便りありがとうございました。
いよいよ落着きなさいましたね。み
のりした業績のできますよう
お祈り申します。私の如き
こっけいな男を何か聖者のよう
に思いちがいしている人が多くて困
ります。欠点だらけの私のすがた
が映画などでせん知られると安心します、

永井隆博士より松原武夫宛葉書②

えられた。一八八六（明治一九）年に設立された淡海高等女学校を前身とする彦根高等女学校は、栄の赴任時にはすでに五〇年近い伝統を持っていた。同志社女学校専門学部に在学した三年間で寮生活を送った栄は、彦根女学校には自宅から通勤したと推測される。彦根は近江八幡から東海道線の汽車を利用すれば約四〇分の通勤圏であったからである。そのため、彦根女学校で教えた一年間は彼女が両親と過ごした最後の時となる。(18)

近江八幡で教えていた松原廣吉と妻松原ちよ、やはり近江八幡で教育者だった北川辰次郎と妻北川ゆうの取り計らいで、松原武夫と北川栄は見合い結婚をする。結婚式は一九二九（昭和四）年三月二〇日に高倉徳太郎の司式により、同志社の神学館（現在のクラーク記念館）で挙行された。高倉が結婚式で読んだ聖書の言葉は「ローマ人への手紙第十二章」であり、彼らは「毎年記念日には必ず二人で拝読し、信仰を初心にかえし、感謝の祈りを捧げている」。また、高倉がお祝いに贈った聖書の扉に記されていた言葉「汝らはキリストのためにただただ彼を信じる事のみならず、また彼のために苦しむ事をも賜わりたればなり」（ピリピ人への手紙第一章二九節）は、武夫と栄を深くとらえた。(19)

2 家族

松原武夫と栄が結婚した一九二九（昭和四）年一〇月に、アメリカ合衆国の株価暴落に端を発する世界的規模の大恐慌が起こる。そのため世界各地で社会の不安定化が進み、その克服に向けた取り組みも実施された。日本では数年前から思想の統制が始められていた。すなわち、一九二五（大正一四）年四月に治安維持法を公布し、一九二八（昭和三）年三月には共産党員に対する全国的検挙を行っていた。そして、一九三一（昭和六）年九月に満州事変が勃発する。一五年戦争期という戦争の遂行によって解決をもくろんだ時代に、日本は突入していった。

松原武夫・栄夫妻の新居は、「奥谷町の一角、春日山の麓にある古びた木造二階建の借家であった」[20]。武夫は自宅から川津村大字萱田（現在の松江市川津町）にある松江高等学校に通勤し、「理路整然とした」講義を行った。夜には自宅で学生有志を集めてドイツ語小冊子の勉強会を開いている[21]。日曜日には夫婦そろって松江市北堀にある教会に通った。武夫は教会の書記と会計を担当し、栄は小塩れい夫人と日曜学校を受け持った。一九三〇（昭和五）年二月に松原家に長男茂雄が誕生し、家族は三人となる。この年の三月に小塩力・れい夫妻は佐世保教会へ転任したので、後任に内藤伝道師を迎えた。松原家では一九三一（昭和六）年二月に次男郁雄が誕生し、子供は二人になる。内藤伝道師は在任僅か一年で転任になり、教会は四竈一郎牧師を迎えた。四竈牧師は会堂と牧師館の新築を目指し、一九三四（昭和九）年の復活節に献堂式を挙行した。この年の一一月に松原家に長女景子が誕生し、子供は三人になる。一九三六（昭和一一）年八月に次女冷子が誕生し、松原家では子供が四人となる[22]。

松原武夫の松江高等学校の在職は一九三九（昭和一四）年三月で一二年になったが、この時彼は転任した。戦争遂行に必要な技術者養成のため創立された多賀高等工業学校（茨城県日立市）の物理学教授としてである。ところで、一九三九年四月に松原家には三女靖子が誕生している。そのため四月に武夫が単身赴任し、栄と子供五人は八月になって日立市に転居した。日立市では合瀬町にあった日立製作所の社宅に住む。日曜日には日立教会に通ったが、空襲後は木下順治牧師が自宅で開いていた礼拝へ家族七人で一時間余りかけて通っている。一九四二（昭和一七）年四月に三男広志が誕生する。松原家は子供が六人いる八人家族の家庭となった。(23)

3 戦禍の下で

松原家が日立市に転居した一九三九（昭和一四）年九月に、ヨーロッパではイギリスとフランスがドイツに宣戦を布告し第二次世界大戦は始まった。日本は一九四〇（昭和一五）年九月に日独伊三国軍事同盟に調印し、立場を明確にする。そして、一九四一（昭和一六）年一二月八日に日本軍はハワイ真珠湾にアメリカ海軍を攻撃し、太平洋戦争が始まった。当初は戦線を拡大した日本軍も一九四二（昭和一七）年六月のミッドウェイ海戦で大敗し、各地で敗退を余儀なくされていく。ヨーロッパ戦線でも一九四三（昭和一八）年一月にドイツはロシアのサンクトペテルブルクで大敗し、九月にはイタリアが降伏した。一九四五（昭和二〇）年に入ると、三月一〇日の東京大空襲など日本の各地はアメリカ軍機による空襲を受けるようになる。四月に始まった沖縄戦では六月に守備隊が壊滅した。原子爆弾の投下により八月六日に広島、八月九日に長崎で多くの人々が犠牲になった。おびただしい犠牲者を出し、日本は一九四五年八月一五日に無条件全面降伏をした。しかし、その後も戦後の混乱が続き、民衆は厳しい生活を強いられた。

多賀高等工業学校の教員であった松原武夫も、職務として戦時体制への協力を求められている。戦局が厳しさを増していた一九四四（昭和一九）年七月には、五百名の学生で組織された学生勤労報国隊の引率者六名中の一名に選ばれて、樺太で一か月余り勤労奉仕をした。一九四五（昭和二〇）年に入ると、多賀高等工業学校に学生戦闘報国隊を編成して二年生の大隊長になり、アメリカ軍上陸に備えた(24)。

その一方で、家族は戦禍の下にあって、文字通り生き死にの境をさまよう日々を過ごしていた。

忘れもしない（六月一〇日）には、真昼に日立工場は大空襲に曝された。遠くマリアナ群島からB29一二〇機が銀翼を連らねてやって来た。猛爆を受けて工場は殆ど全滅にひんし、職場を死守せよとの命令で多くの人々が犠牲となった。……越えて（七月一七日）雨のそぼ降る夜一一時四五分頃、いつものように警戒警報が鳴ってB29一機が上空を旋回したと思う間もなく、日立市は艦砲射撃の雨に曝された。……私は飛び起きて身を固め寮に駆け付け寮生の退避を指揮した。折しも寮門と寮事務所の間の広い庭に巡洋艦の砲弾が落ちて炸裂した。その破片の傘の中にいた学生たちの中、一二名即死、重傷後に死亡二名、重軽傷者四三名の犠牲者。忽ち阿鼻叫喚の巷と化した。……

寸暇を得て官舎に居るわが家族は如何にと帰って見れば、中学四年の長男から三歳の末子まで計六人の子供と妻は共同防空壕で無事で安心した。しかしわが官舎は駆逐艦の砲弾のあおりで五割大破、家財と図書は六割大破して住める状態ではない。一方校長官舎は付近の田圃に落ちた砲弾が炸裂して倒壊し、玄関の近くで親子四人が下敷となって亡くなられたとの報告。私は校長一家の遺骸を引き出す作業の指揮者となり、屈強な学生たちと共に遺骸を引き出して、学校の木工工場で棺を作り、近くの僧侶を呼んで荼毘に付した(25)。
松原栄は過酷な日々を思い起こし、記している。

慣れない関東で戦禍に巻き込まれ、毎日のようにB29の波状攻撃、艦砲射撃の直撃、焼夷弾、と戦場さながらの中でよくも親子八人が守られて無事であったと物は失っても命の助かった事を神に感謝した(26)。

松原郁雄は家族を支えた栄の様子を記している。

日立へ来てからは、気候風土のせいか、あるいは戦争のため段々と食糧も乏しく栄養不足気味になって来たせいかは知らないが、兎に角、子供等は次から次へとよく病気をした。その中にあって唯一人健康自慢であった私も、中学二年生の秋に、軍事教練や勤労作業での無理がたたったのか、肺門浸潤という病気になってしまい、母に心痛をかけたし、父も二度に亘る大病で入院生活を送ったりしたが、母はと云えば、ほとんど病気らしい病気もせず、一人で家族全体を支えて奮闘していたと云っても過言ではない。しかし、今にして思えば、母は少々加減が悪くても寝込まずに我慢をして家族のために立ち働いていたように思えてならない(27)。

なお、艦砲射撃を受けた後、子供四人（景子・泠子・靖子・広志）は父の郷里である滋賀県神崎郡小幡へ疎開し、終戦を迎えた。

4　家族を守る

松原武夫は一九四六（昭和二一）年四月に山口高等学校に転任する。戦災に遭い廃墟と化した日立市では、子供たち——この年茂雄は一六歳、郁雄は一五歳、景子は一二歳、泠子は一〇歳、靖子は七歳、広志は四歳であった——とりわけ教育上大切な時期を迎えていた長男と次男に適切な環境を与えることはできなかった。それに山口市に近い岩国には武夫の両親が松原俊夫（武夫の兄）を頼って余生を過ごしていた。一一月に入って山口市に転居した家族が生活したのは山口教会附属の明星幼稚園の二階三部屋である。(28)

武夫は借家の明星幼稚園から山口高等学校に通勤した。当時は山口大学へと改組した時期でそれだけでも学内行政は多忙を極めたが、「食料不足のため学期末試験の延期を要求するストライキ」「教育法改悪反対のためのストライキ」などへの対応に、学生部長として矢面に立たされた武夫は疲れ切っていた。栄は家族八人の生活を支えるため、とりわけ厳しい食料事情の下で食事を確保するために、日々苦心惨憺する生活を送っていた。そのような中で、武夫の両親松原廣吉と松原ちよ、栄の母北川ゆうが相ついで病床に伏し、亡くなっていく。「貧しさの為生活に追われお金もお米もなくて、家族を残して看病にもお葬式にも帰ることが出来ず」、栄は台所で何度

となく涙する日々を過ごした。山口では子供たちも親の窮状を察して少しでも手伝うため懸命に働いた。(29)

食糧事情はまことに厳しく、ふかした馬鈴薯やすいとん、米のほとんど入っていない雑炊などが常食であった。育ち盛りの子供六人に食べさせるため、母はどんなに苦労したことであろうか。兄や私は親を助けるため、山口高校の運動場の片隅を耕して南瓜、トマト、キャベツなどを作り、また、高校の先生方と共同で家から六粁も離れた大内村の農家で畑地を借りてさつまいもや大豆を作ったり、高校の裏山で木を伐採してそれを木炭にしてもらい、分配を受けるなど必死に働いたものである。(30)

このように過ごした日々の中で、武夫と栄は「子供達の寝静まった夜、夫と二人聖書を読み、祈って慰め」あい、家族を守り抜くのであった。長男と次男は「役員の楠川孝姉の御好意で……部屋を貸していただき高校三年間の勉学に、食糧づくりに、青年会活動にはげみ」、高校生活を過ごすことができた。松原冷子が生涯忘れることのできないクリスマスプレゼントを手にしたのも山口時代である。(31)

(三) 安住の地、大津

1 子供たちの旅立ち

松原武夫の滋賀大学学芸学部（現在の教育学部）赴任に伴い、家族は一九五〇（昭和二五）年三月三一日に国鉄大津駅前にある官舎に転居した。この年、武夫は四八歳、栄は四三歳、茂雄は二〇歳、郁雄は一九歳、景子は一六歳、冷子は一四歳、靖子は一一歳、広志は八歳であった。大学生の茂雄と郁雄は下宿していたので、日常的には六人の家族生活である。[32]

琵琶湖南岸に沿って広がる大津市は、歴史的経緯からいくつかの表情を持つ町によって構成されている。中心にある大津は江戸期には天領で、敦賀・小浜経由で京都へ物資を運ぶ港として、また東海道の宿場町として栄えた。大津の旧商店街から東へ約三キロメートルの膳所は城下町で、それを偲ばせる地名が残り地域には教育機関も充実している。大津から琵琶湖の西岸を約五キロメートル北に行くと坂本がある。比叡山延暦寺の門前町として栄えたこの町は、現在もその景観を残して独特の雰囲気を漂わせている。当初大津駅前の官舎に住んだ松原家は一九五九（昭和三四）年に膳所地区にある中の庄に、一九六八（昭和四三）年には大津と坂本の中間点に位置する滋賀里に転居した。

一九五〇年代から六〇年代は、戦後の民主主義を背景に日本が急速に経済成長を遂げた時期である。五〇年代には、テレビ・冷蔵庫・洗濯機が三種の神器と呼ばれて一般家庭に普及した。六〇年代には、車・カラーテレビ・クーラーが三Cと呼ばれて大衆化した。松原家でも、一九五五（昭和三〇）年前後に洗濯機を入れた後に、掃除機・冷蔵庫・テレビを順々に購入している。[33]

武夫は一九六八（昭和四三）年に滋賀大学教育学部を定年退官した。大津に住んで一八年目の春である。その間に二度にわたる転居を始め、松原家にも様々な変化があった。何よりも大きかったのは子供たちが結婚して旅立ち、それぞれに独立した家庭を築いていた事である。一九六八年三月に新築した滋賀里の家に移った時、武夫・栄と生活を共にした家族は広志だけであった。しかし、旅立ってからも子供たちとその家族は松原武夫・栄夫妻にとってかけがえのない存在であり続けた。

松原茂雄は、横浜の会社へ転職するために国鉄大津駅から寝台列車で関東へ向かった時に見送ってくれた母松原栄の姿を鮮明に記憶している。

母は健康を気にしてくれ、細々と石鹸まで入れた荷造りをしてくれたことを思い出す。当時はまだ新幹線もなく国鉄大津駅から寝台列車であった。大津駅前の官舎から、母が一人、プラットホームまで見送りに来てくれた。暗い駅頭、電灯の明かりの中、窓越しに「元気でね！」と手を振り続けた母の姿を思い出し、胸が熱くなる。(34)

安藤靖子は、親元を離れてなお何かと心にかけてくれた両親の姿を具体的な光景と共に覚えている。

学生時代も嫁いでからも、親元を離れての生活故、何かと心にかけて祈ってくれた両親でした。新幹線開通以前で、東京京都間が十時間もかかった学生時代、寮で心淋しい想いをしていた折々に、上京しては励ましてくれた父の姿が、新宿で二人でつついた牛鍋の湯気の向こうに浮かんで来ます(35)。

松原栄は、旅立った後の子供たちの家族を襲った病が彼女にとって「深い痛手」となった事実を記している。

さて私達の息子、娘等はみな祝福され、主のみ前で結婚式を挙げそれぞれに巣立ちましたが、間もなく生後一ケ月の次男の娘、初孫が、敗血症との報せに、福井へ飛んで行き死ぬ思いで日夜祈りと看病に明け暮れし危機一髪の所で命をとりとめホッとしどんなに神様に感謝しました事か。けれど続いて長男の家庭で四歳の健治と八ケ月の由里を遺して、母の美智子は結婚生活七年でガンに倒れ召されてしまいました。そして代れるものなら代りたいと祈ることも忘れた程深い痛手をうけました。生後八ケ月の赤ん坊由里を育てる為にひきとり大津へつれて帰りました。そしてここで学生時代から三十年つづいた教会学校の御奉仕も終りました(36)。

二　研究者・教育者としての松原武夫

松原武夫は一九二七（昭和二）年四月に旧制松江高等学校に赴任して以来、研究者・教育者としての生涯を送った。一九五〇（昭和二五）年四月に滋賀大学学芸学部（現在の教育学部）に赴任して一九六八（昭和四三）年三月に定年退官した後も[37]、同年四月に聖徳学園女子短期大学教授を、一九七〇（昭和四五）年四月から一九八四（昭和五九）年三月までは滋賀女子短期大学初代学長を務めた[38]。そこで、研究者・教育者としての松原武夫を論文とメッセージによって見ておきたい。武夫は東京大学で専攻した物理学の研究を続けまた教授し、科学に関する論文を三本残している。

「自然科学教育と科学史」（『滋賀大学研究論集　第二部　自然科学』第二号、一九五三年、八七―九五頁）

「自然科学の成立と経験論」（『滋賀大学学芸学部紀要　自然科学』第三号、一九五四年、七七―八二頁）

「'Hypotheses non fingo' に就て（創刊十周年記念号）」（『滋賀大学学芸学部紀要　自然科学』第十号、一九六〇年、一三一―一三九頁）

ここでは、「自然科学の成立と経験論」を概観する。この論文は「〇、序言」でまず、物理学と経験論の関わりにふれ、論文の意図と範囲を明らかにする。

物理学は優れて経験的な学問である。而して夫は、社会的経済的基盤の上に立って、特に技術と哲学とに密接な交渉を持ちつつ発展して来たのであるが、物理学の発展に伴い、更に広く科学一般の発展に伴い、経験論の内容も発展せざるを得ない。……物理学の発展史を中心として、経験論の問題に論及して行き度いと思う。本稿はその第一部として、古典物理学特にニウトン力学との関連に於て近世経験論について考察する。(39)

「一、実験的研究方法の成立と発展」では、古代ギリシャにおける科学精神と、それを克服していく近代科学における経験と実験を展開している。

古代ギリシャ人は、疑科学時代を脱却して科学精神を確立した。それは単に実用のための断片的知識の集積ではなく、凡ゆる自然現象を統一的原理によって論証的合理的に解釈せんとする精神である。……

近代科学は実在に対する凡ての問題を経験と実験により解決する。この著しい態度は決して自明のことではない。夫は人類歴史に於ける最近の収穫である。……

このような新しい経験的方法の勃興は、当時の社会的変革と関連している。即ち都市が次第に勃興して、修道院や城はその社会的重要性が失われ、新しい社会的階級たる市民が歴史の舞台に登場し、又貨幣と利潤が市民生活を支配し始めたことである。……このようにして、権威主義者や三段論法の論者は、経験により圧倒されるに至り、経験的精神の持主が優位を占めるに至ったのである。

……かくして合理的訓練と手仕事とが一体化せられ、ここに実験科学が発祥するに至ったのである。これは一六〇〇年前後の出来事であり、ガリレオ、F・ベーコン、W・ギルバート等に負うところ多く、人類歴史に於ける最も重要な事件の一つである。

……併し注意すべきことは、その実験的方法は絶えず理論的考察数学的演繹法によって裏付けられていることである。(40)

「二、Newton 力学の確立」は、ガリレオやホイヘンスを超えて力学的段階に到達したニウトンと彼の方法論を対象としている。

ガリレオの段階は未だ運動学的段階を脱し切って居らず、更に発展して力学的段階に到達したのはニウトンである。……ガリレオ、ホイヘンスの制約を脱して、一般的に凡ゆる運動現象に対して――夫は地上の物体たると天上の物体たるとを問わず――普遍妥当的な力学の法則は、ニウトンを俟って始めて到達されたのである。彼はガリレオもホイヘンスもなし得なかった重量と質料の区別をし、力と質料と加速度の間に普遍的法則を発見したのである。

……

このような実験的方法は、中世や古代の自然に対する目的論的乃至アニミズム的な見地を排して、客観に即して自然を自然の立場から認識せんとする方法である。実験は単なる観察や観測ではない。実験に於て実験者は人工的手段――実験装置――を用いて積極的に主体的

に自然に問いかける。(41)

「三、機械的自然観と機械的決定論」は、ニウトン力学が生み出した機械的自然観に前提されている形而上学を巡って論じている。

かくして、近世物理学の目標は、アニミズムと目的論からの脱却、プランクの所謂 Anthropomorphisum からの脱却にあり、自然現象に関する経験の量的規定と数学的形成に在る。かくして自然は主観性を全然否定された純粋に外的な存在として、単に量的な物体界となる。自然は単に物体の集合であり、自然の事件は凡て物体の運動に過ぎない。従って自然の法則は物体の運動の法則である。……

かくて、ニウトン力学の法則の普遍妥当性は、純物理上乃至天文学上の力学的緒問題のこの法則による解決によって験証せられ、更に機械技術的問題に解決を与えると云う実証により、愈々高揚せられるに至った。かくして、機械的自然観（機械論）が生まれた。……処で、この決定論の思想には経験的要素と形而上学的乃至神学的要素のあることを注意しなければならない。……ここに新しい問題が起る。必然性は実証されない。夫は経験の範囲を超える。殊にその必然性が人格神の命令であるとか、非人格的自然の秩序であるとか解釈される場合には、神学的乃至形而上学的なものが加わって来る。

……併し、機械的自然観が量的機械的な外的世界を実在とし、質的精神的内的世界を幻想として区別することにより、知識の分析と哲学に約二世紀以上に亙り概念の混乱を来したことはその悪い影響であった(42)。

「四、機械的自然観と近世経験論」は、機械的自然観との関連において、近世の経験論を論じている。

一七世紀はニウトン物理学確立の世紀であった。彼の著（プリンキピア）の発刊されたのは、一六八七年である。又彼の（光学）は一七〇四年に出版されている。一八世紀はニウトン物理学の発展と完成の世紀である。此間即ち一七世紀一八世紀は哲学界では、初め合理論と経験論が対立し、之が遂にカントの批判哲学により止揚された時代である。今、機械的自然観との関連に於て近世の経験論を考察する。……

このイギリスの経験論は、内観的心理学の立場をとり、主観の側を追及して、主観主義に陥り、主観－客観の形而上学的仮象問題（Pseudo-Problem）に陥っている。……

何故イギリスの経験論は、内観的心理学に入り、主観－客観の形而上学に陥ったのであろうか。彼等経験論者が、当時急速な発展をとげつつあった古典力学とその機械的自然観を取入れて、徹底的な機械論者であり、従って、外界と内界、客観と主観を対立的に考えたことにその根源を有する。……

之に加うるに、宗教的伝統の影響により、多かれ少かれ、この二元論が霊魂と物質の対比と同一視されたと云うことも言える。このようにして、経験の分析は、ロックに至って、内観的心理学へと転じ、心理の研究となり、経験は実在する外界の心理的模写となった。……扨、哲学史上最も重要な業績の一つは、ヒュームによる因果概念の分析である。彼によれば、原因と結果は論理的必然性により結付けられているのではなく、過去の度重なる経験の〝連想〟による信念に過ぎないのであり、ア・ポステリオリのものである。……併しヒュームの言う如く、因果の概念が単に経験による信念に過ぎないならば、自然科学の法則も単なる信念に過ぎないものとなり、普遍妥当的な必然的法則としての科学の法則の可能性を基礎づけることは出来ない。

……故にヒュームの残した問題の解決は、経験の現実に立脚して而も必然性をも生かすものでなければならない。換言すれば、経験論と唯理論の止揚でなければならず、ここにカントが出現して、批判哲学を提唱し、理性と経験、独断と懐疑の止揚を達成せんとしたのである(43)。

「自然科学の成立と経験論」は、松原武夫の卓越した研究成果の一つであろう。この論文は古代ギリシャ以降近代に至る物理学研究を、それぞれの時代の精神性あるいは哲学と関連付けて論じている。したがって、単なる物理学史でも哲学史でもなく、両者の的確な理解に基づいた総合的研究である。長年にわたる研究活動によって生み出された成果といえよう。

『翌桧』の「前篇　本学の目指すところ」には、滋賀女子短期大学学長として学生に向けて記したメッセージが一七本掲載されている。[44] その中から、「創立第一期生を迎えて」(一九七〇年四月)と「学報　創刊のことば」(一九七七年一〇月)を選び、教育者としての松原武夫を考える。「創立第一期生を迎えて」は、大学には中心的に重要な「二本の柱」があることに注意を向けさせている。

凡そ大学を支える二本の柱は、人間性と学問性を護持し発展させることに在る。この両者の護持発展は相互媒介的であり、人間性を尊重するところに学問性は発展し、学問性を尊重するところに人間性は伸長するのである。[45]

そこでまず、人間性について言及する。

人間性とは何であろうか。人間の人間としての普遍的な本質であり、それは立場によりいろいろ考えられるが、私は哲学者カントと共に人格性と考えることが先ず妥当であると思う。彼によれば、人格とはそれ自体が目的であり、他の何ものの手段にもならないものである。戦争中、わが国は人的資源が豊富であるから負けないなどと大言壮語したものであったが、これこそ正に人間を物化し手段化したものであり、人格の疎外と忘却に外ならない。[46]

次いで、学問性について記している。

学問性とは何であろうか。それは、単なる思い付きや相像で物事を処理するのではなく、確固たる研究方法をもって物事を究め、物事の道理を明らかにすることである。大学は、教授されることを学習するだけでなく、その学習を媒介として研究方法を体得し、自ら問題を解決する能力を身につける場である。そして学問の道は厳しいものであることを心に銘じ、真理の前に謙虚に跪く精神をもって学ぶべきである(47)。

「創刊のことば」では、滋賀女子短期大学で学ぶ学生たちに、大学の特色を三点具体的に挙げている。

本学の特色には三つあります。

第一は立地条件が素晴らしいことです。ここ竜が丘は、琵琶湖を一望のもとに風光明媚、緑深く空澄みわたる小高い丘であり、学園の環境として最も理想的な場所であります。しかも学舎は白亜の美しい建築であります。この教育環境を益々美化しましょう。

第二には本学の教学精神です。これを寸鉄で言えば〝心技一如〟の教育理想であり、これを現代的に表現すれば、〝人間性と学問性の護持発展〟を大学の二大支柱とする教育理想であります。そしてこの二つの柱は相互媒介的であります。優れた教授陣容による懇切な教育と学生の自発的な勉学により、また各種の課外活動と相俟って、豊かな人間性を培い、広い視野に立って主体的に判断し自らの行動に責任をもつ確固たる人格を養い、他方学問に根ざした優れた技術を身につけることを眼目としています。

第三は、大学共同社会の創造を目指していることです。戦後の大学は単位と資格をとるための方便と化して利益社会の様相を呈しました。これに反し、本学は正課と課外の活動を通して教師と学生間の人間的ふれあいを重んじ、学問的には厳しく人間的にはあたたかい大学共同社会を師弟協力して創造することを念願しています。(48)

学生に向けた二つのメッセージは、教育者松原武夫の姿勢をよく示している。「第一期生を迎えて」に記された「大学の二本柱は」大学が教育機関であるための基本であり、それを学長として明確に示した。「創刊のことば」では、豊かな学生生活を送るための具体的なヒントを三点提供した。これらは、人間を育てる教育者としての姿を、浮かび上がらせている。

3　共済会と松原栄

松原武夫・栄夫妻が一九二九（昭和四）年三月二〇日の結婚式以来、生涯にわたって拠り所としたのはキリスト教会である。したがって、彼らは松江北堀教会（　―一九三九）・日立教会（一九三九―四六）・山口教会（一九四六―五〇）と、転居する度に地域に立つ教会に出席した。一九五〇（昭和二五）年四月に大津に移ってからは、日本キリスト教団大津教会に所属した。大津教会は、大津組合教会と大津同胞教会が合同して、一九四五（昭和二〇）年に成立した。会堂は大津駅前にある（大津市末広町）旧大津同胞教会の建物を使用した。武夫と栄が転会した当時の牧師は中村利雄（在任、一九三三—六八）で、それ以来原忠和（一九六八—七八）、堀川勝愛（一九七八—八二）、橋本滋男（代務、一九八二—八三、一九八八—八九）、石井英道（一九八三—八八）、稲垣壬午（一九八九—九六）が担当している。

大津教会への出席を始めてから、積極的に教会活動に参加していた栄の様子を記している一文がある。

昭和二十五年松原さん御一家は山口から大津に引越していらっしゃいました。当時は戦後で家が不足していましたので、師範学校の寮にお住みになりました。大津教会がすぐ近くですので日曜日には皆さんで礼拝に出席なさいました。御夫婦はしばらくして役員におなりになり、奥様は教会学校の先生をなさいました。伝道に熱心な御夫妻は学生や友人を教会にお誘いになり、松江では教会をお作りになりました。私は奥様と親しくお交わりをし、教団の修養会に軽井沢や伊豆へ行きました。大津教会に矯風会をお作りになり、自ら支部長をなさり箱根や松山の全国大会に、一緒に出席致しました。(49)……

役員会・教会学校・婦人会・矯風会などに加わる中で、栄が心を砕いて担い続けた活動があった。共済会である。彼女は、大津教会に移った翌年一九五一（昭和二六）年から共済会を担当した。

会員の皆様から寄せられる共済会費は、五年前から一人一ヵ月二〇円、二人以上の御家族は、三〇円と、それぞれ一〇円増していただくようになりました。数千円の会計が貴重な財源で、私は毎月祈りつつ集計を致します。この大切なお仕事をお預かりしましたのは昭和二六年の四月、当時の会長の福井不二姉が和歌山へ転任された時からでございました。敗戦の痛手、混乱から漸く立ち上がろうと社会も教会も激しい胎動期にあった頃でございます。(50)

共済会の活動について、栄は次のように記している。

御病気のお見舞い、結婚、出産のお祝、またお餞別等できるだけ心をこめて、少々の費用で喜んでいただける品を考えて持参致しました。

長いお煩いの方々をお見舞し、なおもその中で主のみこころを探り、共に御癒しと慰めを祈る時または全快して礼拝にお見えになって、手を取りあいつつお喜びする時、一つ幹に連なる恵みをしみじみ覚えます。

祈禱会の後、ルンペンストーブを囲んで部屋一ぱいに満ちている清々しい熱気に酔いながら、中村先生も薪を投げ入れて下さり、なおも話に花を咲かせ語りあった青年の方々も、次々と結婚なさいました。そして二〇年後の今日では教会の中堅としてゆるぎない信仰を持ち奉仕されています。この方々にお贈りした「ミレーの晩鐘」の額は、六〇を越えました。アンゼラスの余韻の中で一日の労働をおえ、静かに祈っていただきたい願いが叶って、やがて出産のお祝いにあがる私の眼にいちはやくお部屋にかかげられている額がとび込んでまいります時、思わず主のみ働きが感ぜられ、新しい生命を加えてひとしおこの若い御家庭がよいお証をされますよう祈って、育児日記やホームライブラリー等お贈りしてかえります。(51)

中村利雄牧師をはじめ、共済会の祈りを込めた働きの中から送られていった人たちも多い。

三〇年の九月から、山本福丸、高橋信一、池田収二のお三人の御老人の為に敬老の礼拝をまもり、信仰を貫いて長い人生を生きておいでになりました方々に主の御祝福を祈りました。昨年の敬老の日には一五人の七〇歳以上の皆様の為に、原先生のお願いを快くききいれて中村先生が御病床の中を色紙を認めて下さいました。

「年輪に輝く一点、そわ主にある信、（恵）利生」

最後に共済会の為に最大の贈物を下さって一カ月後先生は天に召されなさいました。在りし日の先生の遺影を包んだ黄菊白菊の香りの中に、共済会の捧げた花籠もさびしくみ霊の平安をお祈りした事でございました。この世の業と信仰を全うし、永遠の生命をうけて、今は天に安らいでおいでの方々が次第にその数を増してゆきます。杉原姉、浜本長老等をはじめ中村先生との再会をどんなにかおよろこびになり、祝福されておいでの事でございま

しょう。(52)

会員一人ひとりに温かい目配りを怠ることなく、必要が生じた際にはお祝いやお見舞いに駆けつける。共済会は栄にふさわしい働きの場であった。

4 晩年

一九八四(昭和五九)年三月、松原武夫は滋賀女子短期大学を退任した。時に武夫八一歳、栄七七歳である。この年、栄は公職を離れて自宅でくつろぐ武夫を俳句に謳っている。

栄　退職の夫の横顔春炬燵(53)

武夫の退任は栄にとっても大きな転機を意味した。彼女は夫が退任した翌年、自分の将来を「わが余生」と表現している。

栄　枯菊のかすかに匂いわが余生(54)

公職から解放され自由に思想し行動できた晩年を、武夫と栄はどのように生きたのであろうか。彼らに共通して認められる晩年の営みは、歩んで来た日々を記録に残すことであった。そのために時機を得た企画が大津教会による『私の信仰の歩み』の編纂である。『私の信仰の歩み　第一巻』(一九八五年九月二二日)には、松原武夫が寄稿している。『私の信仰の歩み　第二巻』(一九八六年九月一四日)には、松原栄が寄稿する。彼らが記した「私の信仰の歩み」には、相通じる一つの特色がある。「人生の終わり」の自覚である。ただし、この「終わり」を信仰の生涯の延長上に置いている。武夫と栄は神に委ねた人生の終わりを俳句にも謳っている。

竹生　天命のままにまに幸や去年今年(一九八九年)
　　　初春や天命のままにわが米寿(55)(一九九〇年)
栄　　初夢や湖かがやきて傘寿の帆(一九八七年)
　　　小さきほど愛しきものよ赤のまま(56)(一九八八年)

晩年の武夫が強くこだわったのは、平和の追求である。一九八二(昭和五七)年に長崎から大津教会に赴任した石井英道牧師は、「非核平和滋賀県宣言をめざす会」代表を務めていた。そこで一九八四年に学長を退任すると、武夫は積極的にこの会に参加した。署名活動を進めて市議会に請願し、一九八七(昭和六二)年には採択を得ている(57)。この年の五月二三日には「子々孫々に平和を」を脱稿して、『大津ロータリークラブ年報』(一九八七年度)に掲載されている(58)。晩年の栄が強く主張を続けたのは、「しゃくなげ会」への入会である。一九七四(昭和四九)年に滋賀医科大学が設立されると、解剖用遺体の確保が重要になった。そこで、医学の研究と発展に寄与し併せて人類の幸福を追求するために、献体組織「しゃくなげ会」が滋賀県に組織される。栄はこの趣旨に賛同したが、武夫は必ずしも同意しなかった。彼は納得のいくまで「しゃくなげ会」事務所を訪ねて、話を聞いた。その間、栄は一貫して参加の意志を持ち続けた。ついに両者の意見が一致し、二人揃って「しゃくなげ会」に入会したのは一九八七（昭和六二）年四月九日である。(59)

栄は一九九〇（平成二）年にリューマチを患い治療を続けたが、心臓と腎臓も悪化して入退院を繰り返すことになる。当時の俳句には彼女の心境がよく表現されている。栄を看病した武夫も俳句を謳っている。

栄　蕗添へて季節にほえり病人食（一九九〇年）
　　花の日や加茂川べりを退院す（一九九〇年）
　　養生のためや今宵の冷奴（一九九〇年）
　　療養の部屋に木犀ほのかなり（一九九一年）
　　世ばなれの病室ひとりそぞろ寒（一九九一年）
　　療養の眼にはまぶしき石蕗の花(60)（一九九一年）
竹生　春立つや別れし人の眼に涙（一九九〇年）
　　点滴の命しずかに花の夜（一九九〇年）
　　夾竹桃の白きを好み老ひしいま(61)（一九九〇年）

栄は一九九一（平成三）年八月一七日に召天した。八三歳一〇か月の生涯である。武夫は栄の後を追うようにして、一九九二（平成四）年七月一一日に召天する。八九歳一一か月の人生であった。

注

（1）『翌桧』は、松原武夫が学長を務めた滋賀女子短期大学で、折々に彼が語った教育方針を「前篇　本学の目指すところ」としてまとめ収めている。

（2）松原武夫「私の信仰の歩み」は、『追想』（三〇—四三頁）に再録されている。本稿は、『追想』から引用している。

（3）「子々孫々に平和を」は、『大津教会五十年誌』（一九九七年、二三三—二四〇頁）に再録されている。

（4）松原栄「私の信仰の歩み」は、『追想』（四四—六四頁）及び『大津教会五十年誌』（二四一—二四九頁）に再録されている。本稿は、『追想』から引用した。

（5）松原武夫「前篇　本学の目指すところ」（『翌桧』七—七四頁）

松原武夫「子々孫々に平和を」（『追想』六五—八五頁）

（6）松原栄さんは困ったような顔をして、「主人はどんな小さなことでもすぐに、病院、病院と大げさに言うんですよ」と言っておられた。幼少期に体が弱く、すぐにお医者様に見てもらっていた習慣があって、後々にまで影響していたものと思われる。

（7）「父母を心に呼びて墓洗ふ　竹生」（『金扇』一七頁）の一句には、松原武夫の愛情をこめて育ててくれた父母を偲ぶ想いが満ちている。

（8）一九一〇年代に、東海道線を利用して近江八幡から膳所や彦根までの通勤と通学が、可能になっていた。汽車で近江八幡から膳所あるいは彦根間は、いずれも約四〇分間であったことをヴォーリズが記している。

W. M. Vories, *The Omi Brotherhood in Japan*, p.29.

（9）参照、松原栄「私の信仰の歩み」（『追想』四五頁）

（10）高倉徳太郎のキリスト教による自我の問題との取り組みを扱った論文がある。
高倉徳太郎「キリスト教によりて改造されたる自我およびその特色」（『高倉徳太郎著作集1』八五―九七頁）

（11）キリスト教による社会的課題との取り組みを論じた中島重の著書がある。
中島重『神と共同社会』新生堂、一九二九年

（12）松原武夫の東京大学時代における病床生活と魂の求め、そして高倉徳太郎との出会いについては左記を参照した。
松原武夫「私の信仰の歩み」（『追想』三〇―三七頁）

（13）同志社女学校キャンパスの見取り図については、左記を参照した。
「一、同志社今出川地域校舎配置図」（『同志社九十年小史』五四八‐五四九頁）

（14）『同志社百年史　通史編二』八一五―八一八頁

（15）北川栄の同志社女学校専門学部時代については、左記を参照した。
松原栄「私の信仰の歩み」（『追想』四五―四八頁）

「松原栄追悼の言葉」（『追想』二五八―二七九頁）

（16）松原武夫の松江高等学校赴任当初の様子については、左記を参照した。

松原武夫「私の信仰の歩み」（『追想』三七―四〇頁）

なお、竹澤知代志が当時の松原のキリスト教活動について紹介している。

このキリスト教不毛の地に、一九二七年、松原武夫という東京帝大を出たばかりの青年が、旧制松江高校の教授として赴任し、下宿の八畳二間で集会が始まった。帝大と戸山教会で同窓、親友だった小塩力が、休みを利用しては応援し、東京神学社卒業と同時に、牧師に就任した。高倉徳太郎と彼の率いる基督教婦人伝道会社が、これを支えたと聞く。

一九三三年、法的には初代の牧師に当たる四竈一郎によって、日本基督教会・松江伝道教会設立、二年後には松原の捧げた土地に、会堂が建てられた。おそらく、最初の伝道開始から半世紀の後のことになる。

竹澤知代志「攻めの教会形成を目ざして」（『東京神学大学報』一六九号、一九九二年五月、三頁）

（17）松原郁雄に二通の葉書の寄贈を求める永井隆記念館（島根県雲南市）の館長名原久雄の書面がある。ここに「永井博士の葉書」の価値が記されている。

永井博士の葉書の件は、馬庭将光様からご紹介をいただいておりましたがあれこれと手間取り、ご心配をいただくことになり大変申し訳ありませんでした。松原様所有の葉書は、ご親族様にとりましては、父君を思い出される大切な葉書だと思います。又、博士との親交を知る貴重な葉書だとも思います。

そうした大切な葉書だとは存じながら、誠にあつかましいお願いでございますが、是非当館へお譲り下さいますようお願い申し上げる次第です。大切に保管・展示させていただき、末永く永井博士顕彰と精神普及に役立てたく存じます。どうぞよろしくお願い申し上げます。ところで、島根県雲南市立（永井博士生い立ちの町）永井隆記念館は、昭和四五年、博士の精神の顕彰並びに人々への浸透と有為な人材が未来永劫輩出するよう願い建設されました。

館内には、博士の恩師、友人をはじめ全国各地の方々からご提供をいただいた書簡や写真・色紙、関係資料など、現在二八〇余点を展示公開しています。これらの遺作品・資料を通して博士の人柄に触れていただき、「平和を」の願い「如己愛人」の心で生きたいとの博士の思いを、広く平和学習の小中学生や全国からの来館者に伝えているところです。

二〇一一年一一月五日　雲南市永井隆記念館　館長　名原久雄

(18) 滋賀県立彦根高等女学校で英語を教えていた北川栄の様子を彷彿とさせる文章がある。松原茂雄「父母の思い出」(『追想』九〇頁)

(19) 彼らの結婚式については、左記を参照した。松原栄「私の信仰の歩み」(『追想』四八頁)

(20) 松江における新居については、左記を引用した。松原郁雄「父母の思い出」(『追想』一〇一頁)

(21) 松原武夫の松江高等学校における様子については、左記を参照した。後藤憲一「松原先生を偲んで」(『追想』二四六—二五〇頁)

(22) 松原家の松江における生活については、左記を参照した。松原武夫「私の信仰の歩み」(『追想』三九—四〇頁)
松原栄「私の信仰の歩み」(『追想』四九—五一頁)
「松原武夫・栄略歴」(『追想』一一—六頁)

(23) 松原家の日立市における生活については、左記を参照した。松原郁雄「父母の思い出」(『追想』一〇一—一〇三頁)
「松原武夫・栄略歴」(『追想』一一—六頁)
松原栄「私の信仰の歩み」(『追想』五一—五三頁)

(24) 松原武夫「子々孫々に平和を」(『追想』六八―六九頁)
松原茂雄「父母の思い出」(『追想』九〇―九二頁)
松原郁雄「父母の思い出」(『追想』一〇四―一一一頁)
木村道也「松原武夫先生を偲ぶ」(『追想』二五三頁)
(25) 参照、松原武夫「子々孫々に平和を」(『追想』七〇―七一頁)
松原武夫「子々孫々に平和を」(『追想』七一―七五頁)
(26) 松原栄「私の信仰の歩み」(『追想』五二頁)
(27) 松原郁雄「父母の思い出」(『追想』一〇六―一〇七頁)
(28) 山口に転居した当時の様子については、左記を参照した。
松原茂雄「父母の思い出」(『追想』九二―九三頁)
「松原武夫・栄略歴」(『追想』一一―一六頁)
(29) 山口における生活については、左記を参照した。
松原郁雄「父母の思い出」(『追想』一一一―一一三頁)
松原栄「私の信仰の歩み」(『追想』五三―五六頁)
松原郁雄「父母の思い出」(『追想』一一三―一一五頁)
北垣景子「父母を天に送って」(『追想』一二四―一二五頁)
松原広志「父と母の思い出」(『追想』一七〇―一七二頁)
(30) 松原郁雄「父母の思い出」(『追想』一一三頁)
(31) 松原栄「私の信仰の歩み」(『追想』五三―五六頁)
(32) 参照、松原広志「父と母の思い出」(『追想』一六四頁)
(33) 参照、松原広志「父と母の思い出」(『追想』一六四―一六六頁)

(34) 松原茂雄「父母の思い出」(『追想』九四―九五頁)
(35) 安藤靖子「父母の思い出」(『追想』一五五頁)
(36) 松原栄「私の信仰の歩み」(『追想』五七―五八頁)
(37) 滋賀大学は、滋賀師範学校と彦根高等商業学校を母体に、国立大学として一九四九(昭和二四)年に設置された。教育学部(大津キャンパス)と経済学部(彦根キャンパス)で構成されている。大津キャンパスは大津市平津にある。
(38) 滋賀女子短期大学は、学校法人純美礼(すみれ)学園によって、一九七〇(昭和四五)年に設立された。当初は、服飾学科と幼児教育学科の二学科で発足した。現在は滋賀短期大学と改称し、男女共学となっている。大津市の竜が丘にある。
(39) 松原武夫「自然科学の成立と経験論」(『滋賀大学学芸学部紀要 自然科学』第三号、七七頁)
(40) 松原武夫、前掲書、七七―七九頁
(41) 松原武夫、前掲書、七九―八〇頁
(42) 松原武夫、前掲書、八〇―八一頁
(43) 松原武夫、前掲書、八一―八二頁
(44) 一七本のメッセージは、次の通りである。
松原武夫「創立第一期生を迎えて」(『翌桧』九―一二頁)
松原武夫「学長のすすめの言」(『翌桧』一三―一八頁)
松原武夫「学報　創刊のことば」(『翌桧』一九―二一頁)
松原武夫「新入生のみなさんへ」(『翌桧』二二―二四頁)
松原武夫「高等教育における私立女子短期大学の使命」(『翌桧』二五―二七頁)
松原武夫「一般教育と専門教育」(『翌桧』二八―三〇頁)

（45）松原武夫「質と量」（『翌桧』三一―三三頁）
（46）松原武夫「創立十周年を記念して」（『翌桧』三四―四〇頁）
（47）松原武夫「一九八〇年代の短大教育と本学」（『翌桧』四一―四四頁）
（48）松原武夫「新入生を迎えて」（『翌桧』四五―四七頁）
（49）松原武夫「第十七回全国身障者スポーツ大会と本学」（『翌桧』四八―五一頁）
（50）松原武夫「新入生を迎えて」（『翌桧』五二―五四頁）
（51）松原武夫「第二次十箇年の展望」（『翌桧』五五―五七頁）
（52）松原武夫「日々新たに」（『翌桧』五八―六〇頁）
（53）松原武夫「本学の生きる道」（『翌桧』六一―六六頁）
（54）松原武夫「卒業を祝して」（『翌桧』六七―七〇頁）
松原武夫「本学の発展を祈って」（『翌桧』七一―七四頁）
松原武夫「創立第一期生を迎えて」（『翌桧』九頁）
松原武夫、前掲書、九―一〇頁
松原武夫、前掲書、一〇頁
松原武夫「創刊のことば」（『翌桧』一九―二〇頁）
浜本環「松原栄姉告別式の弔辞」（『追想』二二一―二二二頁）
松原栄「共済会のこと」（『大津教会史』一四二―一四三頁）
松原栄、前掲書、一四三頁
松原栄、前掲書、一四四頁
松原栄「生活句」（『追想』一〇頁）
松原栄、前掲書、一〇頁

(55) 松原竹生「年賀状掲載句」(『追想』八頁)
(56) 松原栄「年賀状掲載句」(『追想』七頁)
(57) 松原栄「生活句」(『追想』一四頁)
(58) 参照、松下冷子「お父さん、お母さんの思い出」(『追想』一三六―一三七頁)
(59) 松原武夫「子々孫々に平和を」(『追想』六六―八五頁)は、彼自身の経験を中心に置き、近代日本の戦争と平和に関する歴史をまとめている。なかでも重要なのは、太平洋戦争期における経験である。ところで、この記述において一方では戦争の悲惨な現実を語る(『追想』七一―七六頁)が、他方で戦時下における彼自身の果敢な行動について誇りを込めて語っている。(『追想』七〇―七五頁)したがって、「子々孫々に平和を残し度い」(『追想』八四―八五頁)は単なる意見ではなく、歴史的経験を止揚した主張と考えるべきであろう。
(60) 参照、松原郁雄「父母の献体と『しゃくなげ会』のこと」(『追想』一九四―二〇五頁)
(61) 松原栄「生活句」(『追想』二二一―二九頁)
松原竹生「生活句」(『追想』二二一―二二四頁)

第三節　松原武夫・栄と近代日本を生きた人間像の探求

はじめに――課題

松原武夫・栄遺族一同による『追想』は、着想から二年半ほどの年月をかけて出版された。一九九一（平成三）年八月一七日に栄が召天し、翌年の七月一一日に「母の後を追うかのように父が亡くなり、その後始末のため兄弟姉妹六人が滋賀里の家に集まった一九九二年の暮れ、両親追悼の気持ちを活字にして残そうということで皆の意見が一致」した。一年半ほど後の一九九四（平成六）年五月には、「全員の原稿がそろうめどがたち、追悼文集の構成案が」できる。さらに、「父母の俳句を……調べ、写真や絵画を選ぶなどの作業をほぼ終えたのは一九九四年暮れのこと」であった。このような経緯を経て、一九九五（平成七）年六月三〇日に松原武夫・栄遺族一同『追想』は刊行された。作成にあたって、松下泠子は「表紙の布地や俳画の選定とレイアウト」を中心になって担当し、「お父さん、お母さんの思い出」（『追想』一三三―一四七頁）を寄稿している。[1]

年月を重ね二〇一二（平成二四）年には、松原武夫召天二十年・栄召天二一年の年を迎えた。関係者は二〇一二年七月三日（火）に、大津教会霊安塔前で「松原武夫召天二十年・栄召天二十一年記念会」を挙行する。また、「父母召天二十年、二十一年の記念会に合わせ子供六人が各々に過去に書き記したもの（主に戦争体験記）をまとめようと」相談した。そこで、「今回の企画の主旨に添うもの」として松下泠子のまとめた作品が、短歌と随筆から構成された「小品集」である。

およそ二〇年の年月を隔てて書かれた「小品集」には、両親の召天から間もなくまとめられた「お父さん、お母さんの思い出」とは際立った違いが感じられる。この違いはどこから来たのか。それは二〇年という歳月の経過において、両親の思い出が松下泠子の感性と霊性を介して昇華され、同時に彼女の自然観や人間観の中に融解されたためだと考えられる。また、松下の感性や霊性は日本人の心の歴史において育まれてきたので、彼女一人のものというよりも日本人一般に共有されている資質だと思われる。したがって、松原武夫と松原栄の生涯を「近代日本を生きた人間像」の一事例として取り上げることができる。ところで、ここにもう一つの問題が生じる。確かに近代を生きた二人のイメージは抽象化を通して、「近代日本を生きた人間像」のモデルとなる。その際、松原夫妻の個体性すなわち二人の人格は抽象的な人間像の中に吸収されて失われてしまうのか。それともなお、彼らが意志的主体として生きた真実は保たれるのか。確保されるとすれば、それはどのような形においてなのかという問題である。

いくつかの側面から「小品集」を「お父さん、お母さんの思い出」と比較検討して、それが持つ特色を明らかにする。一連の作業を通していくつかの課題と取り組んでいきたい。

(一) 松下冷子「小品集」の特色

1 「お父さん、お母さんの思い出」における武夫と栄

短歌と随筆から構成される松下冷子「小品集」は題材と表現法に特色を持っている。本稿は、「第一節　松下冷子『小品集』解題」で個々の作品の分析を試みた。けれども、「小品集」の分析だけではそこに内在する特色を必ずしも浮き彫りにできていない。そのため何らかの手法が、「小品集」の特色を際立たせるために必要となる。そこで、同じ著者による「お父さん、お母さんの思い出」(以下、「思い出」と略記する)を取り上げて検討し、さらに「小品集」との比較を通

してそれらの特色を明らかにしたい。
まず、「思い出」の内容を段落による構成から分析する。次の通りである。

第一段落　父の思い出（六〇行）
第二段落　母の思い出（五七行）
第三段落　両親との思い出（一九行）
第四段落　夫婦の姿（六行）
第五段落　結びの言葉（二行）

このように見ると、行数からも「思い出」の主要な内容は「第一段落　父の思い出」と「第二段落　母の思い出」にあることが分かる。松江や須賀谷への旅行を取り上げている第三段落やクリスチャン夫婦の姿を描いた第四段落は、主要部分に対する補足的な機能を果たしている。
そこで、第一段落と第二段落の内容を詳細に検討する。それぞれの構成は次の通りである。

「第一段落　父の思い出」の構成
一　父の最期（七行）
二　『金扇』を読む会での父（五行）
三　散歩する父（九行）

四　滋賀女子短期大学における父（一〇行）
五　苦楽を共にする父（七行）
六　平和を求め活動する父（一〇行）
七　お母さんに先立たれた父(2)（一二行）

「第二段落　母の思い出」の構成
一　母の最期（一二行）
二　配慮する母（一一行）
三　洋服を縫ってくれた母（七行）
四　本当にご苦労さまでした（七行）
五　母の老後と趣味（六行）
六　母の味(3)（六行）
七　見事な生き方（八行）

「第一段落　父の思い出」と「第二段落　母の思い出」は、ほぼ同じ構造を示している。第一段落は「一　父の最期」で始め、「七　お母さんに先立たれた父」において死に向かう父を描写して結んでいる。第二段落も「一　母の最期」で始め、死に向かう母を描いた「七　見事な生き方」で結んでいる。要するに「第一段落　父の思い出」も「第二段落　母の思い出」も、初めと終わりには父と母の最期を置いている。これはおそらく松下浄子の心の有りようを投影している。「お父さん、お母さんの想い出」を執筆した時、彼女の心には父と母の最期が繰り返し思い起こされていた。彼らの最期を強烈に思い出しながら、それでも彼女は原稿の執筆に向かっていたのである。したがって、読者は武夫と栄の最期から強い印象を受ける。次に、初めと終わりの間に囲まれた部分である。そこでは、父と母の生き方をよく表す具体的な出来事が記されている。武夫の場合、「四　滋賀女子短期大学における父」「五　苦楽を共にする父」「六　平和を求め活動する父」など、社会における父の意志的な生き方を思い出している。栄の場合、「二　配慮する母」「三　洋服を縫ってくれた母」「四　本当にご苦労さまでした」「六　母の味」など、家族のために大変な苦労をしながら、松下もその大変さに共感しつつ母は見事な生き方をしたとしている。

2　「お父さん、お母さんの思い出」と「小品集」

松下浄子「小品集」の特色を浮き彫りにするために、三点において「思い出」との比較検討を行いたい。構成・内容・表現方法の三点である。

まず構成の比較である。この作業については、「思い出」の全文と「小品集」前半の短歌の部を主に比較する。「表1」より、「思い出」の冒頭にある「第一段落　父の思い出」は、「小品集」の初めに置かれている「父の背」と明らかに対応している。同様に「思い出」の「第二段落　母の思い出」は、「小品集」の「母のまなざし」に対応する。さらに「第五段落　結びの言葉」

と対応する部分として、「父母召天二十年二十一年記念会に寄せて」を挙げることができる。このような分析結果から、「思い出」と「小品集」前半の短歌の部は類似した構成を採っていることが分かる。そうだとすると、「小品集」の後半にある随筆についてはどのように考えれば良いのか。随筆は量的には大きいが、内容的には「父の背」「母のまなざし」と「父母召天二十年二十一年記念会に寄せて」の間に置かれた部分に対応していて、それが拡大して「小品集」の後半部分を占めたと解釈できる。このように考えると、「小品集」は二〇年程前に書かれた「思い出」と構造的にはよく似ていると結論づけられる。

表1　「お父さん、お母さんの思い出」と「小品集」短歌の部の構成

「お父さん、お母さんの思い出」の構成	「小品集」の構成
第一段落　父の思い出	短歌「父の背」
第二段落　母の思い出	「母のまなざし」
第三段落　両親との思い出	「湖の季」
第四段落　夫婦の姿	「過ぎし日　今」
第五段落　結びの言葉	「父母召天二十年二十一年記念会に寄せて」随筆（六編）

次に、内容に関する比較である。全文を取り上げることはできないので、「思い出」からは「第一段落　父の思い出」を、「小品集」からは「父の背」を取り上げて比較する。[4]「第一段落

父の思い出」の「一　父の最期」と「七　お母さんに先立たれた父」に対応するのは、「父の背」の第三句と第四句である。これらにおいて、前者が父の最期をありありと描き出しているのに対して、後者は大文字の送り火や星の瞬きと重ねて在りし日の父の姿を心に描写している。「二『金扇』を読む会での父」と「三　散歩する父」に対応するのは、第一句と第二句である。前者が読む会や散歩する武夫の様子を生き生きと描いているのに対して、後者は萩の花との類比や大津祭におけるからくり人形の舞を用いて父を思い出している。「四　滋賀女子短期大学における

表2　「父の想い出」と「父の背」の内容(5)

「第一段落　父の思い出」の内容	「父の背」の内容
一　父の最期 二　『金扇』を読む会での父 三　散歩する父 四　滋賀女子短期大学における父 五　苦楽を共にする父 六　平和を求め活動する父 七　お母さんに先立たれた父	・第一句と第二句は、年老いてなお衰える事のない好奇心から、何事にも熱心に取り組んだ松原武夫を謳っている。 ・第三句と第四句は、地上にあった日の父母の存在を、天上の世界と重ねて謳う。その際に、送り火や星が両者の架け橋となっている。 ・教育者松原武夫を謳う第四句は、キャンパスの豊かな自然を色彩豊かに描きながら、句碑に刻まれた言葉「あすなろや　純美礼の園に　芽吹きつゝ」に、思いを寄せている。 ・平和を追求した父母を歌う二句は、彼らの強い意志に貫かれていて、抒情を交えていたこれまでの八句とは、内容を異にしている。

父」と「五　苦楽を共にする父」に対応するのは、「教育者松原武夫を謳う第四句」である。前者では松下が見た父を彼女にしか分からない細かな描写で記しているのに対して、後者は坂道・句碑と赤とんぼ・学園のどよめき・記念句碑の父の字などを取り上げて父を偲んでいる。「六　平和を求め活動する父」に対応するのは、「平和を追求した父母を歌う二句」である。前者が武夫の取り組んだ平和活動を具体的に取り上げているのに対して、後者は父の平和に向けた意志を他の事柄と重ねて語っている。このように、散文で書かれた「第一段落　父の思い出」では、生き生きとよみがえってくる父の姿が時々の彼の振る舞いを細かく描写することによって描き出されている。そこでは父だけが中心に置かれている。それに対して「父の背」では、大文字の送り火・萩の花びら・句碑と赤とんぼなどの情景のなかに父を置き、懐かしい父を偲んでいる。そこにおいて、様々な情景のなかにいる父はそれらと共に思い出されている。

最後に、表現方法に関する比較である。この検討では、「思い出」から「第二段落　母の思い出」を、「小品集」からは「母のまなざし」を取り上げて考察する。(6) なお、表現方法の考察にあたっては、内容に共通するものを考察の対象として比較検討する。「一　母の最期」と「二　配慮する母」に対応するのは、「母のまなざし」の第一句と第二句である。前者は緊迫した最後の一〇日間余りを筆者の感情もあらわに描き、あるいは連れ立って買い物に出かけた様子を思い出しながら記している。それに対して後者は待ち合わしたホームに吹く風に母の香を懐かしみ、大文字の送り火の赤さに母の温もりを蘇らせている。「三　洋服を縫ってくれた母」「四　本当にご苦労さまでした」「七　見事な生き方」に対応するのは、第三句・第四句と第五句である。前者は食糧さえままならなかった時代に服を縫ってくれた母、生活するのに不自由が多かった時に家族八人を養った母の苦労を具体的に描き、日常生活においてはいつものように他者を助けた母を「見事な生き方」と評価している。後者は「弾痕の残った桐だんす」に母の生き方を思い、節の川に山口時代の母の苦労を偲び、抜歯した夜に年を重ねた母の想いを想起している。「五　母の老後と趣味」と「六　母の味」に対応するのは、第六句から第一〇句である。前者では母の表情を交えながら、老後の彼女の趣味と懐かしいおふくろの味を記している。後者は、紫鉄仙・ひまわり・鶏頭の花をじっと眺めながら、母のまなざし・母のおしゃれ・母の笑みなどをいとおしん

表3　「母の思い出」と「母のまなざし」の表現方法(7)

「第二段落　母の思い出」の表現方法	「母のまなざし」の表現方法
一　母の最期 二　配慮する母 三　洋服を縫ってくれた母 四　本当にご苦労さまでした。 五　母の老後と趣味 六　母の味 七　見事な生き方	・第一句と第二句は、肩越しの風や大文字の送り火から、感覚的に蘇ってきた母の香や温もりを謳い、母というかけがえのない存在の特質を浮かびあがらせている。 ・第三句・第四句と第五句は、母の言葉や彼女が使い続けていた生活道具から、思想する生活者であった母の想いの深みを探っている。 ・第六句から第一〇句は、母の愛した花々、とりわけ紫の鉄仙に重ねて彼女を思い起こし、母の眼差しへのいとおしさを謳っている。

でいる。このように前者は散文で、母の生き方と最期を具体的な振る舞いを交えながら生き生きとした臨場感を伴なわせて表現している。それに対して後者は短歌で、ホームに吹く風・大文字の送り火・桐だんすなどを登場させながら、感覚的で詩的で絵画的な世界のなかに母の存在と生き方へのいとおしさを謳っている。

3　変化させたものへの問い

「第三節（二）松下冷子『小品集』の特色」では、「小品集」の特色を「お父さん、お母さんの思い出」と比較検討することによって、構成・内容・表現方法において明らかにした。

その結果、「小品集」の構成は「思い出」と基本的に類似していた。この類似は、二〇年の時を経ても松下冷子の両親に対する記憶とイメージが構造的に変化していない事実を示している。ただし、「思い出」に対して「小品集」には両者の類似した構造からはみ出た随筆があった。これをどう考えればよいのか。ところで、随筆には両親に直接関係した記述は少なく、むしろ彼らの思い出と連なって想起される出来事が多く扱われている。要するに、随筆は「小品集」の構造に関してではなく内容において検討することが適切なのである。したがって、随筆を含めた「小品集」の構造は基本的に「思い出」との類似性を保っている。

それに対して、「小品集」の内容と表現方法では「思い出」からの変化が顕著であった。たとえば、「父の背」（「小品集」）の内容を、「父の思い出」（「思い出」）と比較して検討した。その結果、「父の思い出」は「散文で、……父だけが中心におかれ、……時々の彼の振る舞いを細かく描写しながら描かれていた」のに対して、「父の背」では「父は様々な情景（大文字の送り火・萩の花びら・句碑と赤とんぼ等）のなかに」思い出されていた。しかも「小品集」全体で見ると、このような内容の変化はさらに進んでいる。すなわち、「湖の季」では情景だけが、「過ぎし日　今」では出来事だけが扱われていて、父も母も登場しない。同様に随筆においても、「世界に一つだけのプレゼント」を除いて、父母は現れない。しかも、これらの作品はすべて「父母召天二十年二十一年の記念会に合わせ、……今回の企画の趣旨に沿うもの」として選択されている。表現方法においても、内容と類似した変化が現れている。すなわち、「母の思い出」（「思い出」）が「散文で、母の生き方と最期を具体的な振る舞いを交えながら、生き生きとした臨場感を伴なわせて表現」していたのに対して、「母のまなざし」（「小品集」）は「短歌で、ホームに吹く風・大文字の送り火・桐だんすなどを登場させながら、感覚的で詩的で絵画的な世界のなかに母の存在と生き方へのいとおしさを謳っている」。表現方法に認められるこのような変化も、「小品集」の全編に広く見出される。

したがって、「小品集」は二〇年前に書かれた「思い出」と類似した構造を保ちながらも、内容と表現方法では大きく変化させている。この変化は一体何であり、それをもたらしたものは何なのか。この課題に関して一つだけ確かなことがある。それは二〇年という時の経過において、松下冷子の心に生じていた動きがこのような変化をもたらしたという事実である。そこで松下の心とその深層に広く深く横たわる近江人の心、さらには日本人の心が問題になる。

（二）日本人の心とイメージ（心的表象[8]）の昇華

1 方法論的問題をめぐって

問題を広くとらえれば日本人の心が課題となる。しかし、ここでは日本人の心全般を考察する必要も筆者の能力もない。課題は「思い出」から「小品集」への変化、及び「小品集」を理解するために必要な心に関する洞察である。そこで、ユング（Jung, C. G., 一八七五―一九六一）における「意識と無意識」に関する見解を援用して、「小品集」を生み出した心について考察したい。さらに、「生み出した心」に対応する生み出された作品の基本的な性質を「イメージの昇華」と考えて、これについても検討する。

ユングによると人間の心は「意識と無意識の層」によって構成され、さらに無意識は「個人的無意識と普遍的無意識」に分けることができる（参照　図1）。これら三つの層について、ユングは定義している。

1　意識。

2　個人的無意識。これは第一に、意識内容が強度を失って忘れられたか、あるいは意識がそれを回避した（抑圧した）内容、および、第二に意識に達するほどの強さをもっていないが、何らかの方法で心のうちに残された感覚的な痕跡の内容から成り立っている。

3　普遍的無意識。これは表象可能性の遺産として、個人的ではなく、人類に、むしろ動物にさえ普遍的なもので、個人の心の真の基礎である[9]。

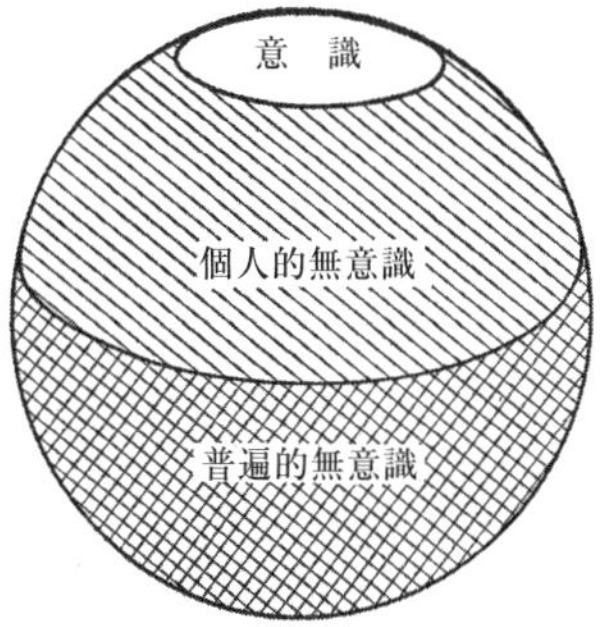

図1　人間の心の三層
（河合隼雄『ユング心理学入門』
培風館、93 頁より）

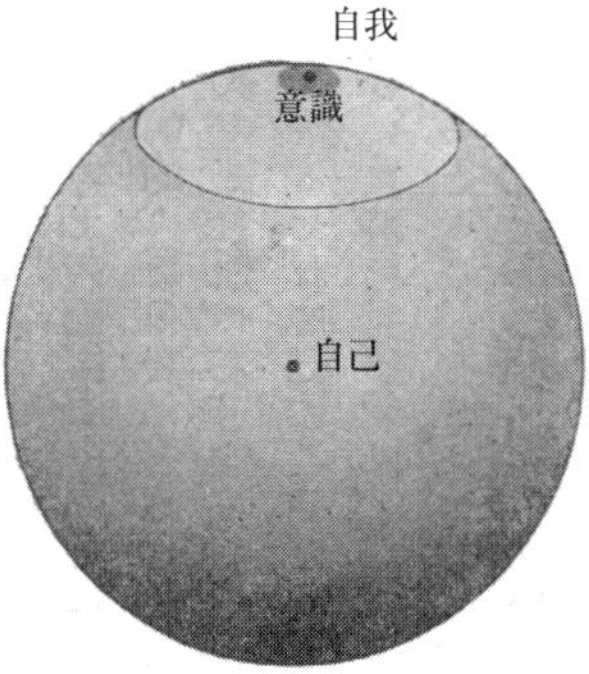

図2　自我と自己
（河合隼雄『ユング心理学入門』
培風館、221 頁より）

ユングはさらに意志的主体として生きる人間に即して規定するために、意識の中心に「自我（Ego）」を、意識と無意識を含んだ全体性の中心として「自己（Self）」を考えた（参照、図2）。

ユングによる心の定義に基づくと、「思い出」から「小品集」への移行、及び「小品集」を生み出した松下冷子の心について、何を洞察できるのか。まず、松原栄と松原武夫が召天して間もなくまとめた「思い出」を執筆した心についてである。すでに見た通り、「思い出」の内容は父母の「折々の振る舞いを細かく描写し」、その表現方法は散文で「生き生きとした臨場感」を持たせていた。このような内容や表現方法に対応する心は意識の層にあり、その中心に自我がある。それに対して、「小品集」の内容は「様々な情景のなかに」両親を置き、その表現方法は短歌と随筆で「感覚的で詩的で絵画的な世界のなかに」両親を思い起こしていた。このような内容や表現方法に対応する心は、意識と無意識の層を統合した全体性であり、その中心には自己がある。その際、短歌の「湖の季」に顕著に見られるように、「近江人の心」が松下の無意識の層には広く横たわっている。したがって、「思い出」から「小品集」への移行においては、意識から意識と無意識を統合する全体性への心の移行が認められ、「小品集」は自我と自己との豊かな対話を通して研ぎ澄まされた作品となっている。(10)

作品を生み出す時の心が自我から自己へと移行していった際に、生み出される作品にはどのような変化が生じたのであろうか。人間Aの人間Bに対するイメージと認識を事例として考えてみる。Aはまず意識の層におけるイメージでBを認識する。その後両者が対話を重ねることによって、AはBに対するイメージを新たにしながらBを認識した。一連の推移において、AはBの古くなったイメージや記憶を次々と無意識の層に移動させている。Bとの対話関係が長く続くと、Aの心には様々な側面を持ったBのイメージが宿されることとなる。ところが、ある時突然にAがBとの対話を完全に断たれるとどうなるのか。(11) 松下冷子の「思い出」から「小品集」に至る二〇年間に起こっていた事態も、彼女が両親との対話から完全に外された状態である。その二〇年の間に作品を生み出した松下の心は自我から自己へと移っていった。この移動に対応して作品に生じたのが「イメージの昇華」である。たとえば、『小品集』の「父母召天二十年二十一年記念会に寄せて」に次の一句がある。

母の描きし雛の画かけて二十年いよよ穏《おだ》しきまなざしと思う

母栄の召天から、松下が「母の描きし雛の画」を見ない日はなかった[12]。雛の画を見ては母に呼びかけ、母を思い、ますます鮮明に穏やかな母のまなざしが思われた。ここに起こっていた事態は一体何なのか。それは松下の自我が一枚の画を介して、彼女の心に深く横たわる母栄のイメージをも含んだ全人格の中心にある自己と対話し続けていた事実である。そのために、表現する者の心は自我から自己へと移っていった。それに対応して、表現された作品である「小品集」には「父母のイメージの昇華」が起こっていたのである。

2　近江人の心[13]

松下冷子の心を特色づける近江人の心とは何なのか[14]。ユングによる心の構図である「意識・個人的無意識・普遍的無意識」（図1）に当てはめると、図3にあるように近江人の心は普遍的無意識の上層部にあり、それを含んでさらに深く日本人の心があると考えられる。ところが、図3は松下の心の有り様を必ずしも的確にとらえているとはいえない。彼女の個人的無意識には色濃く近江人の心があり、この事実を彼女自身自覚しているからである。したがって、図4にあるように「個人的無意識」を「近江人松下の無意識」とした方が、彼女の心に即していると思われる。

それでは近江人の心を形成してきたものは何なのか。それは数千年あるいは一万年を越える長い年月をかけて形作られてきたものであり、第一の要因として琵琶湖を初めとする自然環境を挙げることができよう。武田栄夫は、『近江気象歳時記』[15]で湖国滋賀県の気象情報を四季に分けて

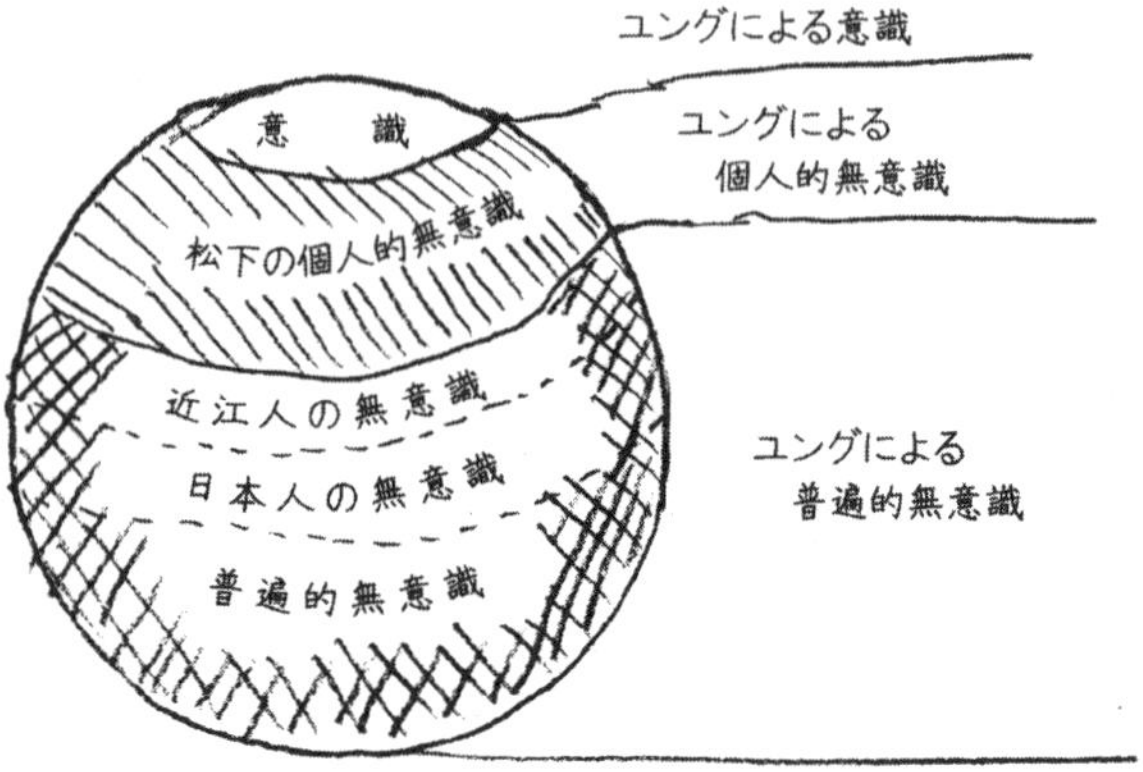

図 3　（仮説 1）ユングの心の構図に当てはめた松下冷子の心

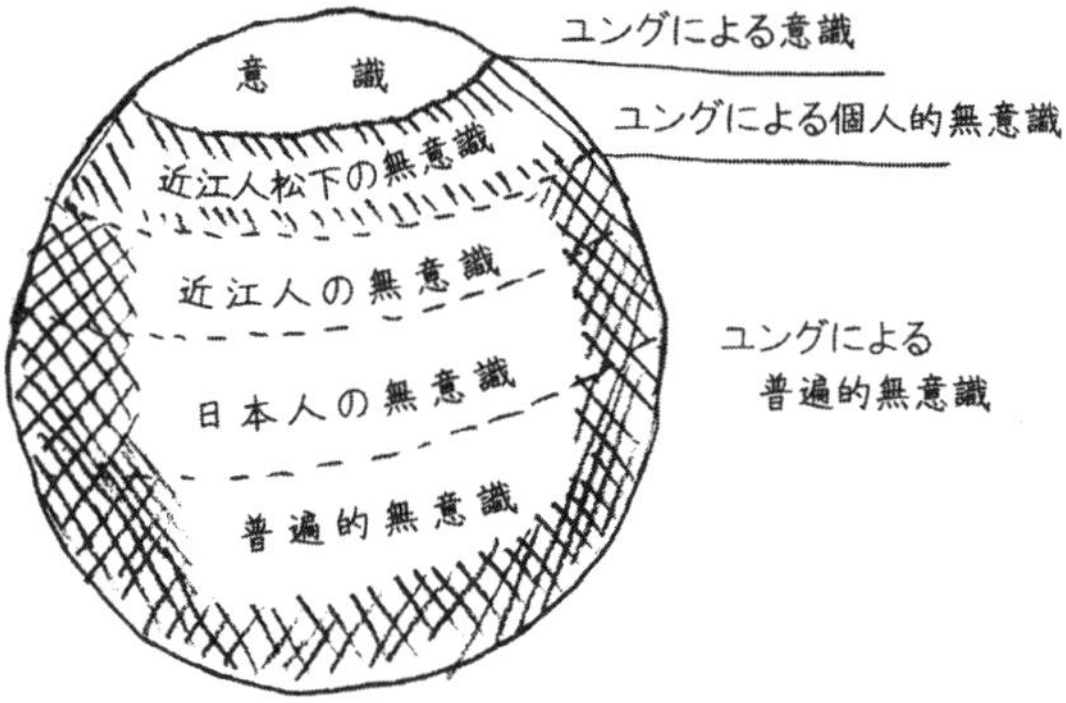

図 4　（仮説 2）近江人松下冷子の心の構図

詳細に説明しながら、地域に生きる人々の生活にも折々に触れている。彼は「あとがき」で、次の通り記している。

「湖国」といわれる滋賀県は、内陸部にありながら雪が深く、ここを走る、「日本の大動脈」と呼ばれる交通網が悩まされるのも、しばしばのことである。一方、山紫水明のこの地は、古くから和歌に詠まれ、『万葉集』をはじめ、幾多の文化遺産に、その自然美が描かれてきた。

本書では、季節を追って、移ろいゆく自然の姿と人々の営みを、気象歳時記として書き綴った。(16)

第二の要因として、近江を舞台にした人々の生活と歴史的出来事がある。『滋賀の文学地図』(17)の編集者は、「あとがき」で次の通り記している。

取材の過程でいまさらながら気づいたのは、琵琶湖をはさんで湖北、湖東、湖南、湖西と滋賀県の歴史、風土は実に表情豊かだということです。古くは大陸から大和へ至るコースに渡来文化のあとも色濃く残っています。戦国時代はいたるところが戦場となり、おびただしい人間ドラマが集積されました。比叡山をはじめとする多くの社寺や琵琶湖の水は現代もなお格好の舞台となっています。文学を語る時、この地の「時間」と「空間」はまだ限りなく深いようです。[18]

『滋賀の文学地図』は滋賀県の各地を舞台にした文学作品五〇冊を紹介している。これらを大まかに分けると、三種類の作品に分類できる。水上勉『湖の琴』・戸村繁『筏』・国松俊秀『ホタルの町通信』などは、近江に生きる人々を扱っている。辻邦生『安土往還記』・邦光史郎『幻の近江京』・徳永真一郎『瀬田の唐橋』などは、近江を舞台にした歴史的出来事を題材にしている。深田久弥『日本百名山』・司馬遼太郎『歴史を紀行する』・麻生磯次『芭蕉物語』などは、外部の人たちが滋賀県の自然と文化に抱いた愛着を作品にしている。このように様々な側面から近江を題材にした作品をまとめることによって、「滋賀県の歴史、風土は実に表情豊か」なことを証言している。

ところで、近江人の心に深く根ざした作品を次々と発表した画家がいる。三橋節子である。[19] 梅原猛は彼女の作品を三期に分けた上で、第三期を「伝説画の時代　昭和四八年から死の時まで」としている。「伝説画」とは「近江むかし話」に基づく絵のことで、三橋は第三期に「近江むかし話」から題材を得て多くの作品を発表している。次の通りである。

一　「湖の伝説[20]」一九七三年一月
二　「田鶴来[21]」一九七三年九月
三　「三井の晩鐘[22]」一九七三年九月

四　「鷺の恩返し」[23]　一九七三年一〇月
五　「羽衣伝説」[24]　一九七四年三月
六　「湖の伝説」[25]　一九七四年四月
七　「三井の晩鐘」[26]　一九七四年四月
八　絵本『雷の落ちない村』[27]　一九七四年七月
九　「花折峠」[28]　一九七四年九月
一〇　「雷獣」[29]　一九七四年九月
一一　「花折峠」[30]　一九七四年一〇月
一二　「余呉の天女」[31]　一九七五年一月

なお、梅原猛は「三橋節子の語るもの」（『三橋節子画集』一一三—一一三頁）において、「近江むかし話」とそれに題材を得た三橋の作品との関わりを次の通り分析している。

彼女は、『近江むかし話』にのせられている深く暗い話を、自分のもっとも深い魂の底でうけとめたのである。いいかえれば、彼女は、『近江むかし話』に出てくるあらゆる人間を、現在の己れにあてはめて見た。すると、今の自分と同じような、深い悩みをもつ人間がいるではないか、人間のみではなく、そこで語られる龍女や、天女や、鷺や鶴も、また彼女と同じような、深く、悲しい心をもっているではないか。

こうして『近江むかし話』の主人公は、恐ろしいほどの迫力でもって生き返ってくるのである。おそらく、『近江むかし話』をつくった老人クラブの老人たちも、彼等が集めたむかし話に、このような深い意味が隠されていると思わなかったであろう。忘れられた近江のむかし話が、三橋節子の画によって現代に、生き生きとよみがえったともいえる(32)。

若くして死に直面した画家三橋節子は、おそらくそれ故に、『近江むかし話』に秘められた「近江人の心」の深層と鋭く向き合うことができた。だから、わずかに残されていた地上の生涯において、「近江のむかし話が、三橋節子の画によって現代に、生き生きとよみがえった」のであろう。

3　イメージの昇華

作品に向かう作者の心が自我に束縛された世界から自己との豊かな対話へと変化するのに対応して、作品に現れる特色が「イメージの昇華」であった。この特色は、松下冷子の場合、次の二点に要約できた。

1　松下冷子の「お父さん、お母さんの思い出」と、それから二〇年ほど後に書かれた「小品集」を比較すると、後者に「イメージの昇華」が認められる。

2　したがって、「小品集」は「イメージの昇華」を特色とした作品である。

ところで、「イメージの昇華」とは「イメージが純化されていくことに伴い、それがより抽象的で、普遍的な表現を採る」ことであるが、どのような観点から「イメージの昇華」を検討できるのか。この課題に貴重な手掛かりを与えているのが、「近江人の心」を題材にした三橋節子の一連の作品である。梅原猛は「三橋節子の語るもの」において、三橋の絵に向かう動機と作品の持つ普遍性について書いている。

彼女にこのような絵をかかしめたものは、愛であると同時に、煩悩であったと思う。あるいは愛といっても煩悩であるといっても同じ意味かもしれない。この世に、何か残しておきたい。この子をはじめとするわが愛する残された人に何かを残しておきたい。こういう煩悩が彼女をして、あのおどろくべきことをなさしめたといえる。

……

こういう方法で彼女は『近江むかし話』から六つの話をとって、それを次々と絵にした。「三井の晩鐘」「田鶴来」「鷺の恩返し」「雷獣」「花折峠」「余呉の天女」の六つの話である。かつて柳田国男は、日本の民話の中には、現代の小説家が書いた小説よりもはるかに深い人生の真相が隠されているといった。彼女は、おそらくこの柳田国男の言葉を知らなかったであろうが、彼女の絵は、この柳田国男の言葉が真実であることを証明してくれたのである。(33)

「彼女にこのような絵をかかしめたのは愛と同時に煩悩であった」ことと、「『近江むかし話』から六つの話をとって、……はるかに深い人生の真相」を表現したことの間に何があるのか。「愛と同時に煩悩」は、三橋を絵に向かわせた根本動機である。他方、「はるかに深い人生の真相」は、『近江むかし話』に秘められている長年にわたって蓄積された近江人の心であり、それは近江人の心の深層に横たわる普遍性でもある。彼女はこの近江人の心の普遍性を題材として取り上げ、そこに三橋の根本動機を注入した。こうして完成した絵は近江人の心に共通する情景を描き出しながら、極めて個性的な作品となった。完成した三橋の作品を「イメージの昇華」との関連から考察すると、表現された「近江人の心」が「イメージ」に通じる。他方、三橋の根本動機であった「愛と同時に煩悩」は作品に個性を与えたばかりでなく、「作品の焦点」となっている。したがって、作品に認められる「イメージ」と「焦点」から、「イメージの昇華」を考察することができる。

(三) 近代日本の人間像を探る

1　松下冷子「小品集」におけるイメージと焦点

「イメージの昇華」を特色とする松下冷子「小品集」において、使用されているイメージが何であり、作品の焦点として何が用いられているのかを、短歌「父の背」と「母のまなざし」において見ておきたい。

まず、作品のイメージとして使用されているのは次の通りである。

風景（萩こぼれ小紋のさまに石だたみ・送り火の夜・茜さす比叡湖面に揺るる・夜さの雨に濡れ赤とんぼ一つ・湖の青・父母の星瞬く）
年月（父言いてより五十年）
人々（大津祭・学園のどよめき）
意志（子々孫々に平和願いし父母）
母（母の香・母のまなざし・おしゃれに装う母・母の温もり・母の眼差し・母の笑む顔）
生き方（捨て難く・節の川に癒されいしや・年重ぬることも恵み・語りたきこと多し）

次に、作品の焦点として用いられているのは、次の通りである。

言葉（「平和記念日」・翌桧のごとく伸びよ・「星に願いを」・「鴨川に似る」）
意志（竜ケ丘に父通いし・父の句碑・創立記念句碑・母の意）
姿（メモとる老父・帰りゆく父後背）
場所（待ち合わしたるホーム）
生活道具（弾痕の古傷残る桐だんす）
花（紫の鉄仙ほころべば・紫の鉄仙は小粋に八重の白・鉄仙今年も咲き揃う・こぼれんばかり種を抱けるひまわり・鉄仙）

風景（大文字の送り火）
事件（テロ爆破事件）

イメージは月日の経過に伴って抽象化される傾向があるので、松原武夫と栄の場合、彼らのイメージは一方では近代日本を生きた人間像のモデルとなる。他方、地域性に注目するならば、それは近江人の心に広がるイメージに吸収されていく。ところで、「父の背」と「母のまなざし」で使用されているイメージには顕著な違いがあった。この違いは注目に値する。すなわち、松原武夫に関連して使われていたイメージはすべて「風景・年月・人々・意志」の分類に属し、これらは情景とそれに付随している。それに対して、松原栄を謳った短歌で用いられていたイメージはすべて「母・生き方」に含まれる。これらのイメージは人間の抒情的な世界を表現している。

短歌の描き出す世界全般を「イメージ」が表現しているのに対して、作者が作品制作にあたって思いを集中する一点は「焦点」となる。松下「小品集」の焦点には松原武夫と松原栄の言葉や生き方が典型的に示しているように、彼らの生き方が表現されている。要するに、作品のイメージが近江人の心に吸収されていくのに対して、焦点は彼らが一人格者として生きた真実を証言する。なお、焦点においても両者に違いを認めることができる。松原武夫を謳う短歌の焦点として使われているのは、「言葉（ほとんど）・意志（ほとんど）・姿・事件」の分類に属する。これらは自らの意志をもって近代日本を生きた武夫の姿を浮かび上がらせている。それに対して松原栄の場合、焦点は「場所・生活道具・花・風景・言葉（一部）・意志（一部）」に属する。これらからは生活者として生き、そこにおいて花を愛し人生を語った栄の姿を読み取ることができる。

2　モデルとしての父　松原武夫

松下汵子「小品集」の描き出す松原武夫は、作品のイメージと焦点の双方から総体として検討するのがふさわしい。作品のイメージは抽象化を通して近江人としての普遍性に近づいていく傾向があった。他方、作品の焦点は松原武夫の人格性を保っていた。したがって、イメージと焦点の両方を組み合わせて考察することにより、一人格者として生きた人間像を対象にできる。さらに、とりわけ焦点には近代日本という時代性が刻印されていた。そのために、松下「小品集」における武夫を総体として検討することにより、近代日本を生きた人間像を提示できるのである。

そこで、「父の背」から取り出した松原武夫のイメージと焦点に連なる要素を「小品集」から抽出して、近代日本を生きた人間像のモデルとして松下汵子が描いた父松原武夫を考察したい。抽出したイメージと焦点は次の通りである。

「父の背」とそれに連なるイメージ

風景（「父の背」より　萩こぼれ小紋のさまに石だたみ・送り火の夜・茜さす比叡湖面に揺るる・夜さの雨に濡れ赤とんぼ一つ・湖の青・父母の星瞬く、「湖の季」より　朝茜の湖に別れを惜しむごと・琵琶湖をサーモンピンクの風が掃き・道の辺の淡く萌え初め・駆け上がる水鳥の舞・薄紅にかすむ湖畔の並木道）

年月（「父の背」より　父言いてより五十年、「過ぎし日　今」より　胸衝く歴史を・鎮魂のドームと向き合う重き八月）
人々（「父の背」より　大津祭・学園のどよめきに、「過ぎし日　今」より　沖縄の悲しみの歌声）
意志（「父の背」より　子々孫々に平和願いし父母、「過ぎし日　今」より　いい風よ吹いて下さい迷わずに）

「父の背」とそれに連なる焦点
言葉（「父の背」より　「平和記念日」・翌桧のごとく伸びよ・「星に願いを」、「過ぎし日　今」より　じっちゃんは艦砲射撃にもあいしと）
意志（「父の背」より　竜ケ丘に父通いし・父の句碑・創立記念句碑、「過ぎし日　今」より　熱き眼差し、「父母召天二十年二十一年記念会に寄せて」より　父の跡踏みしめ歩く）
姿（「父の背」より　メモとる老父・帰りゆく父後背、「湖の季」より　駆ける人そぞろゆく人・手を振り歩く）
事件（「父の背」より　テロ爆破事件、「過ぎし日　今」より　テロありて）

「父の背」で用いられている「情景とそれに付随したイメージ」とは、どのようなものなのか。まず「情景のイメージ」から検討する。「萩こぼれ小紋のさまに石だたみ」と「送り火の夜」は、文化としての性質を帯びた自然である。すなわち、石だたみや送り火には人の手が加わっている。

しかし、この情景では加えられた人の手がほとんど自然に溶け込み、自然と一体になったイメージを演出している。それに対して、「茜さす比叡湖面に揺るる」「夜さの雨に濡れ赤とんぼ一つ」「湖の青」「父母の星瞬く」は、詩人の心を通して表現された自然である。なるほど対象は自然そのものであるが、作者によってその自然はさまざまな文化的装いを施されて読者の前に提供されている。このようにして謳われた情景のイメージは、時として移ろい行く様への感傷を交えながら、人間に対して優しい安心の世界を映し出している。(34) 風景に付随した「年月・人々・意志」で用いられているイメージには、大別して二つのテーマがある。平和への願い（「子々孫々に平和願いし父母」など）と、学園に学ぶ学生たち（「学園のどよめきに」）である。これらは背景として退き風景に融けこみながら、イメージを焦点と繋いでいる。

次いで「父の背」における焦点である。焦点には、「平和への願い」（「平和記念日」・テロ爆破事件）、「教育への情熱」（翌桧のごとく伸びよ・竜ケ丘に父通いし・父の句碑・創立記念句碑）、「父の姿」（メモとる老父・帰りゆく父後背）の三つがある。「平和への願い」における松原武夫は、「じっちゃんは艦砲射撃にもあいしと」「テロありて」（「過ぎし日　今」）と、いつの時代にも止むことのない戦いの現実を交えながら、だからこそ平和への願いを強くしている。(35) 「教育への情熱」で、松原武夫は学生に呼びかけた「翌桧のごとく伸びよ」に端的に見られるように、全人格を注いで教育に打ち込んでいる。(36) だから松下は教育者松原武夫を偲びつつ、「父の跡踏みしめ歩く」（「父母召天二十年二十一年記念会に寄せて」より）のである。このように、他者への呼びかけを特色とする「平和への願い」と「教育への情熱」は、公人として生きた松原武夫像を浮かび上がらせている。それに対して、「父の姿」は老いてなお好奇心をもちつづけ(37)（メモとる老父）、母への想いのにじみ出る後ろ姿（帰りゆく父後背）は私人として折々の心をもって豊かに生きた姿を見せている。

そこで、松下冷子「小品集」における父松原武夫の全体像を捉えることができる。松原武夫を題材とした作品の浮かび上がらせる昇華されたイメージは、近江人の心が育んできた情景である。この風景の中心には琵琶湖があり、地域的特色を持つ。それは細やかで優しく、人を安心の世界へと包み込んでいる。このように豊かな情景のイメージを背景にして、松原武夫像は置かれる。彼は、私人としては幼児より変わることのない積極性と繊細さを持ち、公人としては明確な立場に立って他者への情熱を注いだ人物として描き出される。これらを総合することによって、松原武夫は近代日本を生きた人間像のモデルを提供している。

3　モデルとしての母　松原栄

「母のまなざし」における松原栄に連なるイメージと焦点は、「父の背」での松原武夫のそれとは質的にも内容的にも異なっていた。この違いに向けた問いは、近代日本を生きた人間像のモデルとして母松原栄を考察する上で重要な意味を持っている。そのことを踏まえた上で、まず「母のまなざし」から取り出した松原栄のイメージと焦点に連なる要素を「小品集」から抽出する。次の通りである。

「母のまなざし」とそれに連なるイメージ

母（「母のまなざし」より　母の香・母のまなざし・おしゃれに装う母・母の温もり・母の眼差し・母の笑む顔、「父母召天二十年二十一年記念会に寄せて」より　いよよ穏しきまなざしと思う・桜風やさし）

生き方（「母のまなざし」より　捨て難く・節の川に癒されいしや・年重ぬることも恵み・語りたきこと多し、「過ぎし日　今」より　三歳の味覚おぼろにさぐりつつ・大豆御飯金の粒ぞや一粒ひとつぶ・賑やかなりし一汁粗食・挿し芽してまた挿し芽して三十年、「世界に一つだけのプレゼント」より　一晩中ミシンをかける姿）

「母のまなざし」とそれに連なる焦点

言葉（「母のまなざし」より「鴨川に似る」）

意志（「母のまなざし」より　母の意）

場所（「母のまなざし」より　待ち合わしたるホーム）

生活道具（「母のまなざし」より　弾痕の古傷残る桐だんす、「過ぎし日　今」より　円き卓袱台）

花（「母のまなざし」より　紫の鉄仙ほころべば・紫の鉄仙は小粋に八重の白・鉄仙今年も咲き揃う・こぼれんばかり種を抱けるひまわり・鉄仙、「湖の季」より　芽吹き初むメタセコイヤ、「過ぎし日　今」より　ラベンダー枯れぬ・ラベンダーのブーケ・紫鉄仙色濃く咲きぬ、「父母召天二十年二十一年記念会に寄せて」より　紫鉄仙の小さきつぼみ、「わたしの花人生」より「宗悦きく」)

風景(「母のまなざし」より　大文字の送り火、「父母召天二十年二十一年記念会に寄せて」より

母の描きし雛の画かけて二十年)

まず、「母のまなざし」で用いられた二つのイメージである「母」と「生き方」の内容を検討しなければならない。ところで、その前に避けることのできない課題がある。松原栄を謳う短歌の多くで、「母」は焦点ではなく「イメージ」に分類されている。ここにはどのような事情があるのか。「母の香」の場合で見ておきたい。

いくたびか待ち合わしたるホームに立てば肩越しの風母の香のする

この短歌の焦点は、「待ち合わしたるホーム」である。松下がホームに立っていると、吹き抜けていく肩越しの風があった。なぜかその風に「母の香」がして、彼女は懐かしく母を思い出している。この短歌のように、作者が「場所・生活道具・花」などに焦点を合わせていると、ふっと様々に母が思い出される。このような場合、母は焦点ではなくイメージに分類される。

さて、イメージに分類された「母」は基本的に「母の存在そのもの」(母の香・母の温もり)を表現する。母が自分や他者を意識している場合(母のまなざし・おしゃれに装う母・母の笑む顔)

もある。「いよよ穏しきまなざしと思う」「桜風やさし」（「父母召天二十年二十一年記念会に寄せて」より）は、「母のまなざし」におけるイメージを補っている。もう一つのイメージである「生き方」も二種類に分類される。生活の重荷を負い、苦労のただ中にいる母の生き方（捨て難く・節の川に癒されいしや）と、歩んできた道を振り返った時の感慨（年重ぬることも恵み）である。「三歳の味覚おぼろにさぐりつつ」「大豆御飯金の粒ぞや一粒ひとつぶ」「賑やかなりし一汁粗食」（「過ぎし日　今」より）と「一晩中ミシンをかける姿」（世界に一つだけのプレゼント」より）は前者に属する。「挿し芽してまた挿し芽して三十年」（「過ぎし日　今」より）は後者に属する。

このように琵琶湖を中心にした風景という父松原武夫のイメージに対して、母松原栄のそれは母そのものである。これは何を語っているのか。おそらく、松下浴子にとって母はきわめて近くにあり、そこにおいてはいつも安らぎがあり、そこでだけは裏切られることのない全幅の信頼を寄せ、彼女は生きるすべもまた母の生き方から学んだ。いわば松下が心の拠り所とした世界、それは母であった。だから、母が情景とならぶイメージとなったのである。しかも、昇華された母のイメージが情景と並んで心の世界を構成することは、近江人の心にも普遍的に認められると思われる。(38)

そこで、「母のまなざし」における焦点に関する考察である。最も多く焦点として用いられているのは花であり、それらは様々な表情を持っていた。ただ存在だけを記されているもの（鉄仙）、咲いている様子（紫の鉄仙ほころべば・紫の鉄仙は小粋に八重の白・鉄仙今年も咲き揃う）、多くの種を抱くひまわり（こぼれんばかり種を抱けるひまわり）である。他の作品によっても花の多様な表

松原栄「二人小芥子」

情は補われる。木と花の生命力（芽吹き初むメタセコイヤ「湖の季」より・紫鉄仙色濃く咲きぬ「過ぎし日　今」より）、死（ラベンダー枯れぬ「過ぎし日　今」より）、プレゼント（ラベンダーのブーケ「過ぎし日　今」より）などである。それにしてもなぜ花が焦点としてこれほどまでも多く使われ、しかも、折々の花の表情が登場するのか。この問いに対する手がかりは、「宗悦きく」（「わたしの花人生」より）と名付けられた小菊にある。松下は四〇年間大切に守り続けてきた小菊に、恩人の名前「宗悦きく」を付けて育てた。その四〇年間に何度小菊に向かって「宗悦きく」と呼んできたか分からない。名前を呼び呼ばれる時、そこに人格関係が生まれる。花の人格化である。松下は焦点として多く花を用い、折々の花の様子に触れる。そこにも花の人格化が生じていて、それゆえに松原栄を初めとした人々の類比として、花を用いている。「花鳥風月」に見られる日本人の心の世界がここにはある。次に、焦点として用いられた「言葉・意志・場所・生活道具」である。これらはいずれも、「松原栄の生活模様」にまとめることができる。すなわち、栄の生活そのもの（「鴨川に似る」・弾痕の古傷残る桐だんす、円き卓袱台「過ぎし日　今」より）、買い物（待ち合わしたるホーム）、生活者への想い（母の意）である。栄への回想を内容とする「風景」（大文字の送り火、母の描きし雛の画かけて二十年「父母召天二十年二十一年記念会に寄せて」より）も、「栄の生活模様」に大別できる。したがって、焦点は「人々への類比として用いた花」と「栄の生活模様」に分類できるが、両者の関係はどのように考えられるのか。前者は栄を初めとする人々一般を、後者は松原栄だけを対象としている。ここに違いがある。しかし、いずれも生活する人々を扱っていて、ここに共通性を見ることもできる。

このように考察を重ねた結果、松下泠子「小品集」が描きだす母松原栄の全体像を示すことができる。松原栄を扱った作品における昇華されたイメージは、母の存在を根底においていた。その根底から空気のようににじみ出てくる安らぎ・安心・平安の世界がそのイメージであり、これもまた近江人が育んできた心の世界に通じる。どのような状況においても変わることのない心の世界を背景にして、松原栄像は置かれる。それは日本人の感性が育んだ詩人の心で、たとえば折々の花などを用いて松原栄と人々の姿を表現していた。生活者であった松原栄の姿は、同じ時代を生活した人々と重なるからである。したがって、松原栄は激動した近代日本において、揺るぐことのない平安をもたらした母のイメージを背景として、それぞれの課題を担って生きた生活者のモデルとなっている。

注

（1）参照、松原広志「あとがき」（『追想』二八〇―二八三頁）

（2）松下冷子「お父さん、お母さんの思い出」（『追想』一三三―一三八頁）
（3）松下冷子、前掲書、一三八―一四三頁
（4）「第一段落　父の思い出」と「父の背」との内容比較によって、どこまで全文の内容比較に資するのかが問題である。この点に関しては、いずれもそれぞれの冒頭に置かれた主要な作品であるので、十分な妥当性を想定できる。
（5）「父の背」の内容に関しては、以下を参照した。第一節　松下冷子「小品集」解題（一）短歌
（6）「第二段落　母の思い出」と、「母のまなざし」の表現方法を比較する妥当性に関する問題がある。これについても、それぞれが主要な作品であることから有効性を推定できる。
（7）「母のまなざし」の表現方法については、以下を参照した。第一節　松下冷子「小品集」解題（一）短歌
（8）イメージは「人が心に描き出す像や情景など」（精選版『日本国語大辞典』）で、「心的表象」などと訳されている。ただし、一般には広く「イメージ」という用語が定着して用いられている。そこで、本稿においても「イメージ」を使った。
（9）**Jung, C. G.,** ***The Structure of the Psyche.*** **C. W. 8, pp.151–152.**（河合隼雄『ユング心理学入門』九四頁）
（10）冷泉為人は、「日本人のこころ」と題した講演で、「まず『日本人の心』『美的感性』あるいは『自然観』さらには『日本人の資質』といったものを象徴するもののひとつに、私は『枕草子』あるいは『拾遺愚草』がある」とした上で、「非常に細やかなところ、細やかにあるいは繊細に、あるいは微妙なところまで表現している……そういうところが我々日本人の心ではないか、自然観ではないか」としている。冷泉為人「日本人のこころ」（『同志社アーモストクラブ・ニュース』七一号、二〇一二年、五―八頁）

自然に対する繊細な感性は、松下泠子「小品集」にも通じる。

(11) 松原武夫の「写真はものを言わない」は、まさに長年にわたり対話を続けてきた相手を失った者の口から発せられた言葉である。参照、松原広志「父と母の思い出」(『追想』一七五頁)

(12) 松下泠子は、何枚かの母の形見の画を季節毎に和室にかけている。「雛の画」は、毎年二月半ばから三月半ばにかけて一か月間ほどかけている。

(13) 滋賀県を、ここでは近江と表記している。この地域を故郷とする人々の心が、近代以前に近江と呼ばれた時代から続く、長く豊かな歴史を継承して作られているからである。

(14) 松下泠子の手記に、滋賀県について次の通りある。「滋賀県は父母の故郷でした。そして私も生地松江よりも琵琶湖が故郷となりました」。

二〇一二年六月から一〇月にかけて松下が琵琶湖を謳った短歌がある。

リアス式「湖《うみ》の辺《べ》の道《みち》」の尾根歩く木の間に透る湖の青さよ（琵琶湖最北端）

斜度六十度二百米一気に下る湖の辺に菅浦の集落並ぶ（琵琶湖最北端）

最長の「木簡」発掘されし塩津浜水運業者の威厳を証す（平安後期の流通実態）

稚魚群れる湖の辺の入江巡り来て突と広がる永遠なる琵琶湖《うみ》

ひたすらに波しぶき避け歩きたり視界けぶれる琵琶湖は海か（塩津、雨の日）

湖西より望む伊吹の雄々しかりふところに小さき竹生島いだく

（今津浜、湖南の我家から見る伊吹は丸いのです）

琵琶湖一周二百二十キロ遂に完歩す小さき証書なるも大きな宝に

（二〇一〇年十月―二〇一二年十月）

(15) 武田栄夫『近江気象歳時記』サンブライト出版、一九八〇年

(16) 武田栄夫、前掲書、二一八頁

(17) 朝日新聞大津支局編『滋賀の文学地図』サンブライト出版、一九七八年
(18) 朝日新聞大津支局編、前掲書、二二一―二二二頁
(19) 三橋節子の作品を中心にまとめられた本がある。
三橋節子『雷の落ちない村』小学館、一九七七年
梅原猛編『三橋節子画集』サンブライト出版、一九八〇年
(20) 参照、梅原猛編、前掲書、(絵画番号)七一
(21) 参照、梅原猛編、前掲書、(絵画番号)七三
(22) 参照、梅原猛編、前掲書、(絵画番号)七四
(23) 参照、梅原猛編、前掲書、(絵画番号)七六
(24) 参照、梅原猛編、前掲書、(絵画番号)七七
(25) 参照、梅原猛編、前掲書、(絵画番号)七九
(26) 参照、梅原猛編、前掲書、(絵画番号)八〇
(27) 参照、梅原猛編、前掲書、(絵画番号)八一―九三、及び三橋節子『雷の落ちない村』
(28) 参照、梅原猛編、前掲書、(絵画番号)九四
(29) 参照、梅原猛編、前掲書、(絵画番号)九五
(30) 参照、梅原猛編、前掲書、(絵画番号)九六
(31) 参照、梅原猛編、前掲書、(絵画番号)九九
(32) 梅原猛編、前掲書、一一八頁
(33) 梅原猛編、前掲書、一一六―一一七頁
(34) 松原竹生と栄の琵琶湖を題材とした俳句にも、同様の傾向を認めることが出来る。参照、第一章注(8)。それに対して、三橋節子が描いた琵琶湖は人々が無意識の層にうごめく要素を探り出

して、それを深い色彩を用いて表現している。
(35) 松原竹生と栄が戦争と原爆の悲惨さを謳った俳句については、以下を参照した。第一節注(13)、第二節注(58)
(36) 研究者及び教育者としての松原武夫については、以下を参照した。第二節（三）二　研究者・教育者としての松原武夫
(37) 「老いてなお好奇心をもちつづけ」た松原武夫の姿には、少年期の彼を彷彿とさせるものがある。参照、第二節（一）1　揺籃の地、近江八幡。
(38) 近江人の心に母の存在が重要な要素となっている根拠として、本稿の関連では次の事項を指摘できる。三橋節子の一連の絵画における動機、文学では長谷川伸『瞼の母』（参照、『滋賀の文学地図』四三—四七頁）、松原竹生と栄の俳句（参照、第一節注［9］［6］）。

おわりに

松下冷子「小品集」が描く松原武夫・栄と、二〇年程前の作品「お父さん、お母さんの思い出」（『追想』所収）における松原武夫と栄の間に認められる明らかな違い、この違いに向けた問いから考察を始めた。

その結果、これら二つの作品における相違に関して、二つの側面からの事実が明らかになった。一つは二〇年という年月を経て、書き手の心に生じていた変化である。松原栄と武夫の死後間も

なく書いた「お父さん、お母さんの思い出」で、作者の自我は意識の層に残る鮮明な記憶を記した。そのために生き生きとした具体的な記述となった。それに対して、二〇年後の「小品集」で作者は心を静め思いを深めることによって、自我は自己（無意識を含む心の中心）と親密な対話を重ねながら、松原武夫と栄を書いた。ここで重要な手掛かりとなったのは、松下の無意識の層に近江人の心が重なっていた事実である。そのために深く沈潜して自己と対話した時、松下は近江人の心という装いをまとうことになった。作者の心に生じたこの変化は、もう一つの側面である作品の変化となった。作品に表現された変化は、「イメージの昇華」として捉えられる。そこで、「小品集」におけるイメージの昇華を具体的に「作品のイメージと焦点」という二つの観点から考察した。

すると、松原武夫を扱った作品のイメージには近江の風景（それは近江人の心に重なる）があり、そこに公人であり私人でもある松原武夫の全人格は近代日本という時代的性格を伴なって置かれていた。これが近代日本を生きた人間像のモデルとしての松原武夫である。松原栄の作品が浮かび上がらせるイメージは、母なる安心の世界（これも近江人の心に重なる）であり、そこに置かれたのは生活者松原栄を比喩する折々の時期の花などであった。

松原武夫先生と栄さん夫妻と出会い教会生活を共にしたのは、大津教会伝道師として働いた一九七九（昭和五四）年四月からわずか二年間に過ぎない。しかし、今回の作業を通して、それは豊かで深い人格的な交わりに満ちた二年間であったと改めて気付かされた。松原栄さんはあの笑顔を浮かべながら天国から、「塩野先生、私たちのことを書いて下さってご苦労さま」とねぎらって下さる声が聞こえて来るように思える。松原武夫先生からは、「塩野先生、教育者としての私の姿勢については、もう少しこういう点も書いてもらいたかったですな」と注文される声が聞こえてきそうである。

あとがき

人とは弱いものである。

二〇一四（平成二六）年春以来「そのことは考えないでおこう」としても、「最悪の事態、つまり右椎骨動脈が完全につまり脳幹や小脳に悪影響が出たら、どうなるのだろうか」という思いが頭をよぎる。そのような場合によぎる思いに抗うのでもとらわれるのでもなく、不安を抱えた体の状態を率直に認め受け入れ労わりつつ、与えられた課題に喜びをもって取り組んできた。

セカンドオピニオンの医師からは「脳の血管はよくできたもので、ゆっくりと閉塞が進んでいくとバイパスが作られる。それでほとんどの場合に心配することはない」とアドバイスを受け、血管を強化する漢方薬を処方していただいた。

そして、一一月五日（水）を迎えた。一年ぶりにMRI検査を受ける日である。主治医が前回は見逃した狭窄した箇所を真剣に慎重に見ている。その上で患者にも画面を示し、いくつもの角度から問題の場所を指摘し、説明していただいた。「この箇所に昨年の検査結果からの変化は認められない。したがって、今回は専門医の診断を求めることもS病院で造影剤を点滴しながらCT検査を受ける必要もない。これまで通りの生活をして差支えはない」という診断だった。安堵した。

＊

春以来取り組み続けた課題の一つに、『キリストにある真実を求めて――出会い・教会・人間像』の出版計画がある。

作業を始めたのは二〇一三（平成二五）年七月である。データはそろっていたので、まず出版社と交渉するために縦書きと横書きの原稿を作成した。大学院生の鈴木貴視君が「第一章　真実への目覚め――私の恋愛論・教育論」「第二章　聖書との出会い――苦悩の道を辿る」「第三章　分かち合う真実――倉敷教会の歴史的基層研究」を担当し、神学部の萱田美紀さんには「第四章　歴史に記憶される人間像――松原武夫・栄の生涯を読み解く」を担当してもらった。完成した二種類の原稿を見ていただき、新教出版社に縦書きの原稿による出版を引き受けていただいたのは二〇一四年三月である。

第二に西南学院大学学術研究所の出版奨励金に申請するため、三月から六月にかけて縦書き原稿の校正作業を行った。萱田さんはほぼ毎頁に修正すべき箇所を見つけて下さった。鈴木君は萱田さんも筆者も気づかなかった箇所にアカを入れていた。それらを参考にして、筆者が最終的な校正作業を行う。幸い、学術研究所から出版奨励金（貸与）を受けることができた。

第三に六月から九月にかけて取り組んだのは新教出版社に渡す完成原稿の作成である。この原稿が出版社によるゲラ刷り校正原稿となる。そこで再度、萱田さんと鈴木君の助力を得て、徹底した校正作業を続けた。また、完成原稿には写真など三〇点ほどを載せた。こうして、出版される本の体裁に準じた原稿を仕上げることができた。
第四に完成原稿に対する校正作業である。やはり、萱田さんと鈴木君の助けを得て、作業を進めた。この段階においてもほぼ各頁に修正すべき箇所が見つかった。まさに「校正、恐るべし！」である。掲載予定の写真についても新教出版社と相談し、三分の二ほどに削った。その上で、「写真などの使用許可のお願い」を三か所に発送した。幸い、いずれからも使用許可をいただくことができた。

*

本書出版のために萱田美紀さんと鈴木貴視君には長期にわたる助力をいただいた。彼らの集中力に敬意を表しながら、「ありがとう！」とお礼を言わなければならない。
西南学院大学学術研究所からは出版奨励金（貸与）と転載の許可をいただいた。その事実を記して、感謝の意を表する。なお、『国際文化論集』における出典は次の通りである。

「第一章　真実への目覚め――私の恋愛論・教育論」（『国際文化論集』第二八巻第二号、二〇一四年三月）
「第二章　聖書との出会い――苦悩の道を辿る」（『国際文化論集』第二四巻第二号、二〇一〇年三月）

「第三章　分かち合う真実――倉敷教会の歴史的基層研究」（『国際文化論集』第二六巻第二号、二〇一二年三月）
「第四章　歴史に記憶される人間像――松原武夫・栄の生涯を読み解く」（『国際文化論集』第二七巻第二号、二〇一三年三月）

写真などの掲載については、次の方々から快く了解をいただいた。氏名を記して、謝意を表したい。

日本キリスト教団倉敷教会牧師　中井大介氏
松下泠子氏はじめ松原武夫・栄夫妻の遺族御一同
雲南市教育委員会教育長　土江博昭氏

新教出版社社長　小林望氏には出版を引き受けていただいた上に、こまごまとしたアドバイスをいただいた。それらにより体裁を整えることができた。感謝を申し上げる。

*

本のタイトルについて最後に説明しておきたい。
本書を構成する四つの章の内容は多岐にわたる。それでこれら全体を貫き、つなぐ言葉をすぐには思いつかなかった。いろいろと考える中でようやく思いついたのが、「キリストにある真実」である。これならば登場するすべての人物の実存と生き方に共通して見出すことができる。ただし、この表題で気になった一つのことがある。「キリストにある」という概念とパウロ神学との関わりである。そこで、パウロ神学と本書のタイトルとは直接には関係しないことを断っておきたい。

ところで、「キリストにある」と「真実を求めて」の関係をどのように説明すればよいのか。四つの章はいずれも「真実を求めた実存」を扱っている。したがって、登場人物はそれぞれの仕方で「真実を求めている」と考えていただいて何の問題もない。ただし、キリスト教を媒介にしているので、「キリストにある」を付けた次第である。

サブタイトルの「出会い・教会・人間像」は、タイトルに具体的なイメージを与えている。すなわち、第一章と第二章は「出会い」である。第三章が「教会」で、第四章は「人間像」である。

ところで、妻の塩野まりと私は日本キリスト教団唐津教会に所属しているが、ほとんどの日曜日は猫二匹（さくらと茶々丸）と自宅で礼拝にあずかっている。礼拝を始める時にしばしば姿を見せない茶々丸も讃美歌を聞くと必ず集まって来るから不思議である。今朝はクリスマス礼拝で、ルカ福音書第二章八―一四節からメッセージを聞いた。共に礼拝にあずかり、御言をいただく。不安の多かった一年もこのようにして守られ、生かされてきた。その事実と感謝とを「あとがき」に加えて記しておきたい。

二〇一四(平成二六)年一二月二一日(日)

生松台の自宅にて　塩野和夫

著者
塩野和夫（しおの・かずお）

1952年大阪府に生まれる。同志社大学経済学部卒業。同大学大学院神学研究科後期課程修了，神学博士。日本基督教団大津教会，宇和島親愛教会，伊予吉田教会，西宮キリスト教センター牧師を経て，現在，西南学院大学国際文化学部教授。
著書 『伊予吉田教会90年史』（日本基督教団伊予吉田教会），『宇和島親愛教会百年史』（日本基督教団宇和島親愛教会），『日本組合基督教会史研究序説』『日本キリスト教史を読む』『19世紀アメリカンボードの宣教思想1』（新教出版社），*The Philosophy of Missions of the A.B.C.F.M. in the 19th Century 1*（自費出版），『禁教国日本の報道』（雄松堂出版），『近代化する九州を生きたキリスト教』『キリスト教教育と私　前編』（教文館），『継承されるキリスト教教育』（九州大学出版局）など。

キリストにある真実を求めて
出会い・教会・人間像

2015年2月28日　第1版第1刷発行

著　者……塩野和夫

発行者……小林　望
発行所……株式会社新教出版社
〒162-0814東京都新宿区新小川町9-1
電話（代表）03 (3260) 6148
振替 00180-1-9991

印刷・製本……モリモト印刷株式会社

ISBN 978-4-400-42777-3 C1016
塩野和夫 2015 ©